AF156063

Gustav Henschel

Leitfaden zur Bestimmung der schädlichen Forst- und Obstbauminsekten

Gustav Henschel

Leitfaden zur Bestimmung der schädlichen Forst- und Obstbauminsekten

ISBN/EAN: 9783743305991

Hergestellt in Europa, USA, Kanada, Australien, Japan

Cover: Foto ©Andreas Hilbeck / pixelio.de

Manufactured and distributed by brebook publishing software
(www.brebook.com)

Gustav Henschel

Leitfaden zur Bestimmung der schädlichen Forst- und Obstbauminsekten

LEITFADEN

ZUR BESTIMMUNG

DER

CHÄDLICHEN FORST- UND OBSTBAUM-INSEKTEN

NEBST ANGABE

DER LEBENSWEISE, VORBAUUNG UND VERTILGUNG.

FÜR FORSTLEUTE, ÖKONOMEN, GÄRTNER

ANALYTISCH BEARBEITET

VON

GUSTAV HENSCHEL

FORSTMEISTER UND LEITER DER WALDBAUSCHULE DER K. K. PRIV. AKTIEN-GESELLSCHAFT DER INNER-
BERGER HAUPTGEWERKSCHAFT, BESITZER DES EHRENPREISES DER STADT HAMBURG FÜR VERDIENSTE
IM FORSTWESEN UND DER MEDAILLE FÜR MITARBEITER DER WELTAUSSTELLUNG 1873,
DES DIPLOMES DER EHRENVOLLEN ANERKENNUNG DER ALLGEMEINEN FORST- UND
LANDWIRTHSCHAFTLICHEN AUSSTELLUNG ZU WIEN 1866, DER SILBERNEN
MEDAILLE LINZ 1867, MITGLIED WISSENSCHAFTLICHER VEREINE.

ZWEITE VERMEHRTE UND VERBESSERTE AUFLAGE.

WIEN 1876.

WILHELM BRAUMÜLLER

K. K. HOF- UND UNIVERSITÄTSBUCHHÄNDLER.

HERRN

ALBERT DOMMES

FORST-DIREKTOR DER K. K. PRIV. AKTIEN-GESELLSCHAFT DER INNERBERGER
HAUPTGEWERKSCHAFT, INHABER DES KAISERL. ÖSTERR. VERDIENSTKREUZES
MIT DER KRONE, RITTER DES KÖNIGL. SÄCHSISCHEN ALBRECHT-ORDENS
ETC. ETC.

IN WAHRER VEREHRUNG

HOCHACHTUNGSVOLL GEWIDMET

VOM VERFASSER.

Vorwort

zur ersten Auflage.

Indem ich nachstehendes Werkchen der Oeffentlichkeit übergebe, erlaube ich mir einige Worte über die Gründe, welche mich zur Herausgabe desselben veranlasst haben, sowie über seine Einrichtung vorauszuschicken.

Ich hatte den ausübenden Forstwirth und das technische Hilfspersonale hauptsächlich im Auge. — In meiner Absicht lag es nicht, die forstliche Literatur mit einer neuen Forstinsekten-Kunde zu bereichern, sondern ich wollte vielmehr nur dem Forstpersonale durch einen Leitfaden hilfreich bei Bestimmung der schädlichen Insekten an die Hand gehen und ihm (wenigstens beim Ansprechen der schädlichsten Arten) den erschwerenden Gebrauch der Loupe und ausführlichere entomologische Vorkenntnisse möglichst entbehrlich machen.

Dass der Forstmann in sehr vielen Fällen das vollkommene Insekt nicht mehr an der Stelle vorfindet, an welcher der Schaden verursacht worden ist; dass er es vielmehr in den bei weitem wichtigsten Fällen und durch einen längeren Zeitraum hindurch nur mit dem in der Entwicklung begriffenen Insekt zu thun hat; dass endlich auch dieses oft schon seine Geburtsstelle verlassen hat und nur der verursachte Schaden auf sein früheres Vorhandensein und auf ein Wiederkehren desselben schliessen lässt: dies Alles waren für den Verfasser vorzüglich leitende Momente bei Einrichtung nachstehenden Werkchens.

Zunächst wurden die Insekten in zwei grosse Abtheilungen gebracht: I. Feinde der Nadelhölzer, und II. Feinde der Laubhölzer; die ersteren in vier Unterabtheilungen geschieden (Fichten-, Kiefern-, Tannen- und Lärchen-Insekten) und allen Tabellen die analytische Methode unterlegt, welche anerkannt die grösste Kürze zulässt. Auch bei den Laubholzfeinden hätte ich gewünscht, eine solche Trennung nach Holzarten vornehmen zu können; sie musste jedoch wegen l'olyphagie der einzelnen Insektenarten, in Folge dessen unnöthige und weitläufige Wiederholungen unvermeidlich geworden wären, unterbleiben.

Die Charaktere für Bestimmung der Arten suchte ich so viel thunlich der Lebensweise und jenem Lebensstadium der Thiere zu entlehnen, in welchem sie eben den Schaden verursachen und vom Forstmanne am ersten bemerkt werden. In jenen Fällen aber, in welchen ein Insekt durch mehrere Lebensstadien hindurch schädlich ist (wie z. B. *Chrysomelen*) oder da, wo ein Insekt auf verschiedene Art Schaden verursacht (wie z. B. *Melolontha vulgaris*), wird man auch durch eine verschiedene, dem jeweiligen Falle entsprechende Analyse zum Namen des fraglichen Insektes gelangen.

Die Nichttrennung der Insekten nach Holzarten in der II. Abtheilung machte eine ausführlichere Beschreibung der

Arten nöthig. Die Einschaltung der *Cerambyces* und *Bu-prestides* in der Gruppe der Blattfresser, ist in einer Anmerkung gerechtfertiget. — Bei einigen kleineren, schwer ohne Loupe zu bestimmenden Käferarten führte ich häufig nur auf die am leichtesten zu charakterisirende oder schädlichste Spezies und gab die übrigen dorthin gehörigen Arten durch Anmerkungen in scharfen Charakteren; dies geschah hauptsächlich um eine übermässige Anhäufung von Nummern zu umgehen. Lebensweise und Beschreibung des vollkommenen Insektes, sowie die betreffenden Vorbauungs- und Vertilgungsmittel finden sich bei jeder Art kurz angegeben. Fast alle Charaktere sind unter sorgfältiger Vergleichung mit jenen des grossen Ratzeburg'schen Werkes aufgestellt, manche gänzlich demselben entlehnt (besonders gilt dies von den Wespen), wie ich mich überhaupt in Allem den Erfahrungen dieses, um die Wissenschaft so hoch verdienten Gelehrten anschloss. Sonstige Hilfsquellen waren vorzüglich Redtenbacher, Treischke, Schmidtberger, Königs Waldpflege etc.

Abbildungen habe ich absichtlich vermieden, um eine Preiserhöhung des Schriftchens zu umgehen. Um die Beschreibung des vollkommenen Insektes leicht finden zu können, ist ein Register, um aber eine Uebersicht der Polyphagie und der Insekten für jede einzelne Holzart zu haben, ist eine Tabelle angehängt worden, welche alle in diesem Werkchen aufgeführten Arten geordnet enthält.

Endlich muss ich noch bemerken, dass auch der Landwirth und Gärtner durch Aufnahme der Obstbauminsekten bedacht worden ist.

Wolle dies Werkchen nun jenen geringen Nutzen gewähren, welchen ich damit zu verbinden bestrebt war, und mögen mich Fachgenossen und Freunde der Wissenschaft durch gütige Mittheilungen über Alles das belehren, was einer anderen Behandlung bedurft hätte!

Greinburg, im April 1861.

Vorwort
zur zweiten Auflage.

Die günstige Aufnahme, welche dieses Schriftchen bei seinem ersten Erscheinen gefunden und die nachsichtsvolle Beurtheilung Seitens der Kritik haben mich bestimmt, den von manch hochschätzbarer Seite mir zugekommenen freundlichen Aufmunterungen zu entsprechen und meinen Leitfaden in zweiter Auflage erscheinen zu lassen.

In der ursprünglichen Anlage des Werkes hat sich nichts geändert; eine theilweise Erweiterung desselben glaubte ich nicht gut umgehen zu können; beschränkte sie jedoch nur auf das Nothwendigste, durch die gewissenhafte Berücksichtigung der neuesten Literatur und der Forschungsergebnisse bedingte.

Neben der forstlichen Tagesliteratur, aus welcher ich vielfach geschöpft habe, sind es insbesondere Altum's Forstzoologie, Taschenberg's forstwissenschaftliche Insektenkunde und Ratzeburg's Waldverderber.

Ueber Einhundert Arten wurden neu aufgenommen, so dass das vorliegende Schriftchen nun nahezu 360 Spezies in den Kreis seiner Betrachtung zieht. Auch einer wünschenswerthen Erleichterung beim Aufsuchen und Nachschlagen wurde in der Weise Rechnung getragen, dass auf jeder Blattseite die betreffende Tabelle sammt Holzart ersichtlich gemacht erscheint.

Bezüglich der Nomenklatur stand nicht selten der Forstmann dem eigentlichen Fach-Entomologen gänzlich isolirt und unverständlich gegenüber, wie das beispielsweise bei den beiden bekanntesten Ratzeburg'schen Arten: *Curculio Pini* und *Curculio Abietis* der Fall ist. — Es gibt in der Wissenschaft weder einen *Hylobius Pini* noch einen *Pissodes Abietis* wie Ratzeburg diese beiden Arten nennt, dagegen kennt der Entomologe wohl einen *Pissodes Pini* und einen *Hylobius Abietis*. — Hier erscheinen mithin durch die vom seel. Ratzeburg eingeführte Nomenklatur nicht nur die Namen der Arten, sondern auch jene der Genera unter einander vertauscht. Aus diesem Beispiele resultirt die dringende Nothwendigkeit, dass eine solche unberechtigte und gänzlich unbegründete Sonderstellung seitens der forstlichen Entomologie aufgegeben werden müsse und ich habe mich mit Vergnügen der durch die beiden Herrn Autoren Altum und Taschenberg eingeschlagenen Richtung angeschlossen und mich nur jener Namen bedient, wie sie in der Wissenschaft allgemein eingeführt sind.

Schliesslich noch einige Worte über die Art und Weise, wie ich die Borkenkäferfrage behandelt habe. Wer unsere forstlichen Journale — besonders jene der letzten 5—6 Jahre — einer aufmerksamen Durchsicht unterzogen, wird die Ueberzeugung gewonnen haben, dass diese Frage in einer Weise eingehend erörtert und diskutirt worden ist, dass man sie in ihren wichtigsten Theilen als erschöpft betrachten kann; aber nur die eigentliche Hochgebirgswirthschaft wurde dabei vergessen. — Der Behandlung eines Borkenkäferfrasses im Hochgebirge wird meines Wissens nirgends Erwähnung gethan, und doch ist sie in den meisten Fällen eine von jener im Flach- und Hügellande so ganz abweichende. Die Frage z. B. ob die Rinde verbrannt werden muss oder nicht, erledigt sich in den steilen Lähnen des Hochgebirges in den bei weitem meisten Fällen von selbst, indem man überhaupt häufig nicht brennen kann und darf, ohne den Forst der grössten Gefahr eines Waldbrandes auszusetzen. Daraus resultirt aber weiters, dass das Verbrennen der Borke zwar erwünscht sein kann, wo dies leicht und ohne Gefahr auszuführen, dass es aber keineswegs unbedingt nothwendig ist, um einem Borkenkäferfrass ausgiebig begegnen zu können. — Ich glaubte meine Herren Fachgenossen des Flach- und Hügellandes nicht zu verkürzen, wenn ich die Borkenkäferfrage vorherrschend vom Gesichtspunkte der Hochgebirgswirthschaft behandelte, und das in der forstlichen Tagesliteratur Gebrachte als allgemein bekannt voraussetzte.

Im Uebrigen beziehe ich mich auf das Vorwort zur ersten Auflage, welches gleichsam als Einleitung angesehen werden wolle, und übergebe dieses Schriftchen der Oeffentlichkeit zur nachsichtsvollen Beurtheilung.

Wildalpe, im August 1875.

Der Verfasser.

Vom Gebrauch nachstehender Tabellen.

Um den Gebrauch dieser Tabellen anschaulich zu machen, nehmen wir beispielsweise an, es zeige sich, dass in einem jungen. 12—18-jährigen, zeither prächtig emporgegangenen Kiefernorte an vielen der wüchsigsten Stämmchen die Maitriebe absterben, oder die Endknospen gar nicht zur Entwicklung kommen; man finde weiter nach genauer Untersuchung mehrerer solcher kranken oder bereits abgestorbenen Triebe mittelst des Messers ein unbekanntes, kleines, unansehnliches Räupchen entweder in der Knospe oder in der Markröhre und man wünsche natürlich den Namen, die Lebensweise und Bedeutung desselben gegenüber der Kiefer kennen zu lernen. Um dieses zu erreichen, würde man in den nachfolgenden Tabellen die Holzart Kiefer, an der sich das Insekt zeigt, aufschlagen. Dort finden sich unter Nr. 1 die beiden verschiedenen Fälle angegeben, nämlich:

„Der Frass geschieht an 1—30jährigen Pflanzen" und „der Frass geschieht an älteren, 30 und mehrjährigen Stämmen",

wovon der erste Satz auf den zu untersuchenden Fall passt. Neben diesem Satze bemerkt man rechts die Ziffer 2; man sucht hiernach den Satz auf, welchem links dieselbe Ziffer 2 voransteht, und findet hier abermals zwei Sätze neben einander gestellt, nämlich:

„Der Frass geschieht äusserlich an der Pflanze" und „der Frass geschieht im Innern der Pflanze".

Für das zu bestimmende Insekt passt nur der zweite Satz, welchem die Ziffer 34 auf der rechten Seite beigefügt ist, und sucht man dieselbe Ziffer auf der linken Seite der Tabelle auf so heisst es dort:

„Der Frass geschieht in den Knospen oder Trieben", „der Frass geschieht im Holze" und endlich „der Frass geschieht zwischen Rinde und Holz".

Auf den vorliegenden Fall passt nur der erste dieser drei Sätze, und dieser weist mittelst der rechts stehenden Zahl 35 auf dieselbe Zahl links hin, wo man zwischen den beiden Sätzen wählen muss:

„Die Verletzungen geschehen von kleinen 16-füssigen Räupchen" und „die Verletzungen geschehen von einem Käfer oder einer kleinen 6-füssigen Larve."

Der erstere Satz passt auf unseren in Untersuchung begriffenen Fall, und verweiset uns durch die rechter Hand befindliche Ziffer 36 auf die gleiche Zahl zur linken Hand.

Dort finden wir nacheinander *a. Tortrix turionana; b. Tortrix duplana; c. Tortrix Buoliana* und *d. Tortrix resinella* aufgeführt, die sich in den Beschädigungen ähneln, welchen die jungen Kiefernwüchse durch sie ausgesetzt sind; indessen lässt sich das eine von uns gesuchte Insekt immerhin leicht als *Tortrix duplana*, das andere als *Tortrix turionana* aus ihnen herausfinden, wenn man die durch sie verursachten Beschädigungen aufmerksam mit jenen vergleicht, welche den jungen Kiefernbeständen durch die übrigen zwei Arten zugefügt werden. Während nämlich *Tortrix duplana* die Knospen zur Entwicklung kommen lässt, aber deren Abdorren bewirkt, indem sie die zarten Maitriebe der Kiefern von oben herein ausfrisst, beschränkt sich

Tortrix turionana lediglich auf das Verderben der mittleren End- oder seltener einer von den Seitenknospen des Gipfeltriebes, was auch bei

Tortrix Buoliana hauptsächlich der Fall ist. Greift dieses Insekt jedoch auch die Markröhre des jungen sich aus der Knospe soeben entwickelnden Triebes an, so geschieht solches nicht von oben, wie bei *Tortrix duplana*, sondern von unten, von der Mutterknospe hinauf; der junge Trieb behält auch nicht seine normale Form, die gerade Richtung bei, wie bei *Tortrix duplana*, sondern nimmt, ohne jedoch gewöhnlich abzusterben, eigenthümliche Windungen und Biegungen an, die der Forstmann mit dem Namen „Posthörner" bezeichnet.

Tortrix resinana endlich beginnt seine schädliche Wirksamkeit stets unterhalb eines Knospenquirles und verursacht im Laufe derselben das fortgesetzte Ausschwitzen von Harz, wodurch am jungen Triebe beulige Auftreibungen entstehen, welche nicht selten die Grösse einer Wallnuss erreichen.

Da nun alle diese näheren Unterscheidungszeichen in der Tabelle ausführlich bemerkt sind, so kann auch das zu bestimmende Insekt nur allein als *Tortrix duplana*, der Kiefernquirlwickler, und als *Tortrix turionana*, der Kiefernknospenwickler, von uns erkannt werden.

Bei dem Namen angelangt, findet man nun in den Tabellen nicht nur das Insekt selbst und seine Lebensweise kurz beschrieben, sondern auch die gegen dasselbe mit dem meisten Nutzen angewendeten Vorkehrungs- und Vertilgungsmittel angeführt.

Zur besseren Verständigung wollen wir noch ein zweites Beispiel durchführen. —

Angenommen, es zeige sich, dass auf einer mit 2—3jährigen Fichtenpflanzen in Bestand gebrachten Blösse die Pflanzen, welche im ersten Jahre kräftige Vorschläge trieben, im Verlaufe des zweiten Sommers plötzlich kränkeln. viele derselben rothe Nadeln bekommen und ganz absterben. Nach näherer Untersuchung solcher kranken und eingegangenen Pflanzen durch Ausziehen derselben, zeigen sich bald äusserlich an der Rinde, besonders in der Gegend des Wurzelstockes und an den Wurzeln Verletzungen durch unregelmässige Benagung. Sucht man nun theils an der Pflanze selbst, besonders in den Achseln der Wurzeln, oder in der Erde, wo sie gestanden hat, aufmerksam nach, so findet man fast immer kleine, schwarze oder schwarzbraune walzige Käferchen mit etwas rüsselförmig verlängertem Kopfe und nicht geknieten Fühlhörnern. Mit Hilfe der Tabelle I., die „Fichte" betreffend, werden nun für diese Erscheinung sub Nr. 1 zwei Fälle angeführt; nämlich:

„Der Frass geschieht an jüngerem 1—30jährigem Holze"; oder: „der Frass geschieht an älteren, 30 und mehrjährigen Stämmen";

und da von uns der Frass an 3—4jährigen Pflanzen bemerkt wurde, so bauen wir unsere Untersuchung auf den ersten für unseren Fall passenden Satz weiter fort. — Von der diesem Satze rechts angehängten Ziffer 2 werden wir nun zu dem links mit Nummer 2 bezeichneten übergehen, wo es weiter heisst:

„Der Frass geschieht äusserlich an der Pflanze oder deren Theilen".

Da dieses mit unserem, durch Beobachtung der kranken Pflanzen gewonnenen Resultate übereinstimmt, so werden wir von der rechts befindlichen Ziffer 3 auf die links stehende Nummer 3 übergehen und aus den dort angeführten vier coordinirten Sätzen den zweiten als entsprechend wählen, welcher lautet:

„Die Verletzungen geschehen an der Rinde der Stämme und Zweige".

Die bei demselben rechter Hand befindliche Nummer 15 führt uns auf Nr. 15 links, bei welcher wiederum zwei Fälle aufgestellt sind, nämlich:

„Die Pflanze zeigt eigenthümliche, krankhafte, gallenartige Auswüchse oder Auftreibungen"; oder: „die Pflanze zeigt ausser den Rindenverletzungen nichts Auffallendes".

Dass für vorliegenden Fall nur der letzte Satz gelten könne, unterliegt keinem Zweifel, und dieser rechter Hand mit der Ziffer 17 bezeichnete Satz weist uns ferner auf Nr. 17 links. Hier werden wir nun, indem wir unseren, mit dem im ersten Satze beschriebenen Käfer vergleichen, sogleich finden, dass er weder den dort angeführten deutlichen langen Rüssel, noch gekniete Fühlhörner hat, wie z. B. *Hylobius abietis* sondern werden auf den zweiten Satz übergehen, welcher mit unseren gemachten Beobachtungen übereinstimmt und uns das unbekannte Insekt als *Hylesinus cunicularis* den s c h w a r z e n F i c h t e n - B a s t - k ä f e r erkennen lässt.

Mit dieser Bestimmung gibt uns nun aber die Tabelle auch alle gegen denselben zeither mit Nutzen angewendeten Vertilgungs- oder doch Verminderungs- und Vorbauungsmittel kurz an.

Erste Abtheilung.

Die Feinde der Nadelhölzer.

I. Tabelle.

Die Insekten der Fichte.

Tabelle I., Fichte.

1. Der Frass geschieht an jüngeren 1—30jährigen Pflanzen ·   **2.**
   — — — an älteren 30 und mehrjährigen Stämmen *) ·   **27.**
2. Der Frass geschieht äusserlich an der Pflanze oder deren
   Theilen . . . .   **3.**
   — — — im Innern der Pflanze · · · · · · · · · ·   **22.**
3. Die Verletzungen sind an den Nadeln · · · · · · · · · ·   **4.**
   — — — — der Rinde der Stämme oder Zweige · · ·   **15.**
   — — — — den Knospen · · · · · · · · · · · · · · 18 u. **19.**
   — — — — den Wurzeln und ihren Theilen, oder die
   ganz zarten Keimlinge und einjährigen Pflänzchen erscheinen dicht über dem Boden abgenagt, wie abgeschnitten   **20.**
4. Der Frass geschieht durch Raupen oder Larven · · · · ·   **5.**
   — — — — Käfer · · · · · · · · · · · · · · · ·   **10.**
5. Die Raupen sind 16füssig, d. h. sie haben 6 Brust-, 8 Bauch-
   und 2 Afterfüsse (Schmetterlingsraupen) · · · · · · · · ·   **6.**
   Die Raupen haben nur 8 Füsse, d. h. 6 Brust- und 2
   Afterfüsse, oder sie sind 20füssig (After- oder Blattwespen-
   raupen) ·   **9.**
6. Die Raupen sind im ausgewachsenen Zustande wenigstens
   25mm lang oder darüber, und schon von ihrer ersten Le-
   benszeit an (bei einer Länge von kaum 8—10mm) deutlich
   und auffallend lang behaart; während ihres Frasses fertigen
   sie kein Gespinnst an · · · · · · · · · · · · · ·   **7.**
   Die Raupen sind ausgewachsen höchstens 10—19mm
   lang und mit kaum sichtbaren einzelnen kurzen Härchen besetzt; ihr Frass ist stets von Gespinnsten begleitet · ·   **8.**
7. a) Die vollwüchsige Raupe (gegen Ende Juni oder Anfang Juli)
   ist bis 50mm lang, sehr stark und lang behaart; an der

---

*) An Baumstöcken, Lagerholze etc. mehr oder weniger häufig vorkom-
mende und dem Forstmanne daher auffallende Arten finden sich in dieser Gruppe
in Form entsprechender Anmerkungen.

unteren Seite schmutzig-gelbbraun mit dunkleren Mittel-
flecken; oberseits hellgrau und schwarz fein gesprengelt mit
hellerer Mittellinie. Auf dem Rücken tragen die drei ersten
Ringe sechs, die zwei nächstfolgenden vier in Querreihen gestellte blaue, der übrigen jeder vier braunrothe Knospenwarzen. Der Kopf ist gross, gelblich, mit zwei schwarzen
Längsstreifen.

Bombyx (*Liparis, Ocneira*) **dispar** Lin. Schwamm-
spinner.

Die Verpuppung der Raupe erfolgt gegen Ende
Juni oder Anfangs Juli. Die Puppe (des Männchens
20 ᵐᵐ, die des Weibchens bis 30 ᵐᵐ lang) ist gedrungen, braun, ziemlich lang behaart, der Hinterleib mit langem, dickem, gerunzeltem, am Ende mit
starken Hackenbörstchen versehenem Griffelfortsatze.
Zum Orte der Verpuppung wählen sie Hecken,
Zäune, die Rinde der Bäume, dichte Baumkronen etc.
Das Gespinnst, welches sie dabei anfertigen, ist
sehr locker, in der Regel nur aus wenigen Fäden zu-
sammengefügt. In der Mitte oder gegen Ende des Mo-
nats Juli oder zu Anfang August erscheint der
Schmetterling. Der weibliche Falter hat eine
schmutziggelbe Grundfarbe, auf den Vorderflügeln zwei
deutliche dunkle Zickzackstreifen und einem halbmondförmigen Fleck; Flügelspannung oft 80 ᵐᵐ. Das
Männchen bedeutend dunkler und kleiner, mit schön
gefiederten Fühlhörnern. Die Begattung erfolgt im
August, und kurze Zeit darauf legt der weibliche Falter seine Eier ab; gewöhnlich in Rindenritzen der
Stämme, auch wohl an Zäune etc., sie sind bräunlichgrau, dicht mit der schmutziggelben Afterwolle des
weiblichen Falters überzogen, und zeigen, da deren
oft bis über 400 Stück in einem Klumpen beisammen
liegen, ein schwammähnliches Aussehen. Die Eier
überwintern. Vertilgung: Durch Abkratzen der Eier
vom August bis April des nächsten Jahres; Zerdrücken
der Räupchen im Mai, so lange sie sich noch gruppenweise in der Nähe des Eierschwammes aufhalten;
später Sammeln der Raupen durch Abklopfen bei
kühlem, nassem Wetter; Sammeln der Puppen im
Juli; Sammeln der weiblichen Falter im August, wo
sie träge an den Stämmen sitzen und durch ihre helle
Färbung leicht in die Augen fallen. Forstliche
Bedeutung hat dieses Insekt eigentlich nur bei den
Laubhölzern; an den Nadelhölzern ist noch kein er-
heblicher Schaden von ihm angerichtet worden.

b) Die vollwüchsige Raupe (gegen Ende Juni oder Anfang Juli) ist bis 54 **mm** lang, nach dem hinteren Ende hin ein wenig verschmälert; auf jedem Ringe sitzen sechs blaue Knospenwarzen und auf dem zweiten Ringe ein fast herzförmiger, sammtschwarzer Fleck. Die herrschende Farbe ist unten grünlichgrau, oben bald röthlich-, bald weisslichgrau. Das junge Räupchen ist augenblicklich an der ausserordentlich langen Behaarung der ersten Knospenwarzen — dicht hinter dem Kopfe — zu erkennen, deren Länge fast der des Thieres gleichkommt.

Bombyx (*Liparis*, *Laria*) **Monacha** Lin. N o n n e; N o n n e n s p i n n e r.

Die V e r p u p p u n g erfolgt Ende Juni, längstens im Juli unten am Stamme, unter grossen Rindenritzen und Spalten, auch wohl an den Nadeln der unteren Aeste — (dieses gilt hauptsächlich bei der Kiefer) und des Unterwuchses. Das G e s p i n n s t, welches die Raupe dabei anfertigt, ist locker, nur aus einigen Fäden bestehend, und ähnlich dem der vorigen Art. Die P u p p e selbst ist ausgezeichnet durch zwei, hinter dem Kopfe, auf dem Halsschilde stehende dunkelstahlblaue Haarbüschel. Im Monate Juli erscheint der F a l t e r und seine F l u g z e i t dauert bis Mitte August. Der S c h m e t t e r l i n g ist kleiner als der vorherbeschriebene, und unterscheidet sich von diesem durch etwas hellere, mehr weisse Grundfarbe der Vorderflügel (jedoch ohne halbmondförmigen Fleck) und durch r o s e n r o t h e Q u e r b i n d e n mit grauen und schwarzen Einschnitten am Hinterleibe. Einige Tage nach erfolgter Begattung legt das Weibchen seine E i e r in Form kleiner Kuchen, in der Regel zu 20—50, in seltenen Fällen wohl auch bis zu 150 Stücke beisammen ab. Zu diesem Zwecke wählt es, am liebsten an den unteren Stammtheilen bis zu einer Höhe von 1—5 **mtr.**, Rindenrisse und Schuppen, Baumflechten und Baummoos, um seine Eier darunter zu schieben und sie so vor den Witterungseinflüssen möglichst zu schützen. Nur in seltenen Fällen erfolgt die Eierablage auch hoch in den Baumkronen oder ganz unten am Fuss des Stammes unter der Moosdecke desselben. — Für gewöhnlich kann man annehmen, dass die Anfangs rosenrothen, später graubraunen, gedrückt-kugeligen, glatten Eier bis zur Mitte August alle abgesetzt sind. — Erst im nächsten Frühjahre, je nach der Witterung im A p r i l o d e r A n f a n g s M a i s c h l ü p f e n d i e k l e i n e n R ä u p c h e n a u s, halten sich die ersten 4—6 Tage noch bei den Eierschalen auf, welche ihnen für diese Zeit zur ausschliesslichen Nahrung dienen, und bilden so die Raupenspiegel. Nach dieser Zeit gehen sie auseinander und suchen ihre Nahrung in den Baumkronen. Bis zu ihrer Halbwüchsigkeit vermögen sie sich mittelst eines Gespinnstfadens von höheren Zweigen auf die unteren herabzulassen; später hört jedoch dieses Spinnvermögen auf. Der eigentliche Raupenfrass fällt mehr auf die Nachtstunden, während man die Raupen bei Tage häufig träge an den Stämmen und Zweigen sitzen sieht. — Die Nonnenraupe ist im höchsten Grade Polyphag; obwohl Kiefer und Fichte ihre liebste Nahrung sind, so verschmäht sie doch keineswegs auch die Laubhölzer, insbesondere Eichen, Buchen, Birken, Obstbäume etc. Lärchen greift sie nur in der Noth an; sie gehört entschieden zu den gefährlichsten Feinden des Waldes. *)

Die Vertilgung geschieht:

1. Durch Sammeln der weiblichen Schmetterlinge. Dieses Geschäft muss spätestens von Anfang Juli an betrieben werden und ist sehr zu empfehlen. An trüben Tagen lassen sich dieselben durch Anprallen oder durch Erschütterung der Aeste mittelst Stangen leicht herabwerfen, ohne dass ihr Wegfliegen zu befürchten steht.

2. Durch Sammeln der Eier während der Herbst- und Winterszeit. Zu dem Zwecke muss ein jeder Arbeiter mit einem Meissel und starkem Messer versehen sein, um bequem die Rindenschuppen und stärkeren Borkenlagen ablösen zu können, unter denen die Eier verborgen sind; Hacken sollen strenge untersagt sein; ausserdem hat jeder ein Linnensäckchen, an einem einfachen Drahtbügel befestigt, bei sich zu führen, um darin die Eier zu sammeln.

3. Durch Tödtung der Raupenspiegel im April und Mai. Man wählt dazu so viel thunlich nur erwachsene Personen, am besten Männer; jeder Arbeiter hat sich mit einer 3—4 Meter langen Stange und ausserdem mit einigen Lappen oder Werg zur Erreichung und zum Zerreiben der Raupenspiegel zu versehen; je Fünten mindestens ist eine leichte und handbare Leiter zuzutheilen. Die Arbeiter müssen gehörig angewiesen, vertheilt und beaufsichtiget werden.

4. Durch Sammeln der Raupen und Puppen im Monat Juni und Juli durch starkes Anprallen der Stämme.

---

*) Interessant ist die von Herrn Taschenberg (dessen forstwirthschaftliche Insectenkunde pag. 130) mitgetheilte Beobachtung, dass solche Stämme, unter denen sich Haufen der rothen Waldameise (Formica rufa) befinden, vom Raupenfrasse verschont bleiben. — Ein neuerlicher Beweis für die grosse Wichtigkeit dieser Thiere.

Vorbeugen kann man einem Raupenfrass, soweit dies überhaupt in unseren Kräften steht, durch sorgfältige Beaufsichtigung der Forste, besonders jener Theile, die vermöge ihres schlechten, trockenen Standortes, ein schlechtes, kränkliches Aussehen und geringen Wuchs zeigen. Von solchen Orten aus verbreitet sich die Nonne in der Regel.

8. *a*) Das Räupchen wird gegen 9^{mm} lang, ist hellgelbbraun, mit zwei bei Vergrösserung sichtbaren, braunrothen schmalen Rückenstreifen; die Brustfüsse sind braunschwarz mit helleren Flecken. Die Raupe lebt nur von der inneren,*) markigen Substanz der Nadeln, in welche sie, wenn diese stark genug sind und das Räupchen seine vollkommene Grösse noch nicht erlangt hat, ganz hineinkriecht. Bei seinen Wanderungen auf der Frasspflanze (vom August bis in den Spätherbst) zieht sie eine Menge feiner, sich vielfach und verwirrt kreuzender Fäden, in welchen die rothen, ausgefressenen, vom Winde abgeworfenen Nadeln und der Raupenkoth hängen bleiben. Man findet diese Raupen hauptsächlich an 10- bis 20jährigen, gedrängt stehenden Fichtenorten, die noch nicht zur Durchforstung gelangt sind, und solche von ihr besetzte Stämme fallen augenblicklich durch ihre graue und braune Farbe auf. Der Gipfel und die obersten Zweige werden zuerst angegangen.

Tortrix (*Coccyx*) **hercyniana** Usl. **) Fichten-Nestwickler.

Der Frass dauert oft bis in den Herbst hinein fort; dann lassen sich die Räupchen an langen Ge-

---

*) Unter diese Gruppe der Wickler, welche die Nadeln aushöhlen, „Hohlnadel-Wickler", sind noch aufzuführen: 1. Tortrix *(Coccyx) nanana* Kuhlw. Kleinster Fichten-Hohlnadelwickler. Das Räupchen wird nur bis 9 mm lang, schlank, dunkelbraunroth mit schwarzem Kopfe und Nackenschild, letzteres durch eine helle Mittellinie der Länge nach getheilt, vorne nicht weiss gerandet. Flugzeit des Falters Juni, Juli. — 2. Tortrix *(Coccyx)* pygmaeana Hübe. Kleiner Fichten-Hohlnadelwickler, Räupchen bis 11 mm lang, schlank, Kopf klein. Sie ist Anfangs gelblich, später lebhaft grün und nur Nackenschild und Kopf schwarz oder grünlich, die Brustfüsse hell. — Der Frass ist jenem der Tortrix hercyniana äusserst ähnlich. 12—20 jährige Fichten. Flugzeit des Falters März bis Mai. — 3. Tortrix *(Sciaphila)* Hartigiana 8xs. Gabelbindiger Fichtenwickler. Die Raupe wird gegen 20 mm lang, ist grün mit hellbraunem Kopfe und grünlichbraunem Nackenschilde; Brustfüsse grün mit brauner Beschildung, Afterklappe ganz grün, auf jeder Seite des Kopfes hinter dem Augenflecke ein schwarzer Fleck. Das kleine Räupchen frisst an den Nadeln der jungen Triebe und höhlt diese aus. Die ausgefressenen Nadeln sind an ihrer Strohfarbe und einem Eingangsloche leicht zu erkennen. Bei zunehmender Grösse findet die Raupe im Innern der Nadel keinen Platz mehr, sie lebt dann äusserlich in dem von ihr mit Zuhilfenahme der Nadeln angefertigtem Gespinnst und frisst die Nadeln von Aussen ab. Flugzeit des Falters Mai, Eierablage Mai und Juni.

**) Grapholitha comitana. Wien. Ver.

spinnstfäden auf die Erde herabgleiten, um in dem
Boden zu überwintern. Erst mit Eintritt der ersten
Frühlingswärme verpuppt sich die Raupe und Mitte
oder Ende Mai erscheint der kleine Falter.
Seine Flügelweite beträgt 11—18 mm; die silbergrau be-
fransten Vorderflügel sind braun, mit vielen unregel-
mässigen, paarig gestellten, gelblichweissen Flecken-
zeichnungen; die Hinterflügel sind einfärbig graubraun
oder braungrau, ebenfalls mit breitem Fransensaume.
Das Männchen zeichnet sich vor allen übrigen,
hieher gehörenden Arten durch die helle Falte am
Vorderrande der Vorderflügel aus. Das befruchtete
Weibchen legt seine Eier an die Nadeln der jungen
Gipfeltriebe und mit Anfang August erscheint die
Raupe. Obwohl das Insekt schon wiederholt in grosser
Ausdehnung schädlich aufgetreten ist, kennen wir doch
eigentlich noch kein Mittel, wodurch ihm wirksam ent-
gegengearbeitet werden könnte. Durch baldiges und
öfter wiederholtes Durchforsten wahrt man sich wohl
am besten vor diesem Feinde.

b) -- — wird 13—16 mm lang, ist grün; der grosse Kopf und
das Nackenschild schwarz, das letztere vorne weiss gerandet;
die Leibesringe mit einzelnen kleinen Wärzchen, und diese
mit einzelnen Härchen besetzt. Die Frasszeit fällt von April
bis Juni. So lange der Maitrieb sich noch nicht entwickelt
hat, nährt sich die Raupe von den Nadeln der vorjährigen
Triebe (12—30jährige Fichten), später greift sie die Maitriebe,
u. zw. unter den noch anhängenden Ausschlagschuppen an,
so dass dieselben öfter, einseitig, bis auf die Rinde abgefressen werden und sich dann in Folge dessen krumm biegen.
— Sie höhlt dabei die Nadeln nicht aus, spinnt aber überall
an ihren Frassstellen eine unvollkommene Röhre und ver-
bindet nicht selten auf diese Weise die Nachbartriebe mit
ihren Gespinnstfäden. Im Juni sind die befressenen Bäume
in ihren Zweigen ganz mit Gespinnsten überdeckt, in denen
Nadelstücke, Raupen und auch Puppen hängen. An Tannen,
wo sie hauptsächlich vorkommt, wurde ihr Frass nur an den
Nadeln der Maitriebe bemerkt, und kann sie an dieser
Holzart grossen Schaden anrichten.

Tortrix (*Sciaphila*) **histrionana** Fröl. Vollnadel-
Wickler.

Die Puppe ist 9—10 mm lang. dunkelbraun; Aftergriffel dünn und kurz, mit 7 nach aussen gebogenen
Häckchen. Nach wenigen Wochen Puppenruhe, ge-

wöhnlich noch im Juni. erscheint der kleine Falter.
Seine Flügelweite beträgt 16·5 mm; die Vorderflügel
aschgrau mit leberbraunen Querstrichelchen und ocker-
gelben Beimischungen, namentlich an den Rändern
der dunkleren Partien; ausgezeichnet ist der Falter
hauptsächlich durch eine schwarzbraune, in der Mitte
ockergelb unterbrochene, und dadurch am Vorderrande
einen einfärbigen dunklen viereckigen Fleck bildende
Mittelbinde, der Innentheil derselben löst sich meist
in Wellenlinien auf. Nebst jenem dunklen Viereck am
Vorderrande liegt gegen den Saum zu, von ihm durch
eine lichte Doppellinie getrennt, ein gelblichweisser,
nicht selten in die Grundfarbe übergehender Fleck,
auf welchen weiter nach aussen abermals ein dunkler
folgt, der häufig durch eine helle Linie getheilt erscheint. Die Fransen sind rostfarben und dunkel gefleckt; Hinterflügel dunkelgrau mit weisslichen Fransen.
Die Eier werden in Partien oder auch einzeln an den
Knospen. abgesetzt, überwintern als solche und im
Monate April des nächsten Jahres kommen die kleinen
Räupchen aus denselben hervor.

Vertilgungsmittel: Rechtzeitige Entfernung
(Monat Mai bis Anfang Juni) der befallenen Bäume
und Verbrennen des Reisigs bei feuchter Witterung
und gehöriger Vertheilung in Haufen auf gefahrlosen
Stellen des Bestandes. Durch den hiedurch erzeugten,
im Holzbestande sich lagernden Rauch lassen sich
die Räupchen zur Erde fallen und wird ihnen auch
später durch den Russgeruch die Nahrung verleidet.
(Taschenberg, Insektenkunde pag. 383).

c) — — erreicht eine Länge von 17—19 mm, ist gelbgrün, mit
kastanienbraunem Kopfe, das Nackenschild gelb oder gelbbraun
mit dunklerem Hinterrande. Brustfüsse schwarz. In den
Monaten Mai-Juni lebt die Raupe in einem röhrenförmigen
Gespinnste in dem sie einige Nadeln der Länge nach zusammen-
spinnt und sich von ihnen nährt. Sie kommt an Fichte und
Kiefer vor.

Tortrix piceana. Lin. Nadel-Wickler.

Der Falter fliegt im Juli. August, er ist ausgezeichnet durch den stark geschweiften Vorderrand.
Vorderflügel mit scharf vorspringendem Schulterwinkel.
Flügelbreite beim ♀ 25—27 mm, beim ♂ 18 —19 mm.
Die Vorderflügel sind glänzendroth mit blauem oder
grauem Schimmer oder auch ockergelb, beim ♀ sparsam rostbrann gegittert, mit einem rostbraunem dreieckigen Vorderrandfleck und rostbraunen, oft zerrisse-
nen Zeichnungen. Die Fransen sind an der Flügel-

spitze dunkler; Hinterflügel beim ♀ (an der Spitze
wenigstens) rostgelb. Das kleinere ♂ hat keine Gitter-
zeichnungen auf den Vorderflügeln und graubraune
Hinterflügel. Die Eier scheinen so, wie bei der vorigen
Art, an Knospen abgelegt zu werden und zu überwintern. Ich fand die Raupe einige Male an den
3jährigen Fichtenpflanzen in unseren Pflanzkämpen
(Obersteiermark).

9. *a*) Die achtfüssige Larve wird 33 mm lang, nach der ersten
Häutung ist der Kopf unverhältnissmässig gross, glänzend
schwarz; der Körper ist grün, mit grünlichbraunen Horn-
schildern, welche später schwarz werden; die Färbung wird
schmutziggrün mit dunklerer Bauch- und Rückenstrieme und
heller Bauchfalte; nach der letzten Häutung wird die Larve
schön grün und citronengelb. Sie erscheint mit Anfang Juni,
zieht sich gruppenweise (oft 20—30 Stück) an den Quirlen
15—20jähriger Fichten zusammen, wo sie sich ein gemein-
sames, durch Unrath, Genagsel etc. bald ganz verdichtetes
Gespinnst anfertigt.

Tenthredo (*Lyda*) **hypotrophica** Htg. Gesellige
Fichten-Blattwespe.

Die Verpuppung erfolgt unter der Erde und das
Insekt überwintert als Puppe; Mitte April erscheint
die Wespe und ihre Flugzeit dauert bis Mitte Mai,
wo dann das befruchtete Weibchen seine Eier an den
vorjährigen Nadeln ablegt. Die weibliche Fliege ist
11—12 mm lang und 24 mm gespannt, wegen ihres
bunten Kopfes und Rumpfes der *T. pratensis* ähnlich,
unterscheidet sich jedoch bestimmt durch die wasser-
klaren Flügel. Das Männchen ist ausgezeichnet durch
breite, kräftige Statur, ziemlich breiten Kopf, ganz
rothbraune Beine, welche nur an den Hüften z. Th.
schwarz sind; die Flügel gegen die Spitze verlaufend
angeräuchert; das Schildchen und hintere Bruststück
meist gelbgefleckt; die Punktirung am Kopfe sehr grob,
fast runzelig, die der Oberseite, des Rumpfes und der
Brust deutlich.

b) — Larve ist 20füssig, von der ganz gleichen Farbe der jungen
Fichtennadeln. Der Mund und beiderseits am Kopfe ein
Augen- und Fühlerfleckchen dunkler, über jedem Bauchfusse
ein Häufchen von Dornwärzchen. Länge 14 mm.

Tenthredo (*Nematus*) **abietum** Htg. Braunschwarze
Fichten-Blattwespe.

Die Larve frisst an 10—30jährigen Fichten die
Nadeln der sich entwickelnden jungen Triebe und ist

ihr Frass in der Regel schon Ende Mai oder Anfang
Juni beendet. Zur Verpuppung begibt sie sich seicht
unter die Erde, fertigt sich einen Cocon an und ruht
hier bis gegen Ende April oder Anfang Mai des nächsten
Jahres, wo dann die Fliege erscheint. Die Flügelspannung beim ♀ beträgt 11ᵐᵐ, Länge 5ᵐᵐ; das
♂ ist kleiner. Die Fühler sind borstenförmig, 9gliedrig,
der Hinterleibslänge gleichkommend. ♀ glatt, glänzend,
vorherrschend schwarzbraun; Mund, Halskragen, ein
Fleck an der Mittelbrust und einer zu beiden Seiten
desselben lichtbraun; Bauch ebenfalls lichter; Spitze
der Bohrerscheide schwarz. Hinterleib eiförmig, vom vierten Ringe an zusammengedrückt, oben und unten scharf
gekielt. Beine blassbraun. Die Spitze der Hinterschienen
und die Tarsen der hinteren Fussglieder schwärzlich.
Das ♂ überall gleich breit, blassbraun, oberseits fast
schwarz mit gelblichem Halskragen. Die Eierablage
erfolgt gewöhnlich in der zweiten Hälfte Mai, u. zw.
in die aufbrechenden Knospen und schon nach 3 bis
4 Tagen erscheinen die kleinen Lärvchen. Anfangs
fressen sie die Knospen aus, gehen dann an die Nadeln
der sich entwickelnden Triebe; diese benagen sie in
der ersten Zeit in der Weise, dass die breiteren
übrig gelassenen Spitzen wie an Fäden herabhängen
und erst später nehmen sie die ganzen Nadeln.*)

10. Der Kopf des Käfers ist rüsselförmig verlängert. · · · · · ·   **11.**
     — — — — — nicht rüsselförmig verlängert. · · · · ·   **14.**

11. Die Fühler sind gekniet, nahe am Mundwinkel eingefügt;
     der Rüssel ist kurz und eckig, an den Seiten mit einer tiefen,
     schnell nach abwärts gebogenen Fühlerfurche. Der Körper
     geflügelt, weich; die Oberseite mit mehr oder weniger grün-
     glänzenden Schüppchen bekleidet; die Flügeldecken nach
     hinten bauchig erweitert. · · · · · · · · · · · · · · · ·   **12.**

     Die Fühler sind gekniet, der Körper kurz eiförmig, unge-
     flügelt; Achseln der Flügeldecken stumpf abgerundet; die
     Oberseite mit grauen, bräunlichen, hie und da mit weissen
     Schüppchen dicht bedeckt. · · · · · · · · · · · · · · ·   **13.**

12. a) Die Fühler und Beine sind blassgelbbraun; das Halsschild
     etwas breiter als lang; Flügeldecken fein punktirt gestreift.
     die Zwischenräume der Streifen fast viermal so breit als
     die Punkte; die zwei äussersten Streifenzwischenräume und
     der erste neben der Naht blos grau behaart ohne grüne
     Schuppen. Länge 5·5—7ᵐᵐ.

---

*) Auch kommt an der Fichte noch vor: Nematus Sexesenii Htg. und die
kleine Nematus parvus Hrtg., welche ebenfalls durch 20füssige Afterraupen sich
auszeichnen.

Curoulio (*Metallites*) **mollis** Germ. Weichhaariger
Metallrüssler.

b) Die Fühler und Beine sind röthlichgelb, die Schenkel un-
deutlich gezähnt, die Zwischenräume der Streifen auf den
Flügeldecken kaum mehr als doppelt so breit als die Punkte.
Länge 4—4·5 mm.

Curoulio (*Metallites*) **atomarius** Oliv. Blaugrauer
Metallrüssler.

13. Der Käfer ist breit, stark gewölbt, fast kugelig; 4—5 mm
lang und über 2 mm breit. Die Grundfarbe ist schwarz oder
dunkelbraun, überdeckt mit grauen, braunen, hie und da
ganz weissen, leicht abreibbaren Schuppen, die Naht der
Flügeldecken an der Basis als schwarzen Fleck freilassend;
die Börstchen in den Punktreihen sind sehr kurz, die Beine
röthlich. In der Regel frisst dieser Käfer an Haseln (daher
auch sein Name), wird jedoch auch eben so häufig auf der
Fichte und Kiefer angetroffen.*)

Curoulio (*Thylacites*) **Coryli** Gyll. Hassel-Rüssel-
käfer.

14. Der Käfer ist 25—29 mm lang; die Flügeldecken und Beine
sind röthlich-gelbbraun, erstere äusserst fein mit kurzen
Härchen in den gerunzelten Zwischenräumen der fünf erhabenen Längsrippen, aber nicht dicht, besäet. Die Afterdecke ist allmählich in eine ziemlich breite Spitze ausgezogen.
Die Farbe ist mit Ausnahme der helleren Brust- und schneeweissen, dreieckig gezähnten Bauchseiten schwarz. Das Halsschild etwas ins Grünliche glänzend, manchmal wie der Kopf
rothbraun. Die Fühlhörner sind zehngliedrig, der Endknopf
beim Weibchen mit sechs, beim Männchen mit sieben Blättern.

---

*) Diese drei aufgeführten Rüsselkäfer-Arten sind in der Regel von
geringer Bedeutung für den Forstmann, können jedoch, wenn sie in grosser
Menge auftreten, den Culturen durch Benagen der Knospen, Rinde und Nadeln
der jungen Triebe schädlich werden. In diesem Falle: Absuchen der Schläge
und Abklopfen der Käfer, besonders in den Morgenstunden auf untergehaltene
Tücher oder Schirme.
Eine dem Stropt. coryli sehr nahe verwandte Art, Strophosomus obesus
Marsh., unterscheidet sich von ersterer dadurch, dass ihr die schwarze Basis der
Naht der Flügeldecken und die röthliche Färbung der Beine fehlen ; sie ist ganz
grau. Erst neuester Zeit in Kieferculturen durch Benagen der Rinde, der Nadeln
und Zweigspitzen sehr schädlich geworden — Isolirungsgräben. (Altum in Dan-
gelmann's Zeitschrift Bd. VII, Hft. 2.)

Melolontha vulgaris Lin. Gemeiner Maikäfer.

Die Eier werden von dem befruchteten Weibchen in Partien von 12—30 Stück und 5—10 cm tief unter die Erde gelegt. — Es werden hierzu am liebsten warme, freie Flächen mit lockerem, lückig bewachsenem Boden gewählt. — Die Eier sind von der Grösse eines Hanfkornes, weisslich, weich und beherbergt ein Weibchen etwa gegen 70 Stück. — Nach 4—6 Wochen schon entwickelt sich aus dem Eie die kleine Larve, welche sich bis zu ihrer, gewöhnlich im Juli oder August des vierten Jahres erfolgenden Verpuppung von Wurzeln und anderen Vegetabilien nährt und im April oder Mai des 5. Jahres als Käfer zum Vorscheine kommt. — Im Hochgebirge wird seine Flugzeit verzögert. meist bis zum Juli oder August, ja nicht selten trifft man einzelne Exemplare noch im September fliegen Wie dies bei den meisten Insekten der Fall ist, erscheinen auch bei den Maikäfern die Männchen immer um einige Zeit früher als die Weibchen, was bezüglich ihrer Vertilgung und Vorbauung für ein weiteres Maikäferjahr von Wichtigkeit ist. — Die Larve, auch Engerling genannt, frisst im dritten Jahre ihrer Entwickelung am meisten. — Sie ist im ausgewachsenen Zustande bis 45 mm lang, ausgezeichnet durch ziemlich dicht stehende, nicht sehr lange Börstchen, grosse Luftlöchergruben, durch grossen, blaugrauen, sackförmig erweiterten Hinterleibsring und durch ihre stets gekrümmte Lage; im übrigen ist sie gelblich, der Kopf röthlich. Der Käfer verschmäht keine Holzart um seine Fresslust zu stillen, zieht jedoch wenn er die Wahl hat, Laubhölzer den Nadelhölzern vor. — Uebrigens ist dieses Insekt nicht sowohl im Zustande der Vollkommenheit, als im Larvenstadium der Fichte, wie überhaupt den Nadelhölzern gefährlich; die Lärche, welche der Käfer allen übrigen Nadelhölzern vorzieht, leidet von ihm am meisten; auch die männlichen Blüthen der Kiefer und die Nadeln der Maitriebe verschmäht er nicht. Die wirksamsten Vorbauungsmittel sind:

1. Hegung der Maikäferfeinde. Diese sind unter den Säugethieren: Igel, Fuchs, Marder, Dachs, Fledermäuse; unter den Vögeln sind es vorzüglich die Krähen, Elstern und Staare. ferner Dohlen, Sperlinge, Würger, Ziegenmelker, Waldkauz. Thurmfalke.

2. Schweineeintrieb in alle offene Waldorte bis zum Eintritt der Schonung u. zw. in den Flugjahren der Käfer während des Frühlings; in den Frassjahren der Engerlinge während des Sommers.

3. Vermeidung der Kahlschläge, indem die Käfer ihre Eier nicht gerne unter Bäumen ablegen, schon wegen der stärkeren Bodendurchwurzelung.

4. Dort, wo wirthschaftlich Kahlschläge nicht zu vermeiden sind, sollen dieselben möglichst schmal angelegt werden; man hat es versucht durch den Anbau von sogenannten Maikäferschutzschlägen die zu grossen und ausgedehnten Schlagflächen zu unterbrechen. (Prof. Dr. Altum. Forstzoologie, Bd. III, pag. 106.)

5. Bebauen der Culturflächen im Herbste vor dem Flugjahre mit Wintersaat.

6. Ausführung der Pflanzungen mit dem Setzeisen bei Belassung der Bodennarbe, oder auch Klappenpflanzung, da auch hier die Bodendecke vollständig erhalten bleibt.

7. Anwendung der sogenannten Senkpflanzungen (Oberforstmeister Danckelmann). Bei dieser Methode kommt nemlich die Oberfläche des Pflanzenloches ungefähr eine handhoch tiefer zu liegen, als der sie umgebende Rand.

8. Man lege Saatkämpe, wo immer thunlich, möglichst entfernt von Laubholzbeständen an, und nehme die Bodenbearbeitung im Sommer vor, damit die Larven, welche übersehen werden, wenigstens möglichst oberflächlich zu liegen kommen.

9. In den Saatkämpen sorge man für eine ziemlich starke Bedeckung der Rillenstreifen mit Nadel- oder Laubstreu.

10. Verschiebung der Verjüngungsschläge und der Lichtungen junger Anwüchse auf den Herbst des Flugjahres, wo nur irgend eine Brutabsetzung zu befürchten ist.

11. Vermeidung aller Bodenentkleidung und Auflockerung während der Flugzeit, um dadurch den Käfer nicht zum Eierablegen herbeizuziehen.

12. Unterhaltung einer, das Eierablegen hindernden Bodendecke, die nicht in der Kürze zu einem Ueberzuge von Angergras ausartet, unter welchem der Engerling gern hauset, wovon man sich auf trockenen Wiesen- und Waideflächen überzeugen kann.

13. Anbauverschiebung, an Orten, die vom Engerlinge stark befallen sind, was die zerstörte Grasnarbe und die entwurzelten Holzpflänzchen zu erkennen geben, dann anzuwenden, wofern nicht eine alsbaldige Vertilgung des Ungeziefers stattfinden kann.

14. Pflanzungsvorsicht: An gefährdeten Orten sind die Anpflanzungen bis zum Nachsommer des vierten Frassjahres auszusetzen, damit sich die Pflänzlinge von da ab recht bewurzeln können, bevor der neue Frass wieder beginnt. Wenn kurz vor oder

während der Flugzeit gepflanzt wird, so muss man den aufgebrochenen Umkreis der Pflanzen mit rauhen Deckmitteln dicht verschliessen, damit der Käfer seine Eier nicht zur Pflanze lege.

15. Saatvorsicht. Die Holzsaaten sind ebenfalls vor dem vierten Frassjahre nicht wohl zu wagen und lieber etwas weiter in den Vorsommer zu verschieben, damit die Sämlinge weniger wurzeln, bevor die Engerlinge sich zur Verpuppung begeben. Dadurch gewinnt man für sie zwei minder gefährdete Sommer.

16. Die Erfahrung bestätiget, dass starke Pflänzlinge mit derben Erdballen von dem Engerlingfrasse weit weniger leiden, als junge, zarte, zumal mit entblössten Wurzeln gepflanzte. Dichtere Vollsaaten mit ganz leichter Bodenzubereitung sind mehr zu empfehlen, als Streifen- und Plätzesaaten; Kiefernsaaten mögen mit Birken gemischt werden; letztere erholen sich am leichtesten wieder von solchem Frasse.

Die Vertilgung geschieht:

1. Durch Sammeln der Käfer während der kühleren Tageszeit, indem man sie mittelst Anschlagen der Bäume von diesen herabstürzt und sie dann zertritt oder zerstampft.

2. Durch Vertilgen der Brut. Die zum Anbaue bestimmten Orte können nämlich im Flugjahre, so bald die Brut abgesetzt ist, ganz umgebrochen und zeitlich bepflanzt werden; dadurch verstürzt und vertilgt man die von neuem angesetzte Fortpflanzung und gewinnt für den Nachwuchs einen mehr sichernden Vorsprung.

3. Durch Vertilgung der Engerlinge. Man wendet hiezu den Eintrieb von Schweinen und das Umbrechen des Bodens bei warmem feuchtem Wetter an, und tödtet die zu Tage gebrachten Engerlinge, oder man lässt zur besseren Vorbereitung eines weitern Wiederanbaues die Fläche beackern und mit Frucht bestellen.*)

---

*) Eines, vom Oberförster Witte construirten, sogenannten Engerlingeisens sei hier nur beiläufig erwähnt, da dasselbe nach den Mittheilungen, welche Prof. Dr. Altum in seiner Forstzoologie Bd. III, pag. 112 darüber macht, nur auf ganz kleinen Flächen Anwendung finden dürfte, z. B. in Saatschulen. Altum beschreibt dieses Instrument wie folgt: Es besteht aus einer 0·6 cm dicken, 25 cm langen und 7 cm breiten Eisenplatte, welche auf der einen Seite wie eine Flachsbechel mit senkrecht und 1·5 cm in gegenseitigem Abstande angebrachten, 7 cm langen, gusseisernen Spitzen und in der Mitte der anderen Seite mit einem starken Holzstiele sammt Quergriff nach Art eines Grabspatens versehen ist. — Durch Einstossen dieses Instrumentes in den Boden soll das Erstechen und Verletzen der vorhandenen Engerlinge erzielt werden, und um zu verhindern, dass beim Herausziehen des Instrumentes aus dem Boden Pflanzenwurzeln, Steinchen etc. mit ausgehoben werden, ist unter der ersten Eisenplatte eine für jede Eisenzinke durchlöcherte auf und ab bewegliche zweite Eisenplatte zum Abstreifen jener fremden Theile angebracht, welche an beiden Seiten unter der oberen Zinkenplatte 8 cm weit vorragt. — Die Kosten per Hectar Saatkamp von Engerlingen reinigen beliefen sich nach Angabe des Oberförster Witte auf 14—24 Thlr.; die Anfertigung des Instrumentes kostet 4—5 Thlr.

15. Die Pflanze zeigt eigenthümliche, krankhafte, gallenartige Auswüchse' oder Auftreibungen an den jungen Vorschlägen; oder die Rinde erscheint mit braunen oder schwarzen Blasen besetzt · **16.**

Die Pflanze zeigt ausser den Rindenverletzungen nichts Auffallendes · **17.**

16. *a*) Dicht am Quirl der Maitriebe bilden sich mit beginnendem Maiwuchse gallenartige Auswüchse, erreichen im Verlauf des Sommers ziemlich die Grösse einer kleinen wälschen Nuss, und haben einen, die Länge der Galle zwei bis dreimal übertreffenden, gewöhnlich von der Basis der äusseren Seite entspringenden Schopf.*) Der erweiterte Grund der Nadeln ist entweder, wie die Galle, grün oder schön purpurroth; vom August und September an, nämlich nachdem das Insekt die Galle verlassen hat (nach überstandener Metamorphose) werden diese Auswüchse dunkler, braun und holzig und haben dann einige Aehnlichkeit mit kleinen Zapfen.

Chermes viridis Ratz. Grüne Fichten-Rindenlaus.

b) Die Gallen sind bedeutend kleiner als die vorher beschriebenen, haben meistens gar keinen, oder doch nur einen sehr kurzen Schopf; die Schuppennadeln sind sehr kurz. Die Farbe der Gallen ist anfangs weisslich, später schön grün, lebhaft roth und dann einer Erdbeere nicht unähnlich, bis sie endlich nach Entschlüpfen des Insektes die holzbraune Färbung bekommen. Sie erscheinen zweimal im Jahre, nämlich im ersten und im zweiten Safte.

Chermes coccineus Ratz. Rothe Fichten-Rindenlaus.

c) An den Quirlstellen der Fichtenpflanzen zeigen sich anfangs röthliche, später braune und zuletzt schwärzliche, erbsengrosse Blasen wie angekleistert. Es sind dies die von Eiern strotzenden Körper der weiblichen Schildlaus. Aus diesen Mutterblasen kriechen träge Larven, kleinen Blattläusen nicht unähnlich, welche sich auf den befallenen Pflanzen umher zerstreuen und hier den Sommer hindurch von aus-

---

*) Es ist dies der im Wachsthume zurückgebliebene verkümmerte Maitrieb.

gesaugtem Nadelsafte leben. Gegen den Herbst hin wandern
sie wieder auf ihre Brutstellen zurück und überkleistern
sich abermals zum Behufe ihrer Ueberwinterung und nach-
herigen Verpuppung. So entsteht nach und nach ein grin-
diger, krätzenartiger Ueberzug, die sogenannte **schwarze
Krankheit.**

Coccus (*Lecanium*) **racemosus** Ratz. Fichtenquirl-
Schildlaus.

Man findet diese Erscheinung nur an ganz miss-
wüchsigen Fichtenpflanzen. Mit ihr spricht sich in
der Regel der äusserste Kümmerungszustand solcher
junger Holzbestände aus, und der kundige Forstmann
gewahrt sie fast nie, ohne die gröbsten Anzuchtfehler
als Ursache zu erkennen. Spätfröste, Windverhagerung,
Sonnenbrand, Heidekraut und manche andere, der
Fichte widerwärtige, äussere Erscheinungen befördern
das Uebel.

17. Das Benagen der Rinde rührt von einem echten Rüsselkäfer
her, mit deutlichem, langem Rüssel und geknieten Fühlhörnern 18.
— — — — geschieht hauptsächlich an zwei- bis fünf-
jährigen Pflanzen und zwar an den unteren Theilen bis zum
ersten oder zweiten Astquirl. Die Verletzungen 'zeigen sich
in Form von grindigen, unregelmässigen, oft bis in den Splint
eingreifenden Frassstellen, indem der Käfer die Rinde mehr
abschabt. An etwas stärkeren Pflanzen finden sich auch zuweilen unverkennbare, offene Fortpflanzungsgänge (Muttergänge), die hinunter zum Wurzelstocke führen. Der Käfer
befrisst die Pflanze nicht nur oberirdisch, sondern auch, und
hauptsächlich an den Wurzeln und dem Wurzelstocke, geht
vorzugsweise Pflanzungen an, besonders wenn diese zu tief
gesetzt wurden, und kann ausserordentlich schädlich werden.

Hylesinus (*Hylastes*) **cunicularius** Knoch. Schwarzer Fichten-Bastkäfer.

Der Käfer ist 4—4·5 mm lang, schmal, walzenförmig; der Kopf ist schwach rüsselförmig verlängert;
die Farbe ist schwarz oder pechbraun; das Halsschild
mit einer äusserst schwachen, glänzenden Mittellinie,
stark, tief und dicht punktirt, die Punkte deutlich.
Der Rüssel hat beiderseits an der Spitze einen tiefen
Eindruck, und eine kaum bemerkbare Mittellinie; die
Fühler nicht gekniet, mit einem geringelten Endknopfe.

Seine Fortpflanzung und Entwicklung geschieht
in Stöcken und Wurzelsträngen. Der Käfer befällt
nur die Fichte.
Die Vertilgungsmittel fallen mit jenen bei
Curculio Abietis (siehe Nr. 19, 2—5) angegebenen
zusammen; ausserdem ist das Ausheben der Pflanzen, wenn man sie schon verloren geben muss, zu
empfehlen.
Die Vorbeugungsmittel sind wohl: Reinhalten der Schläge und fehlerfrei ausgeführte Pflanzung; besonders hüte man sich
vor dem zu tiefen Pflanzen.

18. Der Käfer ist braun oder pechbraun mit gelben Zeichnungen auf den Flügeldecken · · · · · · · · · · ·   **19.**
— — — einfärbig schwarz, glänzend, die Flügeldecken
stark gewölbt, gerunzelt, beinahe dreimal so breit als das
Halsschild an der Basis; die Fühler an der Spitze des
Rüssels eingefügt; die Beine mit Ausnahme der Knie roth.
Länge 8—12ᵐᵐ. Er durchbohrt die, von der Ausschlag-
schuppe befreite Knospe oft bis auf den Grund, oder benagt
die Rinde des Triebes und Stammes.

Curculio (*Otiorhynchus*) **niger** F.*) Grosser
schwarzer Rüsselkäfer.

Dieser Käfer scheint in seiner ganzen Lebensweise
mit der folgenden Art ziemlich übereinstimmend zu
sein; daher auch seine Vertilgung wie dort.

19. *a*) Die Fühler sind nahe an der Spitze des Rüssels eingefügt. Der Frass ist dem der vorhergehenden Art ähnlich und
wird auch in der Regel in deren Begleitung ausgeführt. Beim
Fressen setzt der Käfer seinen Rüssel rechtwinklich auf und
bringt so oft bohnengrosse Verwundungen in der Rinde hervor mit zerissenen, gequetschten Rändern, welche verharzen
und ein grindiges Ansehen bekommen. Am liebsten sind ihm
die 3—10jährigen Fichtenorte. Er frisst hauptsächlich am
Wurzelstocke oder an der Rinde der oberen Stammtheile und
an den Knospen, seltener (wie *Hyles. cunicularius*) an den
Wurzeln. Der Käfer ist 9—13ᵐᵐ lang; der Kopf ist in
einen ziemlich starken etwas gekrümmten Rüssel verlängert;
die Fühlhörner sind dick und kurz; die Flügeldecken sind
dreimal breiter als die Basis des Halsschildes; der Käfer ist

---

*) Bei Ratzeburg unter dem Namen „ater Hbst."

dunkelbraun, fast glanzlos, an den Seiten des Halsschildes,
an der Stirne und Brust und in den Winkeln der Bauchringe,
dicht rostbraun behaart. Auf den Flügeldecken stehen drei
deutliche, rostbraune Querbinden und an der Spitze derselben
mehrere solche Mackeln und Punkte.

Curculio (*Hylobius*) **Abietis** Lin.*) Grosser brauner
Fichten-Rüsselkäfer.

Die Schwärmzeit des Käfers fällt in der Regel
in den Monat April, wo er geeignete Brutplätze sucht,
wie sie ihm die Schlagflächen mit ihren Stöcken, Wurzeln, zerstreut umherliegenden Reissig etc. bieten. Hier
erfolgt — gewöhnlich im Monate Mai — die Begattung und das Eierablegen; von da ab wird der
Käfer träge, hört zu fliegen auf und macht nun seine
Wanderungen zu Fusse in die Culturen. Diese Eigenthümlichkeit ist von hohem Interesse für den Forstmann, denn darauf basirt sich eines der hervorragend-
sten Vorbauungs- und Vertilgungsmittel: Anlage von
Isolirungs- und Fanggräben. — Je jünger die Pflanze,
je zarter und saftiger ihre Rinde, desto lieber ist sie
dem Käfer. — Er befällt daher auch in erster Linie
die jüngeren Pflanzen indem er sie vom Wurzelanlauf
bis in die Zweige hinauf in der schon beschriebenen
Weise benagt, während die älteren vorderhand verschont bleiben. Später jedoch, wenn an dieser zarten
Kost bereits Mangel einzutreten pflegt, greift er auch
zu den älteren Pflanzen, indem er bis zu 2 und 3
Meter an ihnen emporklettert und sich die jüngeren
zarteren Stammtheile aussucht. Die befallenen Kiefern zeigen nach gar nicht langer Zeit ein Vergilben,
dann ein Bräunen der Nadeln, woran man solche be-
schädigte Culturen schon aus ziemlicher Ferne erkennen
kann. Mit Ende Juni sind in der Regel nur noch wenige
Käfer zu finden; der von den überwinterten
Käfern ausgeführte „Frühlingsfrass" ist als beendet anzusehen, die Käfer sterben. Während dieser
Zeit haben sich auf den Brutplätzen die Larven
entwickelt, und erreichen bei Eintritt des Winters
ihre Halbwüchsigkeit; bis Eintritt der wärmeren Frühlingswitterung des zweiten Jahres fressen sie weiter
fort; anfänglich nur zwischen Splint und Bast in geschlängelten Gängen auf- und absteigend, später tiefer
in den Splint eingreifend, öfter meterlang die Wurzeln
und deren Aeste verfolgend und tiefere oder flächere
Längsfurchen ziehend, welche mit Wurmmehl von Holz
und Bast oder Rindengenagsel herrührend, angestopft

---

*) Der bei den Forstleuten allbekannte Curculio Pini nach Ratzeburg.

sind. Im Juni ist die Larve in der Regel vollkommen erwachsen und verpuppt sich in
einer, in den Holzkörper eingesenkten Puppenhöhle.
Der Puppenzustand ist nur von kurzer Dauer. In
der Regel schon nach Verlauf von 2—3 Wochen ist
der Käfer entwickelt, wo er sich dann an die Oberfläche emporarbeitet und Ende Juni oder Mitte Juli
erscheint, mithin zu einer Zeit wo der „Frühlingsfrass" bereits beendet ist. — Auch diese ebenerst
entwickelten Käfer beginnen sofort ihren Frass und
setzen ihn, je nachdem es die Witterungsverhältnisse
gestatten, bis zum Eintrit des Winters fort. und
überwintern unter Laub, Moos, Steinen, in Rindenritzen der Bäume etc. Dieser Frass, der „Herbst-
frass" geht häufig mehr unbeachtet vorüber, da sich
der Käfer gewöhnlich nur an den unteren Partien der
Pflanze aufhält und sich so den Blicken entzieht. —
Erst im nächsten Frühjahre, wie schon oben ausgeführt worden ist, schwärmt dieser Käfer, begattet sich
und beginnt nun seinen verheerenden „Frühlingsfrass". Nach dem eben Geschilderten geht hervor,
dass der Käfer der Regel nach eine 2jährige Generation
hat: d. h. er braucht zwei Jahre vom Stadium des
Eies an bis zur Zeit seiner vollkommenen Reife, d. i.
der Begattung. Uebrigens sind schon 1jährige und
1½jährige Generationen beobachtet worden, was natürlich durch Lage der Brutplätze, physikalische Be-
schaffenheit des Bodens, Witterungs- und klimatische
Verhältnisse seine Erklärung findet.
  Vorbauungsmittel sind:
  1. Sorgfältiges Roden alles Stock- und Wurzel-
holzes auf den Schlägen oder in der Nähe derselben,
soweit es natürlich die Verhältnisse erlauben. In
diesem Falle muss jedoch die Arbeit bis Ende März
beendet sein und genügt es nicht, die Rodung blos
vorzunehmen insoweit das Holz gewonnen und verwerthet werden kann, sondern von Wichtigkeit ist es,
die Stocklöcher wieder auszufüllen und zu ebnen, damit etwa blosgelegte tiefer streichende Wurzeln ordentlich bedeckt werden.
  2. Schlagräumung, besonders von Spänen,
Reissig und sonstigem Abraum; u. z. soll diese Arbeit
ebenfalls noch vor Anfang April beendet sein, damit
der Käfer zur Schwärmzeit nicht angelockt werde.
  3. Das Brennen oder Branden der Schläge,
besonders in Gegenden wo weder Stockholz gewonnen
werden darf noch ein genügendes Reinigen der Schlagflächen möglich ist, wie z. B. in den Hochgebirgslagen.
Hier wird es sich empfehlen, das Abfallholz: Aeste,
Späne, Wipfel etc., partienweise um die Stöcke zu-
sammenzubringen und zu verbrennen, wodurch den
Rüsselkäfern die Brutplätze verdorben und unzugäng-

lich gemacht werden. Das Verdienst, hierauf zuerst
aufmerksam gemacht zu haben, gebührt meines Wissens
Herrn Professor Dr. Altum (vergl. dessen Forstzoologie
Bd. III., pag. 185); nur führt derselbe dieses Brennen
der Schläge unter den Vertilgungsmitteln auf, während
dasselbe meiner Ansicht nach, besonders mit Rücksicht
auf die Hochgebirgswirthschaft ganz entschieden unter
die ausgiebigsten Vorbauungsmittel zu zählen sein
dürfte.

4. Schlagruhe. Besonders dort, wo theils un-
günstige Verkaufs- oder (wie im Gebirge) Terrain-
Verhältnisse das Roden der Stöcke oder ein sorgfältiges Reinigen der Schläge nicht gut zulassen, soll
mit der Cultur so lange gewartet werden bis die Rinde
und die äusseren Holzlagen der Stöcke etc. vertrocknet
oder in Fäulniss überzugehen beginnen. Mit Rücksicht
auf die Entwicklungsdauer und Lebensweise des Käfers
ist es mithin gerathen bis zum dritten Frühjahre
nach Einlegung des Schlages zu warten.

5. Einhaltung von Wechselhieben, dort wo die
Wirthschaftsführung dies erlaubt u. z. mit Bezug auf
Nr. 3.

6. Anlage von schmalen Coulissenhieben um
das weite Ausschwärmen des Käfers zu erschweren.

7. Vermischung des Nadelholzes mit Laubhölzern.

8. Herbstcultur dort, wo es sich nur um einen
einmaligen Schutz der Cultur z. B. bei eingelegtem
Resthiebe handelt u. z. im zweiten Jahre.

Hat sich der ungebetene Gast trotz aller Vorsicht
und Aufmerksamkeit in unsere Schonungen eingedrängt,
so sind die wirksamsten Vertilgungsmittel folgende:

1. Fang- und Isolirungs-Gräben, um das
Einwandern des Käfers von den Schlägen in die
angrenzenden Culturen zu verhindern oder deren weitere
Ausbreitung in denselben Schranken zu setzen. —
Um ersteren Zweck zu erreichen wird, entweder rings-
herum um die Culturfläche oder nur, und dies genügt
in den meisten Fällen, längs jener, dem Holzschlage
zugekehrten Seite, ein bis 30 cm breiter und ebenso
tiefer Graben ausgehoben und die ausgehobene Erde
auf der, der Cultur anliegenden Seite des Grabens aufgeworfen. — Die Wandungen des Fanggrabens müssen
nach Möglichkeit scharf und senkrecht gestochen
werden, damit die auf ihrer Einwanderung in die
Culturen begriffenen und in den Fanggraben ge-
stürzten Käfer diesen nicht mehr zu entrinnen vermögen. — Auf der Sohle des Grabens werden in
Entfernungen von je 3—4 m 15—20 cm tiefe Fang-
gruben ausgehoben. — Ist der Käfer bereits in einem
Theile der Cultur eingedrungen, dann macht man,
neben den weiter unten beschriebenen Vertilgungsmitteln

von den Fanggräben in der Weise Anwendung, dass
man sie durch die Culturfläche hindurch so ein-
legt, dass der vom Käfer angegriffene Theil derselben
von der noch unberührten Culturfläche hiedurch getrennt
erscheint. — Diese Fanggräben werden täglich inspizirt
und die in denselben enthaltenen, vorzüglich aber in
den Fanglöchern vorfindigen Käfer vernichtet. — Zu
diesem Zwecke werden sie entweder an Ort und Stelle
zerstampft oder in Flaschen gesammelt und zu Hause
durch Uebergiessen mit heissem Wasser getödtet.

2. Auslegen frischer Fichten- oder Kiefer-
Rindenstücke in den befallenen Culturen. Man
vertheilt sie angemessen auf der ganzen Fläche, und
legt sie so, dass die Bastseite der Erde zugekehrt und
beschwert sie etwas mit Steinen um das Aufrollen und
Austrocknen möglichst zu verhindern. Unter diesen
sammeln sich die Käfer, welche, indem man die Rindenstücke zweimal des Tages (Morgens und Abends) untersucht, vertilgt werden.

3. Auslegen von Fangbündel von Fichten-
oder Kiefer-Reissig; eine Modifikation der eben beschriebenen Fangmethode mit dem gleichen Vorgange.
Sie findet vorzüglich dort Anwendung, wo es an der
nöthigen Fichten- oder Kieferrinde gebricht.

4. Fangkloben. Statt Rinde oder Reissig werden
Fichten- oder insbesondere Kiefer-Halbklüfte (Halb-
scheite) mit der Rindenseite, welche man vorher plätzt,
auf den ebenfalls früher etwas wund gemachten Boden,
fest angedrückt. Hier sammeln sich die Käfer zahlreich um ihre Brut abzulegen und werden dann bei
den Früh- und Abendrevisionen gesammelt und vertilgt.

5. Fangknüppel sind 1·5 m lange und 4—8 cm
dicke glattrindige frische Fichten- oder Kieferstangen,
welche schräg, nach Art der Wurzellage, gegen 0·5 m
tief in den Boden eingetrieben werden. Dies hat im
April bis Anfang Mai zu geschehen und im Juni werden
sie, besetzt mit der Käferbrut wieder aus dem Walde
entfernt.

b) — Die Fühler sind nahe an der Spitze des Rüssels
eingefügt. Sowohl in Hinsicht des Frasses als seiner äusseren
Erscheinung ist dieser Käfer dem vorigen ähnlich, nur ist er
kleiner als jener: 6—8 mm lang, pechbraun, fettglänzend und
tiefer punktirt. Die Zeichnungen auf den Flügeldecken sind
mehr weisslichgelb und die vorderste Binde derselben anders
gestellt; die Winkel der Bauchringe sind fast gar nicht oder
doch nur sehr sparsam behaart.

Curculio (*Hylobius*) **pinastri.** Gyllh. Kleiner, brauner, Fichten-Rüsselkäfer.

In Kiefern- und Fichtenculturen gemeinschaftlich
mit *Hylobius Abietis.* Die bei diesem angegebenen
Vertilgungs- und Vorbeugungsmittel werden
auch hier mit gutem Erfolge angewendet.

c) Die Fühler sind **nahe der Mitte des Rüssels eingefügt;** die Flügeldecken hinter der Mitte mit einer schmalen,
aus einzelnen Mackeln zusammengesetzten Binde, und mit
einer gewöhnlich doppelten Mackel vor der Mitte beiderseits;
beide gelblichweiss oder gelb beschuppt. Im Uebrigen ist der
Käfer heller oder dunkler pechbraun, mit gelblichen Schüppchen sparsam, hie und da fleckig besetzt; Halsschild dicht
punktirt, mit feiner erhabener Mittellinie, die Hinterwinkel
stumpf; die Flügeldecken punktirt gestreift; die Punkte der
Streifen auf der Scheibe tief, länglich, grübchenähnlich, die
Zwischenräume der Streifen runzelig gekörnt. Länge 8·5 mm.

Curculio (*Pissodes*) **pini** L.*) Kleiner schmaler
Fichten-Rüsselkäfer.

Ueber die Lebensweise dieses Käfers ist noch
wenig bekannt, und entnehme ich aus Prof. Altums
Werke, dass er sich ähnlich wie *Hylobius Abietis* im
Stockholze entwickeln dürfte; auch soll er wie *Pissodes notatus* massenhaft die jungen Fichten befallen
und sich von jenem dadurch unterscheiden, dass seine
Larven tiefer in den Splinth eindringen. Der Käfer
soll äusserlich wie *Hylobius Abietis* die Rinde der
Zweige und die Nadelbüschel der Lärchen benagen und
so an Kiefer, Fichte, Lärche schädlich werden.

d) — — — nahe der Mitte des Rüssels eingefügt; die
Hinterecken des Halsschildes sind abgerundet, die Scheibe
desselben mit durch deutliche ebene Zwischenräume getrennte
Punkte; der Käfer ist auffallend schmal, schwarz, glanzlos,
mit weisslichen Schüppchen bestreut, mehrere zerstreute
Makeln auf dem Halsschilde und den Flügeldecken, das
Schildchen und zwei schmale Fleckenbinden auf den Flügel-
decken (eine kurze, mehr unterbrochene vor ihrer Mitte und
eine längere hinter derselben) gelblich weiss beschuppt. —
Kopf und Halsschild seicht und nicht dicht punktirt; die
Flügeldecken deutlich punktirt-gestreift, die Punkte der
Streifen länglich, die abwechselnden Zwischenräume er-
habener als die anderen. Länge 6·75 mm.

---

*) *Curculio Abietis* nach Ratzeburg.

Curoulio (*Pissodes*) **heroyniae.** Hbst. Harz-Rüsselkäfer.

Ueber die Lebensweise dieses Käfers entnehme ich Prof. Altum's Werke folgende Momente: Derselbe überwintert unter Moos, Streu etc., kommt im Monate Mai zum Vorschein, wo dann die Begattung erfolgt oder auch später, im Monate Juni. Zum Eierablegen wählt das Weibchen mit Vorliebe ältere Stämme, 60- bis 100jährige, fliegt sie der ganzen Länge nach, etwa 1 ᵐ über dem Wurzelstocke beginnend an, und werden die Eier immer nur einzeln unter Rindenschuppen eingeschoben. Der unregelmässig geschlängelte, meist in weitläufigem Bogen verlaufende Larvengang berührt nur hie und da den Splint und liegt im Grossen und Ganzen in der Bastschichte. Je nachdem die Entwicklung mehr weniger regelmässig verläuft, trifft man vom Juni an bis in den Herbst Larven, mitunter wohl auch schon Puppen. Im Frühjahre des nächsten Jahres fressen diese ersteren nur noch kurze Zeit, höhlen sich dann eine mit Holzspänen gepolsterte Puppenwiege aus und ruhen als Puppe bis Juni, Juli oder August; dann schwärmt der Käfer, ohne sich in diesem Jahre noch zu paaren, und bezieht später sein Winterquartier. Die Generation ist somit zweijährig. — Die von diesem Käfer befallenen Stämme verrathen sich durch die, bei ihrer Erhärtung weiss werdenden Harztröpfchen, wodurch dieselben, wenn sie stark mit diesem Insekte besetzt sind, das Aussehen wie mit Kalk bespritzt erhalten; auch die Nadeln entfärben sich merklich. — Da der Käfer auch scheinbar völlig gesunde Stämme befällt, so ist er unter die Reihe der sehr schädlichen zu stellen. Die möglichst rasche Entfernung der von ihm befallenen, bei einiger Uebung ziemlich leicht zu erkennenden Stämme, und Entrindung derselben ist wohl das einzige Vorbauungs- und Vertilgungsmittel.

20. Siehe *Hylesinus cunicularius* . . . . 17.
Siehe *Curculio Abietis* oder *Curc. pinastri* und *pini* 19 *a.*, *b.* u. *c.*
Es ist keiner von diesen Genannten. . . . . 21.

21. *a*) Das Benagen der Wurzel rührt von einer sechsfüssigen Larve her, deren hinteres, blaugraues Ende sackförmig erweitert ist; im Uebrigen ist sie gelblich (der Kopf röthlich) und durch ihre stets C-förmig gekrümmte Lage hinlänglich charakterisirt. Länge bis 4·5 ᶜᵐ.

Melolontha vulgaris Lin. Engerling. *) Siehe Nr. 14.

---

*) Vergleiche auch Tab. II Nr. 30 die Anmerkung: *Melolontha fullo.*

b) Das Benagen der Wurzeln rührt von einem am After mit
zwei längeren Spitzen versehenen 7—45 mm langem Insekte
her. Im ausgewachsenen Zustande ist es 25—45 mm lang,
braunschwarz; die Vorderbeine sind sehr stark, breit, hand-
förmig, zum Graben eingerichtet; Vorderflügel kurz abgerundet; Unterflügel in zwei lange, längs des Rückens hin-
laufende Spitzen abgezogen; der After mit einer Schwanzgabel.
Die Larve ist, wenn sie schon ziemlich erwachsen, dem
vollkommenen Thiere an Gestalt und Farbe ähnlich, nur
fehlen ihr die Flügel; in der ersten Jugend ist sie gelblichweiss.

Gryllus Gryllotalpa (*Gryllotalpa vulgaris*) Maul-
wurfsgrille, Werre.

Das Vorkommen dieses Insektes beschränkt sich
fast nur auf Gegenden mit lockerem, nicht zu nassem
(gewöhnlich Sand-) Boden, wie ihn das Flachland und
die Niederungen bieten. Hier lebt das Thier nahe unter
der Bodenbekleidung von Pflanzenwurzeln, wohl auch
von Insekten, Würmern, ja selbst zum Theil von seiner
eigenen Brut. Es durchzieht, während es seiner
Nahrung nachgeht, diese obere Bodenschichte mit
vielen Kreuz- und Quergängen; zur Zeit seiner Begattung (Mitte Juni bis Mitte Juli) fertigt es mit Zuhilfenahme seines Speichels ein kompaktes Nest aus
Erde an, welches einer, mit einem Loche versehenen
kinderfaustgrossen Halbkugel ähnlich ist, und bei nur
einiger Vorsicht unschwer aus dem Boden ausgehoben
werden kann. — In dieses Nest legt das Weibchen
seine grünlichweissen 2·75 mm langen 200—300 Stück
Eier. Nach 2—3 Wochen, in der Regel also von der
zweiten Hälfte Juli ab kommen die kleinen Lärvchen
zum Vorschein und bleiben die ersten 3—4 Wochen,
ohne zu wühlen, familienweise in ihren Nestern beisammen. Nach dieser Zeit erfolgt die erste Häutung
und von jetzt an zerstreuen sich die Familien, indem
jedes Thier seiner Nahrung nachgeht. — Ende August
häuten sie sich das zweite Mal, gegen Ende September
zum dritten Mal und erreichen bis dahin schon die
Länge von 2·5 cm. Sie bereiten sich nun zur Winterruhe vor, und gehen etwas tiefer in die Erde. Je nach
der Frühlingswitterung erfolgt die vierte und letzte
Häutung d. i. jene zum vollkommenen Insekte,
in der zweiten Hälfte Mai oder Anfangs Juni.

Die Schädlichkeit dieses Thieres beruht, wie schon
erwähnt, im Benagen der Wurzeln der Pflanzen und
potenzirt sich, durch seine versteckte Lebensweise,

welche ihm schwer beikommen lässt. Das wirksamste, sicherste und am leichtesten ausführbare Vertilgungs- mittel ist das Aufsuchen der Nester und zer- stören der darin vorfindlichen Eier oder kleinen Lärvchen im Juni und Juli. Nach einem Regen oder nach starkem Morgentau sind die nach dem Neste leitenden, ganz flach unter der Oberfläche sich hinziehenden Gänge durch ihren bis 2 cm breiten, die Richtung derselben verfolgenden Erdaufwurf bei einiger Uebung leicht be- merkbar; diese verfolgt man mit dem eingeschobenen Finger und gelangt so zu dem nach abwärts führenden Gange und zum Neste. Behutsam hebt man es aus und sammelt behufs ihrer Vertilgung die in demselben ent- haltenen leicht zu entleerenden Eier oder Lärvchen in einem glatten Gefässe. — Ein recht werthvoller Fingerzeig für das Vorhandensein von Brutstellen ist das platzweise Kränkeln vorhandenen Pflanzen- oder Kräuterwuchses. — In Gärten oder Saatschulen kann man auch von dem Eingraben von Gartengeschirren, deren untere Oeffnung gut verkorkt sein muss, An- wendung machen. Diese Blumentöpfe werden in den, zwischen den einzelnen Beeten angelegten, schmalen Wegen so eingegraben, dass ihr oberer Rand mit dem Boden gleich zu liegen kommt. Soll aber diese Fang- methode von Erfolg sein, so müssen diese Beetwege möglichst eben und von Unkraut, Steinchen etc, frei erhalten werden.

c) Der Frass geschieht an den Keimpflanzen der Saatkämpe in der Weise, dass dieselben partien- oder reihenweise knapp am, oder etwas unter dem Boden wie mit einer Scheere ab- geschnitten erscheinen, so dass man sie büschelweise weg- nehmen kann. Gleichzeitig beobachtet man auch ein partien- weises Rothwerden der Pflänzchen ohne dass dieselben in der erwähnten Weise abgebissen sind. Der Boden zeigt in und unmittelbar neben den Saattrillen runde ziemlich scharf be- gränzte Löcher von 2—3 mm Durchmesser.

Noctua (*Agrotis*) **valligera** Syst. Ver. Kiefernsaat- Eule.*)

*) Eine, dieser Eule ganz verwandte, wahrscheinlich mit dieser gemein- schaftlich fressende Art ist die *Agrotis segetum*, Saat-Eule, und da speziell von dieser bemerkt wird: „soll den Fichtenculturen erheblich geschadet haben" (Prof. Altum in der Zeitschrift f. Forst- und Jagdwesen von Dankelmann, Bd. VII, 1. Heft, pag. 114), so bin ich um so mehr im Zweifel, ob der von mir beobachtete Frass an den Fichtensaatkämpen von *valligera* oder von *segetum* herrührt, als es mir nicht gelingen wollte den Schmetterling zu erziehen, die von Dr. Altum an- geführten Unterscheidungsmerkmale der Raupen und Puppen aber mir damals noch unbekannt waren. Nach dessen Beobachtung unterscheiden sich die Raupen beider Arten ziemlich sicher in folgendem: N. *valligera*; die nach hinten gerichtete Spitze des dreieckigen Kopfschildes berührt die Spitze des gleichfalls dreieckigen Stirnfeldes X-förmig; die Afterdoppelspitze der Puppe sehr kurz 0·5 mm lang. —

Diese eben angeführten Beschädigungen rühren von
einer 16füssigen, matt bräunlich-schmutzig-grauen
Raupe her; sie erreicht — bis gegen Ende Juni —
eine Länge von 3·5 cm; der Kopf, ein kleines getheiltes
Nackenschild und die Afterklappen sind braun; die
Luftlöcher dunkel. Ende Juni erfolgt auch die Verpuppung. Die Puppe zeichnet sich durch zwei kurze
Afterdornen aus, deren jeder an seiner stumpfen Spitze
einen Kranz äusserst feiner Börstchen trägt; sie ruht
ungefähr vier Wochen in einem Erdcocoon. Im August
erscheint der Schmetterling; er misst 32·25 mm
Flügelbreite; der Grundton der Flügel ist lichtgrau;
die Zeichnungen auf den Vorderflügeln treten scharf
dunkel hervor: eine grosse, schwarzbraune Zapfen-
mackel; eine kleine in die Länge gezogene querliegende
schwarz umzogene Ringmackel mit verwischtem dunklem
Kern und einem grossen schwarz umsäumten, dunkel
ausgefüllten Nierenfleck; zwischen den beiden letzteren
eine dunkle Verbindung von der Breite der Ringmackel.
Gegen den Hintersaum der Flügel und zwischen den
Rippen sechs dunkle Striche welche sich nach rückwärts
als dunkle Wische fortsetzen, meist durch weisse
Fleckchen von den Strichen getrennt. Hinterflügel ein-
förmig grau oder weisslich mit dunkleren Rippen und
dunklerem Mittelmond. Der Schmetterling hält sich
tagsüber am Boden verborgen. Gegen Ende August
oder Anfang September entschlüpft das Räupchen
dem Eie, überwintert als solches, ohne im Herbste
noch merklichen Schaden zu verursachen, und erst im
Mai und Juni des nächsten Jahres wird dieser
empfindlich.

Als Vorbauungsmittel: räth Prof. Altum gründ-
lichste Reinigung des im nächsten Frühjahre zur Cultur
oder zur Anlage der Saatschule gelangenden Platzes
von allen Unkräutern u. z. vor Mitte August, um
die Eierablage zu verhindern. Das wirksamste Vertilgungsmittel wird immer das Ausheben der von
der Raupe befallenen Pflanzen sein, u. z. mit ent-
sprechenden Erdmassen, welche dann geröstet werden;
die mit der Erde mit ausgehobenen Raupen werden
so vernichtet.

22. Der Frass geschieht zwischen Rinde und Holz · · · · · 23.
— — — im Holze selbst · · · · · · · · · · · · 26.

23. Die Frassstellen zeigen ein grindiges Aussehen und sind so
wirr und regellos zerfressen, dass man die Richtung der einzelnen Larven- oder Muttergänge gar nicht mehr unterschei-

N. *segetum*; die erwähnten Spitzen des ebenfalls dreieckigen Kopf- und Stirn-
schildes sind durch einen deutlichen Zwischenraum getrennt ⅄-förmig, die Afterdoppelspitze der Puppe 1·5 mm lang.

den kann,*) oder der Frass zeigt sich als ein sehr breiter,
nie über 8 cm langer, ziemlich ebener Gang in der Gegend
der Astquirlen ·   24.

— — finden sich in der Gegend des Wurzelanlaufes in
einer Entfernung von 0·3—1·5 m, und sind s. g. Familiengänge,
indem die Larven gemeinschaftlich eine Rindenpartie, oft bis
zur Grösse einer Hand unterminiren, ohne dabei einzelne
Larvengänge anzulegen · · · · · · · · · · · · · · · · · ·   35.

— — zeigen mehr oder weniger regelmässige, meist
gleichbreit ausgefressene Muttergänge, von denen beiderseits
die allmählig breiter werdenden Larvengänge abgehen · · ·   25.

— Der Frass geschieht höchstens 2·5 cm unter der Endknospe des jungen Triebes, wo sich das bis 7 mm lange, fast
farblose, durchscheinende Räupchen, wahrscheinlich zu Ende
Juli oder Anfang August in die Rinde desselben einbohrt.
Das Bohrloch ist nicht sichtbar, aber durch ein hervorge-
quollenes verhärtetes Harztröpfchen markirt. Die kleine Raupe
frisst sich im Baste einen, gewöhnlich spiralförmigen Gang
bis zur Spitze des Triebes, wo sie erst das Innere der Seitenknospen, dann das der Hauptknospen aufzehrt. Aeusserst
selten findet man mehr als ein Räupchen in einem Triebe;
dann aber wohl nicht mehr als zwei.

Tinea (*Blastoteres*) **Bergiella.** Szs. Fichten-Knos-
pen-Motte.

Das Räupchen überwintert in dem Triebe, verpuppt sich in der Regel schon Anfangs April, und
Ende Mai oder Anfangs Juni erscheint der kleine
Schmetterling. Er ist 5—6 mm lang, und misst
13 mm Flügelweite; seine thongelbe, hie und da in's
Graue schillernde Farbe, lässt nicht leicht eine Verwechslung dieses Insektes mit anderen zu. Seine forstliche Bedeutung ist gering.

---

*) Hierher zu zählen ist auch der, in den oberstelermärkischen Hoch-
gebirgsbeständen von mir als sehr schädlich beobachtete *Bostrychus (Crypturgus)*
cinereus Hb. Er befällt die jungen 15—30jährigen meist auf armen seichten Boden
schütter erwachsenen Fichten in der Regel zuerst in den Kronen und verbreitet
sich von da über den ganzen Stamm. — Auch bei dieser Art sind die Rindenstücke
sehr zerfressen und die Gänge verworren, wie bei *B. pusillus*, doch lassen sich
bei aufmerksamer Betrachtung kurze, scharf geschnittene, meist mit Genagsel verstopfte ————förmige Wagegänge erkennen. Der Käfer gehört zu den kleinsten,
ist nur 1mm lang und in Form dem *pusillus* ähnlich, aber etwas gedrungener. —
Das äusserst fein punktirte Halsschild zeigt nur auf der hinteren Hälfte eine glatte
Mittellinie; die Punkte der Flügeldecken sind gross, in die Breite gezogen;
letztere selbst ziemlich dicht (besonders an der Mitte der abschüssigen Stelle)
deutlich goldgelb behaart. — Nach Ratzeburg kommt dieser Borkenkäfer in
Kiefern vor.

24. *a*) Man bemerkt in der Gegend der, gewöhnlich vorjährigen Quirlen und in einer Höhe von 1·5—6 ᵐ, erbsengrosse, braune Klümpchen Wurmmehl, von einem im Inneren fressenden, sechszehnfüssigen, blassen, oft in's Röthliche spielenden Räupchen herrührend. Das Räupchen findet man schon zu Anfang Juli, wo es sich an der bezeichneten Stelle einbohrt und einen höchstens 2—3 ᶜᵐ langen, aber auffallend breiten Gang frisst, der mit flüssigem Harzsafte angefüllt ist, und wo dasselbe bis zu der, gewöhnlich Ende April oder Anfangs Mai des nächsten Jahres erfolgenden Verpuppung, verweilt. Die Zahl der Räupchen an einem Quirl steigt, obwohl nur selten, bis auf sechs Stück.

Tortrix (*Grapholitha*) **pactolana.** Kuhlw. Geeckter Fichten-Rindenwickler. *)

Der Falter erscheint Ende Mai oder Aufangs Juni. Seine Grundfarbe auf den Flügeln bildet ein helleres oder dunkleres Braun; der Saum der Hinterflügel ist hellgrau, jener der Vorderflügel dunkler. Auf letzterem sind feine, bindenförmige, silbergraue Zeichnungen, deren erste, gegen die Schulter zu liegende, eine, einen nahezu rechten Winkel bildende >förmige ununterbrochene doppellinige Mittelbinde bildet; in dem rostgelben Spiegelfleck gegen den Aussenrand zu, vier schwarze, in der Richtung des Gräders laufende Striche. Flügelspannung 16ᵐᵐ.

Vertilgungsmittel: Heraushauen der angegangenen Stämme, sonst wird sich Nichts thun lassen.

b) Der Frass zeigt ein grindiges, oft wie zerbohrtes Aussehen, herrührend von den vielen verworrenen, unter einander sich aufhebenden, zerfressenen Gängen; nicht selten mangelt diesen jede Spur von Frassrichtung und greifen gewöhnlich ziemlich merklich in den Splint ein. Fast immer trifft man Larven und Käfer zu gleicher Zeit an, und meist in ausserordentlich grosser Anzahl; der Frass beschränkt sich überdies nicht nur auf die Gegend der Astquirle, sondern verbreitet sich von da aus oft über das ganze Stämmchen.

---

*) Diese Art ist die eigentliche *Tortrix dorsana* Ratzeburg's (Forst-Insecten, II. Thl., Taf. XII, Fig. 7), während seine, nur als Varietät dieses Wicklers gegebene Fig. 6 eine eigene Art bildet und als *Tortrix* (*Grapholitha*) *duplicana* Zett. Dunkler Fichten-Rindenwickler ausgeschieden werden musste. — In der Lebensweise scheinen beide Arten ziemlich übereinzustimmen, was wohl ihre Identifizirung herbeigeführt haben mag. Der Schmetterling ist der *pactolana* sehr ähnlich; seine Flügelspannung beträgt jedoch nur zwischen 14 und 15ᵐᵐ; die doppellinige >förmige Mittelbinde ist derart unterbrochen, dass nur am Vorder- und Hinterrande der Vorderflügel eine mehr weniger keil- oder zapfen- (▽ oder ▷)-förmige Zeichnung erscheint.

Bostryohus (*Cryphalus*) **Abietis.** Ratz. Gekörnter
Fichten-Borkenkäfer.

Der Käfer ist 1 mm lang, dunkelbraun, gedrungen,
Fühler und Beine hell gefärbt; das Halsschild fast
kugelig, an den Seiten und hinten sehr fein punktirt,
vorne mit weitläufigen, nur hie und da gereihten Körnchen; die Flügeldecken etwas mehr wie doppelt so lang
als das Halsschild, mit deutlichen Punktreihen, und
äusserst fein punktirten Zwischräumen. Behaarung nur
sehr sparsam, kurz und abstehend. Dieser Käfer führt
wohl nie einen Frass selbstständig aus, sondern erscheint in der Regel entweder als Begleiter oder als
Nachzügler eines Hauptinsektes; er wird daher mit
diesem zugleich vertilgt.

c) Der Frass ist weniger tiefeingreifend als bei dem eben beschriebenen Käfer und beschränkt sich fast ausschliesslich
nur auf Bast und Rind (eigentliche Rindengänge). Er zeigt
ein eben so verworrenes Aussehen wie der der vorigen Art,
lässt aber doch fast überall an den äussern Grenzen der
Frassstelle die Ausläufer der einzelnen Gänge noch sichtbar.
Man findet auch hier meist Käfer und Larven zu gleicher Zeit.

Bostryohus (*Crypturgus*) **pusillus** Gyll. Schmaler
Fichten-Borkenkäfer.

Der Käfer ist nur 1·5 mm lang und sehr schmal;
die Behaarung ausserordentlich gering und kurz; die
Farbe variirt vom Hellbraun bis zum Schwarz, und
zeigt stets einen eigenthümlichen, nur diesem Borkenkäfer eigenen Fettglanz. Am liebsten geht er 20- bis
30jährige Stangen an, und tritt in der Regel selbstständig nicht auf, sondern meistens als Nachzügler
oder Begleiter einer anderen Art. — Doch soll man
sich dadurch nicht täuschen lassen; im Gebirge, wie
ich öfter beobachten konnte, kommt sehr häufig das
Absterben von 12—15jährigen Fichten auf sein Sünden-
register, und ist sein Schaden daher durchaus nicht
so unbedeutend wie man seither anzunehmen pflegte.

25. Der Frass geschieht an geringeren, gewöhnlich bis 40jährigen
Stangenhölzern oder an den Gipfelenden älterer Stämme und
stellt schöne (meist 4—7armige) Sterngänge *) dar, deren

---

*) Eine interessante Beobachtung machte ich im heurigen Herbste bezüg-
lich Anfertigung von 3—4armigen Sterngängen durch *Polygraphus pubescens* (Siehe
Nr. 37), daher dieser Käfer auch hier seine Stelle finden soll. Wie seine Mutter-
und Larvengänge überhaupt, beschränkt auch diese Gangform sich ausschliesslich
auf Bast- und Rindenkörper, innerhalb welchen er sich bald mehr der äusseren
Borke, bald mehr dem Splinte nähert. Die Strahlen dieser Sterngänge gehen zwar

leicht geschwungene Strahlen, von einer gemeinschaftlichen Rammelkammer ausgehend, zu beiden Seiten die Larvengänge aussenden. Sowohl Mutter- als Larvengänge deutlich auf der Holzfläche sichtbar, die ersteren oft tief eingeschnitten.

Bostrychus chalcographus. Lin. Sechszähniger Fichten-Borkenkäfer.

Der Käfer ist etwas über 2·1 mm lang; ausgezeichnet durch drei Zähnchen auf der, neben der Naht eingedrückten abschüssigen Stelle der Flügeldecken, welche, so wie das Halsschild, an der Basis glänzend schwarz oder dunkelbraun sind, während der übrige Theil derselben hell röthlichbraun und stark glänzend ist. Sein Vorkommen, obwohl ein eigentliches Fichten-Insekt, beschränkt sich doch nicht auf diese Holzart allein; im Hochgebirge greift der Käfer, auch wenn ihm Fichten zur Verfügung stehen, mit einer gewissen Launenhaftigkeit die Krummholzkiefer an und bringt diese nicht selten in ziemlicher Ausdehnung zum Absterben. Seine Gänge sind jenen an der Fichte gleich, nur schärfer und tiefer in den Splint eingeschnitten. Vertilgung: Siehe *Bostrychus typographus*, Nr. 39 b.

— Die Muttergänge sind ein- oder zweiarmige, meist stark geschlängelte Wagegänge, welche, falls sie nicht ganz wagrecht, doch auch niemals lothrecht gehen, sondern dann wenigstens eine diagonale Richtung haben · · · · · · 37.

26. Der Frass geschieht nicht nur an 15—20jährigen Stangen, sondern auch an älteren Bäumen, in welche sich der Käfer oft über 10 cm tief einbohrt. Seine feinen mattschwarzen Holzgänge gehen wagrecht, zuerst gerade einwärts, dann im Umkreis den Jahresringen nach, und von da aus steigen die Puppenhöhlen, die Richtung der Holzfaser verfolgend, auf- und abwärts.

Bostrychus (*Xyloteres*) **lineatus.** Gyll. Liniirter Nadelholzkäfer.

Der Käfer ist 3·3 mm lang, sehr gedrungen und walzenförmig; er ist durch die Färbung der Flügel-

von einer gemeinschaftlichen Rammelkammer aus, sind aber in ihrem weiteren Verlaufe äusserst unregelmässig, ausgebraucht, oft zu förmlichen Rammelkammern erweitert. Diese Erweiterungen finden sich am häufigsten an den Enden der Gangstrahlen, oft auch kurz hinter der gemeinschaftlichen Rammelkammer; seltener sind solche Strahlen durch abwechselnde Einschnürungen und Ausbauchungen in ihrer ganzen Länge darmähnlich bis 3—5 mm erweitert. Zur Zeit meiner Beobachtung (9. November 1874) waren sämmtliche Gänge mit vollkommen entwickelten Larven und lebenden Käfern besetzt. — Länge der Strahlen 3—4 cm.

3*

decken hinlänglich charakterisirt: auf jeder derselben wechseln drei dunklere mit drei helleren gelben Streifen. Er schwärmt schon in den ersten warmen Frühlingstagen und setzt da seine Brut ab; diese erscheint im Juli und setzt die zweite Brut ab; der Käfer hat mithin eine doppelte Generation. Diese Art fertigt sich nicht, wie dies bei den meisten Borkenkäferarten der Fall ist, eigene Fluglöcher an, sondern er verlässt seine Geburtsstätte durch den Muttergang.

Den Bau- und Werkhölzern schaden diese schwarzen Gänge in Ansehen, Güte und Brauchbarkeit bedeutend.

Als Begegnungsmittel gilt der Safthieb in Verbindung mit alsbaldiger Entrindung oder Behau des Holzes; überhaupt schnelle Abtrocknung desselben. Das im Winter gefällte Holz zieht der Käfer vor. Wenn man aber in Erwägung zieht, welchen Preisverlust der Waldbesitzer dadurch erleidet, wenn er seine Nutzhölzer im Safte zur Schlägerung bringt, so deduzirt hieraus von selbst, dass dieses Vorbauungsmittel in der Praxis nie Anwendung finden kann. Schnelles Entfernen der Bauhölzer aus dem Schlage und bei sehr werthvollen Stücken ein Kalkanstrich sind vor Allem zu empfehlen.

27. Der Frass geschieht äusserlich am Stamme und dessen Theilen   3
    Der Frass geschieht im Innern des Stammes oder dessen Theilen. . . . . 28.

28. Der Frass geschieht in den Zapfen. . . . . 29.
    — — — im Holze. *) . . . . 32.
    — — — zwischen Rinde und Holz.*) . . . . 34.

---

*) Die hierher zu zählenden Boekkäfer *(Cerambicidae)* sind: a) im Holzkörper sich entwickelnd; Käfer vorherrschend dunkel gefärbt.

1. *Cerambyx (Spondylis) buprestoides* L. — 14—20 ᵐᵐ lang; bei Käfer schwarz, walzenförmig; Kopf- und Halsschild fast gleich breit, ersterer etwas geneigt, nach rückwärts nicht verengt; Augen deutlich, gegen den Grund der Fühler ausgerandet; diese kurz, schnurförmig, kaum länger als Kopf- und Halsschild zusammengenommen, Hüften quer-walzig. Die Flügeldecken dicht und ungleich punktirt; jede derselben mit zwei erhabenen Längsstreifen auf der Scheibe. — Fluglöcher kreisrund; die Larve durchscheinend, violettröthlich, lebt in allen Kieferstücken, wo diese fehlen auch in Fichten und trägt zur schnellen Verwesung derselben erheblich bei; daher der Käfer eher unter die nützlichen als schädlichen Arten zu zählen ist.

2. *Cerambyx (Ergates) faber.* Fb. 3—5 ᶜᵐ lang; Kopf, Augen und Hüften wie bei voriger Art gestaltet; Fühler 11gliedrig; beim ♀ länger als der halbe, beim ♂ länger als der ganze Leib. Kopf viel schmäler als das Halsschild; dieses ziemlich flach, doppelt so breit als lang; nach vorne etwas verengt, tief ausgerandet; der scharfe Seitenrand beim ♂ fein gekerbt, beim ♀ fein gezähnt; Flügeldecken etwas breiter als das Halsschild; mehr als doppelt so lang als breit, nach rückwärts verengt; der Nahtwinkel als kleines Zähnchen hervortretend. — Käfer braun oder röthlichbraun; erstes Glied der Fühler stark verdickt; Halsschild gerunzelt; Flügeldecken mit zwei feinen mehr oder minder erhabenen Längslinien. Vorkommen wie Nr. 1.

3. *Cerambyx (Monochamus) sutor* L. bis 2 ᶜᵐ lang; die Oberlippe sehr deutlich; Vorderhüften kugelförmig; der Kopf geneigt nicht senkrecht; letztes Tasterglied an der Spitze abgestutzt; Fühler 11gliedrig, borstenförmig, so lang (♀),

29. *a*) Er geschieht von Larven oder Raupen. . . . . 30.

— — — einem 4—4·5 mm langen Käfer. Er ist durchaus röthlich gelbbraun, fein und sehr dicht punktirt, jedoch ohne Spur von Punktreihen; Behaarung sehr fein; Halsschild vor dem Schildchen mit einer kurzen, glänzenden, etwas erhabenen Mittellinie, und mit fast geradem Hinterrande; die Fussglieder schmal, das erste und zweite länglich, das zweite viel länger als das dritte.

Anobium Abietis. Fbr. Rothbrauner Nagekäfer.

b) — Der Käfer ist 4—4·5 mm lang, walzenförmig, sehr fein behaart, pechschwarz, die Flügeldecken pechbraun, weichhaarig; Fühler und Beine braungelb; die ersten acht Glieder der Fühler kurz, die drei letzten lang und dünn; das Halsschild kurz, ohne Erhabenheiten, mit abgerundeten Winkeln, nur

oder doppelt so lang (♂), als der Körper; das dritte Glied am längsten. Halsschild breiter als lang, vorne und rückwärts gerade abgestutzt, fein querrunzelig, beiderseits mit einem grossen, spitzen Höcker; Flügeldecken breiter als das Halsschild, doppelt so lang oder länger als zusammen breit, beim ♀ walzenförmig, beim ♂ gegen die Spitze verengt, die Spitzen abgerundet; Beine schlank, Schenkel durchaus ziemlich gleich dick; Mittelschienen am Aussenrande, vor der Mitte mit einem stumpfen Höcker. Käfer schwarz mit braunem Metallglanze; die Oberseite mit mehr oder weniger graugelben Mackeln besetzt, mitunter deutliche Binden bildend; das Schildchen dicht weissgelblich behaart, die Behaarung durch eine vertiefte nackte Mittellinie in zwei Hälften getheilt; die Höcker an den Seiten des Halsschildes gewöhnlich gelb behaart; Flügeldecken durchgehend tief und deutlich punktirt. — Nach den Beobachtungen des Herrn Förster Wachtl gehört diese Art für gewisse Oertlichkeiten (Galizien) zu den sehr schädlichen, indem der Käfer massenhaft in älteren Fichtenbeständen Bäume bis zum Wipfel hinauf mit Brut besetzt, sie zum Absterben bringt und dem Holze seine technische Brauchbarkeit benimmt. Man findet ihn auf Holzschlägen so ziemlich den ganzen Sommer und Herbst hindurch.

4 *Cerambyx (Monochamus) sartor*, F. gegen 3 cm lang, also grösser als die eben beschriebene Art, unterscheidet sich von dieser: der dichte gelbe Haarfilz auf dem Schildchen ist nicht durch eine nackte vertiefte Mittellinie getheilt; die Seitenhöcker des Halsschildes sind unbehaart; die Flügeldecken gegen die Spitze zu allmählig schwächer und undeutlich punktirt.

b) Unter der Rinde sich entwickelnd; Käfer vorherrschend graugelb oder gelbbraun mit Zeichnung:

5. *Cerambyx (Rhagium) bifasciatum* F. 15—20 mm lang; Fühler 11gliedrig, fadenförmig, von halber Körperlänge; das dritte und vierte Glied wenig an Länge verschieden; das erste viel länger als das dritte. Kopf hinter den Augen verlängert und halsförmig eingeschnürt; Augen nicht ausgerandet; Halsschild auf der Scheibe gleich, ohne Höcker beiderseits in der Mitte mit einem spitzen Dorne. Flügeldecken gegen die Spitze verengt, auf dem Rücken flach gewölbt; die Hinterschenkel beinahe bis zur Flügeldeckenspitze reichend. Der Käfer ist schwarz nur sehr schwach behaart, die Flügeldecken an den Seiten und an der Spitze rothbraun, jedo mit zwei schrägen vom Aussenrande nach rückwärts gegen die Naht ziehenden gelben Mackeln; ihre Scheibe mit drei bis vier erhabenen feinen Linien. Die Larven dieser und der nachfolgenden Art machen breite flache Gänge unter der Rinde liegender Stämme oder Stöcke, angestopft mit kleinen Holzspänen und Genagsel der Larven. — Die Puppen ruhen ebenfalls unter der Rinde in einer durch Nagespäne gebildeten breit elliptischen kranzförmigen Puppenwiege.

6. *Cerambyx (Rhagium) inquisitor*; 15—16 mm lang, wie die vorher beschriebene Art, aber die Flügeldecken blass gelbbraun, mit weisslichem Filze dicht bekleidet; drei erhabene Längslinien und zwei mehr oder minder regelmässige Querbinden auf denselben sind schwarz und nackt. Vorkommen und Lebensweise wie Nr. 5.

nach vorne verengt, gewölbt und eben; Flügeldecken lang,
gleichbreit, hinten eiförmig zugespitzt, durchaus verworren
punktirt.

Anobium longicorne. Sturm. Langhörniger Nagekäfer.

c) Der Käfer ist dem vorigen ähnlich, 3·5 — 4·5 mm lang; das
Halsschild ist jedoch nach rückwärts auffallend verschmälert,
der Seitenrand und ein Theil des Hinterrandes sehr stark
aufgebogen; schwarzbraun, die Flügeldecken, vorzüglich an
der Spitze, heller; Fühler und Taster, Knie und Füsse gelbbraun; Fühlerglieder vom zweiten bis achten allmählich und
regelmässig an Länge zunehmend.

Anobium angusticolle. Ratz. Dünnhalsiger Nagekäfer.

30. Der Frass geschieht von 16füssigen Räupchen von höchstens
13 mm Länge ·   31.
     — — geschieht von 6füssigen kleinen Larven.

*Anobium Abietes; Anobium longicorne; Anobium an-
gusticolle.* *)

31. a) Das Räupchen frisst anfänglich, so lange der Zapfen noch
weich ist, das Mark der Spindel aus und greift erst die
Nüsschen nach erlangter Reife an. Hier hält dasselbe sein
Winterlager und verpuppt sich im Frühjahre. Sowie die Zapfen
auftrocknen, fliegt der Schmetterling aus. Oft sitzen bis zu
sechs Räupchen in einem Zapfen; man erkennt die von ihnen
befallenen, meist taubgewordenen, an ihrer mehr gekrümmten
Form und am Harzausfluss.

Tortrix (*Coccyx*) **strobilana.** Ratz. Fichten-Zapfen-
Wickler.

Der Falter hält 11—18 mm gespannt. Kopf, Halsschild und Hinterleib dunkelbraun, der letztere mit
helleren, weisslichen Einschnitten; die Beine dunkelgrau; Vorderflügel dunkelbraun, an der Wurzel am
dunkelsten, übrigens etwas kupferglänzend, mit sehr bestimmten, graulich silberglänzenden, feinen Bindenstreifen durchzogen; die beiden ersten ziemlich paralle-

---

*) Ist es dem Betreffenden darum zu thun, speziell die Art kennen zu
lernen, welcher die Larven angehören, so muss er aus dem Zapfen die Käfer erziehen, und dann nach den hier gegebenen Beschreibungen die Art bestimmen.

len, lösen sich gegen die Mitte des Innenrandes in
einen hellen (höchstens noch kleine, gewässerte, silber-
weisse Strichelchen zeigenden) Fleck auf; die folgenden bilden ein Y, dessen beide, gabelig getheilte
Schenkel äusserst klar gegen den hier sehr dunkel gefleckten Vorderrand stossen. Das Feld zwischen den
beiden vorigen Binden meist auffallend dunkel gefärbt.
Der vorletzte Bindenstreifen läuft stark geschwungen
gegen das Fransenende und theilt sich hier gewöhnlich.
Der letzte umfasst halbmondförmig die Flügelspitze.
Die dunkelgrauen Fransen und der schmalschwarze
Hinterrand ist von 2—3 helleren Strichelchen durchzogen. Die Hinterflügel sind dunkler als die vorderen
und mit helleren Fransen gesäumt. Die ganze, an den
Aussenrändern dunkel gesäumte Unterseite bräunlich
mit silbergrauem Anfluge, am Vorderrande der Vorderflügel die punktförmigen Anfänge der Silberbinden-
streifen zeigend. Die Raupe ist bis 11 mm lang, etwas
platt, hell gelblichweiss; die Luftlöcher sehr klein,
braun; Afterborsten fehlen. Die Puppe ist gegen 8 mm
lang und ausgezeichnet durch spitz hervorragende Stirn,
sowie durch eine, mit vier Hackenbörstchen besetzte
Afterwulst und den Mangel an Hinterleibdornen.

b) Das Räupchen zerfrisst die Basis der Zapfenschuppen und
verzehrt dann die Nüsschen, ohne jedoch die Spindel zu ver-
letzten.

Tinea (*Phycis*) **abietella.** Fbr. Tannen-Zapfen-
Motte.*)

Der Falter unterscheidet sich von dem der *Tinea
sylvestrella* (vergleiche Tab. II. Nr. 44 b) nur durch
den Mangel der purpurrothen Schüppchen und durch
schärfer winklige Bindenstreifen. Die Schädlichkeit
dieses Insektes machte sich erst im Jahre 1874 wieder
in grossartiger Weise in den preussisch-schlesischen
Fichtenrevieren geltend, wo durch dasselbe fast sämmt-
licher Fichtensamen vernichtet wurde. (Altum, Dankelmann's Zeitschrift, Bd. VII, Heft 2).

32. Siehe *Bostrychus lineatus* · · · · · · · · · · · · · · · · **26.**
    — Dieser Käfer ist es nicht. · · · · · · · · · · · · · **33.**

33. a) Die senkrecht durchschnittenen Holzgänge zeigen eine kreis-
    runde Form.

---

*) Fänden sich in einem Zapfen blos Raupen oder Larven, und wäre der
Frass sowohl im Marke der Spindel, als auch in den Schuppen und Nüsschen, so
ist es gerathen, einen solchen Zapfen einzuzwingern und abzuwarten, ob bis Mai
oder Anfangs Juli kleine Schmetterlinge auskommen. Schon nach der Zeit ihres
Erscheinens kann man beide Arten unterscheiden, indem der Falter der *Tortrex
strobilana* im Mai, jener der *Tinea abietella* dagegen erst Mitte Juni oder Anfangs
Juli zum Vorschein kommt.

Gattung **Sirex**. Holzwespen.*)

b) Die senkrecht durchschnittenen Holzgänge haben eine ovale
Form; die Larven haben einen breitgedrückten, flachen Kopf.

Gattung **Cerambyx**. Bockkäfer. **)

34. Siehe *Bostrychus Abietis* und *Bostr. pusillus.* · · · · 24 *b.* u. *c.*
Siehe *Bostrychus chalcographus.* · · · · · · · · · · 25.
— Von den genannten Arten ist es keine. · · · · · · · 35.

35. Am Frasse ist deutlich ein mehr ·oder weniger breiter Muttergang zu unterscheiden, von dem aus beiderseits die sich allmählig erweiternden Larvengänge abgehen. · · · · · · · 36.
Man bemerkt unregelmässig geschlängelte, in weitläufigem
Bogen verlaufende, allmählig sich erweiternde Larvengänge,
welche hie und da den Splint berühren, meist in der Bastschichte liegen und von einem Rüsselkäfer herrühren, die
Stämme sehen äusserlich wie mit Kalk bespritzt aus · · · 19 *d.*
Am Frasse bemerkt man nichts dergleichen; ***) er stellt
nur einen einzigen, oft handgrossen Familiengang dar, welcher
von den gleichmässig und gedrängt vorrückenden Larven
gemeinschaftlich angelegt wird.

Hylesinus (*Dendroctonus*) **micans**. Kug. Grösster
Fichten-Bastkäfer.

Der Käfer ist 7 ᵐᵐ lang, braun oder gelbbraun,
mit ziemlich langen, graugelben Haaren zerstreut besetzt; die Fühler und Füsse sind bei schwarzen
Individuen rothgelb; das Halsschild ist breiter als lang,

*) **Man unterscheidet vom forstlichen Standpunkte aus betrachtet, wesent-
lich drei Sirex-Arten: nämlich *Sir. jurencus*, *Sir. gigas* und *Sir. Spectrum*, als die
gewöhnlichsten an Waldbäumen lebenden. Ihre Larven sind von jenen der Bockkäfer vorzüglich durch ihre völlig walzige Form und durch einen Schwanzdorn
am letzten Leibesringe verschieden.
1. *Sir. jurencus*, Lin., die gemeine Kiefernholz-Wespe ist 12 ᵐᵐ
lang, die Vorder- und Mittelbeine (mit Ausnahme der Grundglieder) sowie bei den
Hinterbeinen die Schenkel und ein breiter Gürtel am Hinterleibe rothbraun. Das
Weibchen ist 24 ᵐᵐ lang, ganz stahlblau; die Beine von den Schenkeln an
rothbraun.
2. *Sir. gigas*, Lin., ist gewöhlich etwas grösser als die vorhergehende,
schwarz und braungolb, sehr bunt; Kopf schwarz, nur hinter den Augen mit gelben
Halbmondflecke; Bohrer mässig, nur um ¹/₃ Länge über den Hinterleib hinausragend; Fühler 30—25gliedrig.
3. *Sir. spectrum*, Ratz., ist in der Grösse sehr veränderlich: Das Weibchen ist gewöhnlich 18—22 ᵐᵐ, jedoch auch zuweilen nur 10 ᵐᵐ lang; die Männchen 12—22 ᵐᵐ; schwarz, ausgezeichnet durch das Weiss am Seitenrande der
Vorderbrust und meist auch hinterm Auge; der Bohrer ist länger als der Hinterleib; die Fühler 19—25gliedrig.
**) Vergleiche Anmerkung zu Nr. 28.
***) Vergleiche für den Fall als *Hyles. micans* es nicht sein sollte, die An-
merkung Nr. 36 (*Bostrychus antographus*).

nach vorne verengt, stark und ziemlich dicht punktirt,
mit platter Mittelleiste; der Körper ist länglich, die
Flügeldecken walzenförmig, an der Spitze abwärts gewölbt, an der Wurzel erhaben gerundet, runzelig körnig
punktirt, mit breiten, aber wenig tiefen, hie und da
undeutlichen Punktstreifen.

Obwohl der Käfer im grossen Ganzen zur Ablage
seiner Eier solche Stämme vorzieht, welche durch was
immer für eine Veranlassung krankhafte Stellen des
Wurzelstockes zeigen und zu Folge dessen starken
Harzandrang, so ist doch durch die neueren Beobachtungen und Erfahrungen zur Evidenz erwiesen,
dass dieser Bastkäfer auch vollkommen gesunde Bäume
angreift, und, wenn dies Stangenhölzer sind, meist auch
zum Absterben bringt. — Er ist, soweit meine Erfahrungen reichen, vorherrschend Gebirgs-Insekt,
welches nur in besonderen Ausnahmsfällen auch in der
Ebene grössere Verbreitung findet wie dies z. B. der
ausgedehnte Frass im Laxenburger Park bewiesen hat.
Das Ablegen der Eier geschieht durchschnittlich im
Monate Juni: zu dem Zwecke bohrt sich das ♀ in
Form eines Winkelhebers durch die Rinde bis auf den
Bast ein und legt entweder schon hier ohne Weiteres
seine Eier ab, oder es frisst, am Baste angelangt, noch
einen kurzen, die Peripherie des Stammes verfolgenden
Gang, auf dessen Basis dieselben vertheilt abgesetzt
werden. Bei günstiger sonniger Lage entwickeln sich
die Larven schon nach acht Tagen und beginnen
nun ihren nach aufwärts führenden Frass, welcher
durch die zu Anfang August erfolgende Verpuppung
sein Ende erreicht. Dabei fertigen sie sich aus dem
mit Harztjauche getränktem Genagsel Puppenwiegen
an. Schon gegen Ende dieses Monates oder zu Anfang
September ist der Käfer entwickelt, verlässt aber nur
ganz ausnahmsweise noch in demselben Herbste seine
Geburtsstätte, sondern bleibt auch jetzt noch familienweise unter der Rinde um da zu überwintern und erst
von Anfang Juni an zu schwärmen. Uebrigens hängt
gerade bei diesem Käfer sein Entwicklungsgang gar
sehr von äusseren Einflüssen ab, so dass in dieser
Hinsicht, besonders in den Hochgebirgsforsten, die auf-
fallendsten Abweichungen beobachtet werden können.
Die von ihm befallenen Stämme sind sehr leicht kenntlich einestheils durch die Tieflage des Frasses an und
für sich, und anderseits durch das in grossen Qualitäten
hervortretende krumelige Harz und dem das Anbohr-
loch meist umgebenden Harztrichter.

Seine forstliche Bedeutung wird jetzt bedeutend anders angesprochen als das vor zehn Jahren
der Fall war; mit Rücksicht auf die Möglichkeit einer
grösseren Ausbreitung muss er sogar in die Reihe der
sehr schädlichen Insekten gestellt werden. Im

Hochgebirge hüte man sich vor dem unvorsichtigen
Durchholzen der in den höheren Lagen erzeugten
Durchforstungshölzer durch die unterhalb gelegenen
Fichten- besonders Stangenholzbestände; setzt sich in
solchen Altersklassen einmal der Käfer fest, dann sind
sie meist auch zum grossen Theile verloren.

36. Die Muttergänge sind ein- oder zweiarmig, mehr oder weniger
wagrecht oder diagonal, wenigstens nie lothrecht · · · · ·   37.
Die Muttergänge sind ein- oder zweiarmige, geradlaufende,
oder mehr oder weniger gesckwungene Lothgänge.*) · · ·   38.

37. Die Muttergänge sind 1- bis 2armige, oftmals etwas diagonale
Wagegänge; sie sind meist stark geschlängelt oder unter
scharfen Winkeln die Richtung plötzlich ändernd nach auf-
oder abwärts laufend; nach Art jener des *Hyles. palliatus*
ungleich breit, öfter sich rammelkammerartig erweiternd; sie
liegen fast ausschliesslich in der Bast- und Rindenschichte.
Die Arme messen 2·5—4·5 ᶜᵐ und sind fast über 2 ᵐᵐ breit.

Hylesinus poligraphus Lin. (*Polygraphus pubescens.* Fbr.) Doppeläugiger Bastkäfer.

Der Käfer ist 2 ᵐᵐ lang und vor allem ausgezeichnet durch die, von einem Fortsatze der Stirne in
zwei Hälften getheilten Augen; übrigens ist er schwarzbraun, oder gelbbraun, fein, und vorzüglich auf den
Flügeldecken sehr dicht punktirt, mit kurzen schuppen-
artigen Härchen ziemlich dicht besetzt; Fühler und
Beine blass gelbbraun; die Flügeldecken mit undeutlichen Spuren von vertieften Streifen, ihr aufstehender
Wurzelrand fein gezähnelt; Halsschild mit feiner erhabener Mittellinie.**)
    Hinsichtlich seiner forstlichen Bedeutung ist
dieser Käfer jedenfalls zu den gefährlicheren
Fichtenfeinden zu zählen. In den Hochgebirgsforsten
gehört er zu den gemeinsten Arten; selten findet man
dürrgewordene Fichtenstangenhölzer, wo nicht dieser

---

*) In diese Gruppe gehört auch *Bostrichus antographus* F. Zottiger
Fichten-Borkenkäfer und stütze ich mich bei seiner Einreihung lediglich
auf die Beobachtung Anderer, welche bei ihm die Anfertigung von Lothgängen
konstatiren. In der Regel aber ist dieser Käfer der Nachzügler anderer Arten: des
Bost. laricis, chalcographus, typographus, Pissodes hercyniae etc. was auch Prof. Altum
bestätiget. Es ist mir daher nie gelungen, einen von ihm angefertigten Gang mit
Bestimmtheit zu constatiren, indem die ganze Bastschichte nach allen Richtungen
durchwühlt nur ein buntes Gewirre von Frassen zeigt. Der Käfer ist 3·5—4 ᵐᵐ
lang; die Flügeldecken an der Spitze nicht gezahnt, nur schwach eingedrückt,
abgerundet mit sehr wenig erhabener Naht der Flügeldecken; kastanienbraun,
glänzend, mit abstehenden, langen, graugelben Haaren; die Fühler und Beine
röthlich-gelb; die Flügeldecken mit Reihen grosser runder Punkte und zwischen
diesen mit gereihten kleinen Punkten; Halsschild grob und dicht punktirt.
    **) Vergleiche Anmerkung zu Nr. 25.

Käfer als die primäre oder secundäre Ursache des Absterbens (gemeinschaftlich mit *Bostrych chalcographus* und *pusillus*) angesehen werden kann.
Seine Vertilgungs- und Vorbauungsmittel sind wie bei *Bost. typographus*, siehe Nr. 39 *b.*

38. Die Lothgänge sind meistens sehr lang, gewöhnlich gerade, oder nur leicht geschwungen, jedenfalls aber durchaus in gleicher Breite ausgefressen. ⋅ ⋅ ⋅ ⋅ ⋅ ⋅ ⋅ ⋅ ⋅ ⋅ ⋅ ⋅ **39.**
Die lothrechten Muttergänge sind sehr kurz, nur 1·5 cm bis höchstens 5 cm lang, die oft sehr unregelmässige Einschnürungen und Erweiterungen haben, und so ein darmähnliches Aussehen erhalten. Stellenweise erscheinen sie nicht selten gabelförmig getheilt. Die Larvengänge sind auffallend lang, nicht überzahlreich, laufen unregelmässig, sich oft durchkreuzend, in der Regel Widergänge oder Verästelungen bildend.

Hylesinus (*Hylastes*) **palliatus** Gyll. Gelbbrauner Fichten-Bastkäfer.

Der Käfer ist 3·2 mm lang, auf den ersten Blick an seiner hellgelbbraunen Farbe und an der sehr gedrungenen Gestalt zu erkennen, sowie an der starken Einschnürung am Vorderrande des Halsschildes. Der Rüssel hat eine kleine erhabene Mittellinie und ist durch eine eingedrückte, halbkreisförmige Linie von der Stirn getrennt. Halsschild so lang als breit, stark und dicht punktirt, mit kurzer, glänzender, nach vorne abgekürzter Mittellinie. Flügeldecken kaum breiter als das Halsschild, etwa um die Hälfte länger als zusammen breit, tief punktirt gestreift, fein grau behaart, die gewölbten Zwischenräume runzelig gekörnt.
Man findet dieses Insekt (wohl nur in gefällten) Fichten und Kiefern gleich häufig, soll jedoch auch Tannen und Lärchen angehen. Der Käfer schwärmt sehr früh und kann wie *Bost. typographus* vertilgt werden. Siehe dort, Nr. 39 *b.*

39. *a*) Der im Ganzen lothrechte Muttergang ist in der Regel zwei- oder mehreremale schwach ƒ-förmig geschwungen oder sanft gekniet und läuft von der, zwei kurze Seitenäste zeigenden Rammelkammer nach oben und unten aus. Der Muttergang ist über 2 mm breit, bei einer Länge von nicht selten 18 cm oder darüber und zeigt 2—4 Luftlöcher; die gedrängten am Ende über 2 mm breiten Larvengänge sind oft bis 10 cm lang; gewöhnlich verfolgen nur wenige (der mittleren Larvengänge) die horizontale Richtung, während die übrigen theils aufwärts

steigen, zum Theile abwärts laufen. Die Puppenwiegen nur
ganz oberflächlich in den Bast eingreifend.

Bostryohus Lariois, Fbr. Vielzähniger Borkenkäfer.

Der Käfer ist 3—4 mm lang, heller oder dunkler
braun bis schwarzbraun, oder gelbbraun; das Halsschild vorne dicht gekörnt, hinten fein und sehr weitläufig punktirt, mit glatter Mittellinie; die Flügeldecken
ziemlich gleichmässig punktirt gestreift, mit einzelnen
gereihten feinen Punkten in den Zwischenräumen; die
tief eingedrückte Spitze **fast vollkommen kreisrund**, beiderseits am Umfange, mit drei bis sechs
kleinen, nicht gekrümmten Zähnen und mit einem kleinen
Zähnchen innerhalb des zweiten und dritten Zahnes.*)
Der Käfer bewohnt Fichten und Kiefern, zieht
letztere den ersteren vor, und kommt wohl auch dann
und wann einmal an Lärchen und Tannen vor. Dass
er, wie auch behauptet wird, mitunter junge Kiefer-
pflanzen am unteren Stammende mit Brut belegt und
sie so zum Absterben bringt, habe ich nie beobachtet.
Die Vorbauungs- und Vertilgungsmittel sind ziemlich gleich mit jener der folgenden Art. (*Bostrychus
typographus.*)

b) Die Muttergänge sind an der Fichte meist ganz gerade und
senkrecht, und erreichen die Länge jener der vorhergehenden
Art; gewöhnlich sind sie jedoch kürzer, 5—10 cm lang. Mitunter theilt sich wohl auch ein solcher Muttergang an seinem
oberen oder unteren Ende in eine Gabel; jedoch gehören
solche Bildungen an der Fichte zu den Ausnahmen. Die
Larvengänge sind in der Regel sehr zahlreich und dicht gedrängt und verfolgen ziemlich die horizontale Richtung; die
gewöhnliche Anzahl der Luftlöcher am Muttergange ist 2—4.
An der Lärche zeigen sich diese Gänge theils als Gabelgänge, indem zwei oder drei Gänge, gemeinschaftlich von der
grossen Rammelkammer ausgehend und ziemlich der Richtung

---

*) Sowohl was Grösse, Farbe, als Sculptur des Eindruckes an der ab-
schüssigen Stelle der Flügeldecken betrifft, variirt diese Art mohr als andere.
Besonders auffallend tritt diese Erscheinung hervor bei Stücken, welche sich in
der dünnblättrigen Rinde der Kronentheile der Kiefer entwickelt haben; in ihrer
Grösse gehen sie selbst noch etwas unter 3 mm herab; der kreisrunde Eindruck
der Flügeldecken ist weniger scharf gerandet, und verlängert sich als tiefe Naht-
furche bis gegen die Mitte der Flügeldecken; die Zähne an der abschüssigen
Stelle erscheinen als stumpfe runde Höcker umgebildet. Seine Frassgänge greifen
in diesem Falle auffallend tief in den Splint ein, während die feinblättrige Rinde
vielerorts durchbrochen und gerissen erscheint und so schon von Aussen die
Richtung des Mutterganges markirt; die den Frassstellen zunächst liegenden
Splintlagen bekommen ein bläuliches Ansehen. (Oberstelrisches Hochgebirge.)

der Stammachse folgend nach aufwärts oder abwärts, und ein
einzelner Gang, gleichsam den Stiel der Gabel bildend, in der
entgegengesetzten Richtung sich ausbreitet; theils zeigen sie
sich als weitausstreichende 3 -4armige Sterngänge*) mit oftmals und unregelmässig geknikten knorrigen Strahlen, von
denen der Eine oder Andere nicht selten eine der Wagrechten
sich nähernde Richtung einschlägt. Besonders die Gabelgänge
zeichnen sich durch tadellose Reinheit der Sculptur aus. —
Zahl der Larvengänge an der Lärche geringer; Entwicklung
des Käfers durchgehends eine kräftigere.

Bostryobus typographus. Lin. Achtzähniger Fichten-Borkenkäfer.

Der Käfer ist 5 - 6ᵐᵐ lang und gegen 2·5 ᵐᵐ
breit, fast ganz walzig, gedrungen, hinten nur wenig,
aber plötzlich verschmälert; schwarz, die Flügeldecken
und Beine braun, oder ganz braun oder gelbbraun.
Der Halsschild auf der vorderen Hälfte dicht gekörnt,
hinten fein weitläufig punktirt; das Schildchen klein,
glatt und eben; Flügeldecken fein punktirt gestreift,
an der eingedrückten Spitze beiderseits mit vier Zähnchen, von denen der oberste öfters undeutlich, der dritte
aber der grösste ist. Die breiteren Individuen mit einem
kleinen Höckerchen am Vorderrande der gekrönten
Stirne, sind Weibchen.

Vorkommen: Die Fichte ist unzweifelhaft seine
Lieblingsholzart; er geht jedoch auch an Kiefern und
Lärchen; sehr ausnahmsweise auch an Weisstanne und
Krummholz. Ueberhaupt zeigt dieser Käfer eine auffallende Launenhaftigkeit sowohl in der Wahl der Holzart als in der Anlage seiner Muttergänge. — Ich habe
die Beobachtung gemacht, dass er, ohne auch nur
irgendwie durch die Verhältnisse dazu gezwungen zu
sein, in Fichtenbeständen, welche horstweise mit
Lärchen gemischt waren, nur diese letzteren zum
Zwecke seiner Eierablage anflog und sie in ausgedehnter
Menge zum Absterben brachte, während die Fichte
unberührt von ihm blieb. — Solche Abschweifungen
von der normalen Lebensweise lassen sich aber immerhin durch einen gewissen Grad ererbten Geschmackes
für Lärchenrinde erklären, indem das Individuum,
welches während seiner ganzen Lebensdauer seine
Nahrung einzig und allein der Lärche entnommen, d. h.
in der Lärche sich entwickelt hatte, diese Geschmacks-
richtung konnte beibehalten haben. Es liegt daher
auch die Annahme gar nicht ferne, dass solche Individuen und die ihnen entstammende Nachkommen-

---

*) Daher bei der Lärche unter dieser Gruppe aufgeführt.

schaft, konstant, soweit ihnen die Wahl bleibt, zur
Lärche greifen und erst ausnahmsweise die Fichte
befallen werden; dass aber in diesem Falle das Ent-
gegengesetzte und die Rückkehr der folgenden Generationen zur normalen Lebensweise (Entwicklung in der
Fichte) zu erwarten sein dürfte. — Weniger erklärlich
ist die, mit grösster Consequenz durchgeführte, ganz
verschiedene Anlage der Gänge in der Lärche gegenüber jenen der Fichte, welche schon oben ist angedeutet worden.

Lebensweise: Mit dem Brutgeschäfte beginnt
der Käfer unter den gewöhnlichen normalen Verhältnissen zu Anfang oder Mitte Mai; in sehr günstigen
Frühjahren auch wohl schon gegen Ende April. — Zu
seiner Entwicklung, d. i. vom Eizustande bis zum Ausfliegen sind 12—13 Wochen erforderlich und erfolgt
dies letztere (unter obiger Voraussetzung) gewöhnlich
Ende Juli oder Anfangs August. — Die Zeit der Entwicklung und des Schwärmens, sowie die Dauer hängt
ungemein von äusseren Einflüssen, insbesondere von
den Witterungsverhältnissen ab und lässt sich hierüber
schwer etwas Bestimmtes, allgemein Giltiges angeben.
Wärme und Trockenheit, das Ausbleiben der Spätfröste etc. wirken fördernd auf eine rasche Entwickelung
des Insektes. — Mit Ausbruch des Buchenlaubes beziehen die Käfer ihre Brutplätze, und darüber gemachte
Beobachtungen und Erfahrungen lehren uns Folgendes:

1. Sie ziehen die sonnigen Stellen, namentlich
Schlagränder, auch die luckigen Bestände, anderen vor.

2. Sie lieben mehr die trockenen, mässig hohen
Lagen, als feuchte und niedrige.

3. Das Gebirge ziehen sie der Ebene vor.

4. Sie greifen lieber gefälltes als noch stehendes
Holz an.

5. Von diesem ersteren ziehen sie das frisch gefällte dem schon älteren vor.

6. Sie meiden soviel möglich (zum Zwecke der
Eierablagerung) solche Stämme, welche zum Theile
entrindet sind; ganz entrindetes Holz greifen sie
nicht an.

7. Stockholz, sowie stehende, ungerodete Stöcke
beziehen sie nur sehr ausnahmsweise und überhaupt
nur dann, wenn in den Holzschlägen liederlich gearbeitet
und die Stöcke unverhältnissmässig hoch belassen
wurden.

8. Beim Klafterholze ist es vorzüglich die obere
Scheiterreihe — überhaupt die äusseren Scheiterlagen — welche mit Brut besetzt wird. Sind jedoch
Holzstösse sehr der Sonne ausgesetzt, so erleidet diese
Regel eine Ausnahme, und sind es dann häufig die
mittleren Scheiterlagen, welche mit Brut besetzt
werden, weil sich diese länger im Safte erhalten.

9. Das im Safte gefällte Holz ziehen sie anderem vor.
10. Sie wählen unter dem stehenden Holze lieber
kränkelnde Stämme als völlig gesunde
11. Sie gehen lieber an altes Holz als an jüngeres,
unter 50 Jahren sich nur in jenen Stammpartien ein, welche eine dickborkige Rinde haben;
glatte Rinde meiden sie.
Das Käferpaar bohrt sich zuerst, nahe unter der
Krone, und lieber an der Sonnenseite des (zur Fortpflanzung ausgesuchten) Stammes ein, legt hier die Be-
gattungs- oder Rammelkammer an, und führt von dieser
aus einen 5—18 cm langen Muttergang in dem Baste
gerade aufwärts, zu dessen beiden Seiten das Weibchen seine 20—80 Eier gleichmässig absetzt Gewöhnlich
wird noch ein zweiter solcher Muttergang abwärts geführt, sehr oft aber fehlt dieser auch. Ist das Geschäft
des Eierablegens beendet, so sterben beide Gatten Die
fusslose Larve kommt oft schon nach vierzehn Tagen
aus, wird gegen 7 mm lang, ist anfänglich ganz weiss,
später am Kopfe braun, und auf dem Rücken röthlich.
Sie frisst von dem Muttergange aus in der Basthaut
seitwärts bogig fort, und gräbt sich endlich nach erlangter Vollwüchsigkeit am Ende des Ganges eine
Puppenwiege. Aus der anfänglich weissen und weichen,
später gelben und härteren Puppe, entwickelt sich
binnen kurzer Zeit der Käfer, der sich nach völliger
Erhärtung durch die Rinde gerade herausbohrt in's
Freie In Folge der massenhaften in der Rinde zurück-
gelassenen Fluglöcher sieht diese wie mit Hühnerschrott
beschossen aus. Sehr günstige Sommer können doppelte
Bruten fördern; dann wird aber die zweite Brut öfter
vom Winter überrascht, und fliegt, wenn sie indess
nicht umkommt, erst im Frühlinge aus. Gewöhnlich
kommt in jedem Sommer nur eine Brut zu Stande, und
der Käfer überwintert meist an Wurzelstöcken,
in Rindenritzen und unter der Rinde, selten unter
Moos. — Im Hochgebirge kann von einer doppelten
Generation wohl nie, von der anderthalbfachen nur
Ausnahmsweise die Rede sein, und nirgends wohl ist
es von grösserer Wichtigkeit, das Leben dieses Käfers
in allen seinen Ausnahmsverhältnissen kennen zu lernen,
als gerade hier. — Die Entwicklung des Insektes hält
gleichen Schritt mit jener der Vegetation und schreitet
also von der Thalsohle aus aufwärts. — Aber auch in
dieser Beziehung tritt oft durch die Abdachung der
Gebirgslehnen, ob diese gegen Norden oder Süden
geneigt ist, eine grosse Abweichung ein, in der Weise,
dass in südlich abdachenden Höhenlagen z. B. das
Schwärmen des Käfers bereits in vollem Gange ist,
während in den dunklen Nord- und Ost-Gehängen der
Thalsohle noch auf Wochen hinaus keine Rede
davon sein kann, u. s. w. — Auch die schon oben

erwähnten Abschweifungen des Käfers in Bezug auf die Holzart, darf der Wirthschafter im Hochgebirge nicht aus dem Auge verlieren; vor allen Dingen darf er ein solches Auftreten des Käfers niemals als ein blos Zufälliges ansehen, sondern er muss im Gegentheile seine Massregeln darnach entsprechend modifiziren. — Dass derartige Abweichungen von der gewöhnlichen Lebensweise einen gewissen constanten Charakter anzunehmen und sogar eine totale Abänderung in der Oekonomie des Käfers zu begründen vermögen, ist schon erwähnt worden. Es würde in solchen Fällen ein arger Missgriff sein, das Auftreten des Insektes an der Lärche als ein bloss zufälliges betrachten und ignoriren zu wollen; man wird im Gegentheile hier dieselben Mittel anzuwenden haben wie selbe im Allgemeinen von der Fichte gelten, aber die Lärche wird für jene substituirt werden müssen. — Mit Rücksicht auf die ausserordentliche Ungleichheit im Entwicklungsgange des Käfers in den Hochgebirgsforsten, ist der Forstwirth in weitaus höherem Grade bei diesem Zweige des Forstschutzes engagirt als der Wirthschafter im Flachlande und im Mittelgebirge; und erwägt man noch die vielseitigen Schwierigkeiten, welche Terrain, Absatz, Bringung etc. mit sich bringen, so resultirt hieraus die grosse Umsicht, mit welcher vorgegangen werden muss, um auf die wenigst kostspielige Weise den Zweck am vollständigsten zu erreichen. — Die oft Schrecken erregende Menge, in welcher dieses Insekt zuweilen auftritt, findet ihren Grund in der grossen Lebenszähigkeit des Thieres. Am empfindlichsten ist es im Eier- und Larven-, weniger schon im Puppenzustande, besonders gegen unmittelbare Einwirkung der Sonne und des Lichtes, oder gegen grosse Feuchtigkeit in Verbindung mit einem gewissen Grad von Kälte. Der Käfer dagegen erträgt Hitze und Kälte, Nässe und Trockenheit; ja man hat Beispiele, dass sich Käfer in geflösstem Holze, welches über drei Wochen eingefroren gelegen hatte, doch lebend erhalten haben. Seine gewöhnlichen Begleiter sind *Bostrychus chalcographus* und *Hylesinus palliatus*, gewöhnlich auch *Bostrychus Laricis*.

Die Umstände, unter denen eine grössere Ausbreitung des Käfers zu befürchten steht, liegen in dem Vorhandensein günstiger Brutplätze und geeigneten zahlreichen Brutmateriales, in Verbindung mit günstigen Witterungsverhältnissen. — Ausgedehnte Windbrüche, grosser Vorrath überständigen Holzes, grosse Vorräthe gefällten, nicht bewaldrechteten oder unentrindeten Holzes auf den Schlägen, verzögerte oder zu spät erfolgte Abfuhr steigern die Gefahr.

Sind aber diese Bedingungen zur Verbreitung des Insektes einmal vorhanden, dann darf weder mit

Zeit noch mit Geld gespart und in erster Linie muss
dahin getrachtet werden, das taugliche Brutmateriale untauglich zu machen. — Ganze
Arbeit und zur rechten Zeit; — darin liegt das
grosse Geheimniss, dem Mancher sich gegenüber gestellt
wähnt. Jede Geldauslage für halbe Arbeit, jede
Arbeit zur unrechten Zeit ist verloren; ja letztere
kann sogar noch die nachtheiligsten Folgen mit sich
bringen. Wenn Jemand behauptet, in seinen Fichtenbeständen finde sich kein Borkenkäfer, so ist dies
eben so falsch als wenn ein Anderer sagt, er könne
dem Borkenkäfer nicht Herr werden (natürlich voraus-
gesetzt, in der ersten Zeit seines Erscheinens). —
Jede. auch noch so gut bewirthschaftete und noch so
sorgfältig beaufsichtigte Fichtenwaldung beherbergt eine Minderzahl dieses Insektes;
und diese Minderzahl ist es. welche eine fortwährende
Gefahr für den Forst in sich birgt. — Halten wir aber
an dieser Wahrheit fest, so werden wir unsere erste
Aufgabe sehr nahe gelegt finden, welche darin besteht,
Jahr um Jahr dafür Sorge zu tragen. dass
die Zahl der vorhandenen Käfer auf sein
Minimum beschränkt bleibe; und dies können
wir erreichen durch richtige Anwendung von Fang-
bäumen. In keiner geregelten Schlagwirthschaft sollen
diese fehlen; sie werden vor Ausbruch des
Buchenlaubes gefällt, womöglich an den Süd- und
Westrändern der Schlagsäume und entweder mit oder
ohne Beastung liegen gelassen. Durch öftere Revision
überzeugt man sich von dem Fortschreiten der Entwicklung des Insektes und beginnt ohne Verzug und
ohne Unterbrechung das Entrinden sobald die Eier
abgesetzt sind oder das Insekt zur Larve sich zu
entwickeln anfängt. — Ein Verbrennen der Rinde
ist dann ganz überflüssig. ja öfter sogar schädlich, weil
dadurch das Schälen in seinem raschen Fortschreiten
beeinträchtigt wird, unter allen Umständen aber viel
Geld kostet. Mit dieser Vorsichts- und Wirthschafts-
massregel wird man, wenn nicht Elementarereignisse
bedeutender Art eintreten. diese gefürchtete Waldplage
in vollkommen unschädlichen Grenzen zu erhalten ver-
vermögen.

Anders aber verhält es sich, wenn durch herein-
brechende Stürme ganze Strecken unserer Bestände
niedergeworfen werden und, wie dies häufig der Fall,
auch die disponiblen Arbeitskräfte unzureichend oder
nur gering sind; hier gilt der Grundsatz, man wähle
zwischen zwei Uebeln das kleinste; d. h. man
opfere, wenn die Umstände es erheischen,
selbst einen Theil des bereits liegenden Holzes
und suche in erster Linie den Wald zu
retten! — Nirgends vielleicht bewährt sich die oben

aufgestellte goldene Regel mehr als hier: g a n z e
A r b e i t u n d z u r r e c h t e n Z e i t.

Sind unsere Waldungen von solchen grossartigen
Elementarereignissen betroffen worden, so hat man, um
seine weiteren Dispositionen treffen zu können, Folgendes in Erwägung zu ziehen:

1. Die Zeit, wann die Katastrophe erfolgt ist; ob
während des Herbstes und Winters oder während des
Frühjahres und Sommers:

2. die Z a h l und A u s d e h n u n g der Windwürfe,
ob dieselben auf e i n e n Forst konzentrirt oder auf
verschiedene Forstorte vertheilt sind;

3. Die Lage dieser geworfenen oder gebrochenen
Bestände sowohl mit Bezug auf die Windrose als auch
bezüglich des sie umgebenden Bestandes: ob nördliche
und östliche, oder südliche und westliche Lage; ob der
Windwurf an Schlag- oder Bestandesrändern oder im
Innern eines geschlossenen Waldes erfolgt ist;

4. ob v o r Eintritt der Katastrophe bereits ein
vermehrtes Auftreten des Borkenkäfers (stamm- oder
horstweises Absterben der Fichte) sich bemerkbar
machte;

5. ob der geworfene Bestand ein reiner Fichten-
bestand oder gemischt mit anderen Holzarten, insbesondere Laubhölzern ist; und

6. die disponiblen Arbeitskräfte.

Erfolgen die Windwürfe, wie dies in den bei
weiten meisten Fällen vorzukommen pflegt, im Herbst
oder Winter, so hat der Forstmann, gegenüber jener
der Frühling- und Sommerstürme, den grossen Vortheil
für sich, dass ihm Zeit gegönnt ist, sich von der Lage
und Ausdehnung derselben vollständig zu informiren,
und gestützt darauf, seine Wirthschaftsmassregeln im
Vorhinein zu treffen. In erster Linie wird er die G r ö s s e
der zu überwältigenden Arbeit und die Z e i t in der
dies zu geschehen haben muss vergleichen mit der v e r-
f ü g b a r e n A r b e i t s k r a f t; sollte sich die letztere
als ungenügend herausstellen, so wird der Abgang
durch Herbeiziehen fremder Arbeiter zu ersetzen gesucht werden müssen. Beschränkt sich der Windwurf
nur auf e i n e n Forstort des Revieres, so erledigt sich
die Frage hinsichtlich der Anlage der Arbeiter von
selbst. — Sind aber solche Windwürfe vorhanden und
auf v e r s c h i e d e n e P u n k t e eines Revieres vertheilt,
dann ist die Frage rücksichtlich einer richtigen An-
einanderreihung der Arbeiten oft nicht ganz leicht. Die
grösste Gefahr für den noch stehenden Bestand bringen
die Windwürfe in den wärmeren Süd- und Westlagen.
— Der Eintritt der Vegetation erfolgt hier rascher
und dem entsprechend schwärmt der Borkenkäfer früher
als in den kälteren Lagen der Nord- und Ostseiten.
Ueberhaupt sind diese Lagen als seine eigentliche

Heimstätte zu betrachten, von denen aus seine weitere
Ausbreitung erfolgt. — Mit dem Schälen der Windwürfe wird man mithin in den Süd- und Westlagen
zuerst und zeitig im Frühjahre, noch vor Eintritt des
Schwärmens des Käfers beginnen müssen, und diese
Arbeit, wenn sie nicht fr ü h e r schon vollständig beendet werden konnte, so lange fortsetzen, bis sich zeigt,
dass die Käferbrut — sei diese nun zahlreich oder nur
gering vorhanden — in den P u p p e n z u s t a n d über-
tritt oder sich vereinzelt gar schon zum K ä f e r entwickelt habe.

Jetzt muss die Schälarbeit vorderhand sistirt, nach
Umständen frische Fangbäume geworfen, und sodann
die Arbeiter auf die Windwürfe der Nord- und Ostseiten
überlegt werden.

Es wäre Arbeit und Geld rein hinausgeworfen,
wollte man das Schälen noch fortsetzen. — Eine grosse
Anzahl der Puppen würde sich in den angehäuften
Rindenabfällen vollkommen entwickeln und mit den
bereits ausgebildeten Käfern endlich doch wieder zum
Schwärmen gelangen; Zeit und Geld für Schälen wäre
somit verloren.

Man verlegt daher wie gesagt, die Schälarbeit auf
die Windwürfe in den Nord- und Ostseiten, wo der
Eintritt der Vegetation ein oft bedeutend verspäteter
ist. — Hier wird man — wenn überhaupt Käfer vorhanden — denselben theils noch mit dem A b s e t z e n
seiner Brut beschäftiget, oder dieses Geschäft schon
gänzlich b e e n d e t finden. — Sehr häufig aber findet
sich der Käfer (wenn er nicht überhaupt schon v o r
Eintritt der Katastrophe in einer grösseren Menge verbreitet war) in solchen Oertlichkeiten im ersten Jahre
noch gar nicht ein, besonders wenn diese Windwürfe
in gemischten oder vollkommen geschlossenen Beständen
den vorkommen, ringsum von hohem Holze umgeben
und in Folge dessen gegen starken Anprall der
Sonnenstrahlen mehr geschützt sind. Uebrigens wird
das Schälgeschäft in diesen Windwurflagen nicht von
langer Dauer sein, denn durch das Aufsichtspersonale
müssen die gefährlichen Süd- und Westseiten, in denen
die Arbeiten vorläufig sistirt worden waren, fortwährend
im Auge behalten und die Stämme fleissig revidirt
werden um zu sehen, wie weit das Brutgeschäft des
zweiten Käferschwärmers gediehen ist.

Findet man, dass sich der Käfer bereits wiederum
in jenen Lagerhölzern und frischgeworfenen Fang-
bäumen eingebohrt und mit dem Absetzen seiner Eier
begonnen hat, dann muss die ganze Arbeiterschaft abermals auf jene Windwürfe konzentrirt und das Schälgeschäft daselbst mit Aufgebot aller Energie betrieben
werden. — Bei dieser Arbeit kommen kalte regnerische
Nachsommer oder Herbste sehr zu statten, indem die

Entwicklung des Insektes dadurch bedeutend verzögert und für die Vertilgungsarbeiten Zeit gewonnen wird. Können diese Arbeiten, das Schälen der sämmtlichen Windwurfhölzer, noch vor Eintritt der Puppenbildung des Insektes bewältiget werden, so ist die grösste Gefahr überwunden und man hat nur noch im nächsten Frühjahre dafür Sorge zu tragen, dass die nöthige Anzahl Fangbäume geworfen, und, wie weiter oben geschildert worden ist, vorgegangen werde. — Bleibt aber noch ein Rest des Windwurfes, welcher wegen bereits vorgeschrittener Entwicklung des Käfers im Herbste nicht mehr konnte geschält werden, dann lässt man, um ganz sicher zu gehen, für dies Jahr die Arbeit ruhen, bis zum nächsten Frühjahre. Noch vor Beginn des Schwärmens werden frische Fangbäume im Frühling geworfen und mit dem Schälgeschäfte so lange zugewartet, bis die Käfer ihre Eierablage beendet haben.

In der Erwartung, dass die durch das bis in den Spätherbst fortgesetzte Schälen blossgelegten Puppen der Winterkälte unterliegen werden, sind Viele der Ansicht, dass mit der Schälarbeit beim zweiten Schwärmen des Käfers bis in den Spätherbst könne fortgefahren werden, ohne Rücksicht darauf, ob bereits Puppen vorhanden sind oder die Entwicklung erst bis zur Larve gediehen sei.

Ich kann jedoch nicht darauf einrathen: einestheils ist Nichts dabei gewonnen, denn das Fällen der Fangbäume im nächsten Frühjahre und das Revidiren und Schälen derselben muss endlich doch geschehen, auch wenn die Voraussetzung durchaus stichhältig wäre, dass die Puppen der Winterkälte erlegen seien; anderntheils aber ist das letztere durchaus nicht für sicher zutreffend hinzunehmen, denn es liegen mir Erfahrungen vor, dass ein grosser Theil der Puppen durch die massenhaft aufgehäuften Rinden geschützt, sich bis zum Frühjahre vollkommen entwicklungsfähig erhalten hat, und zum Schwärmen gelangt ist.

Mit dieser Darstellung glaube ich in allgemeinen Umrissen den Gang skizzirt zu haben, den die Arbeiten bei hereingebrochenen grossen Sturmbruchkalamitäten nehmen müssen. — Es ist wohl selbstverständlich, dass Verhältnisse verschiedener Art es sein können, welche Modifikationen in diesem allgemeinen Gange der Arbeiten bedingen; doch würde es zu weit führen, wollten wir hier näher darauf eingehen.

Doch einen Umstand darf ich hier nicht unerwähnt lassen, umsomehr, als gerade in dieser Richtung am meisten gefehlt wird.

Ich habe zu Wiederholtenmalen betont, man möge sich das Sprichwort immer gegenwärtig halten: „wähle zwischen zwei Uebeln das kleinste." — Die Ausserachtlassung dieser weisen Lebensregel hat schon vielen unserer schönen Fichtenwälder das Leben gekostet.

Wo es sich um die Borkenkäferfrage handelt, muss diese in den Vordergrund treten; die Fragen der Forstbenutzung sind dieser ersteren untergeordnet.

Es ist daher ein unverantwortlicher Fehler wenn Aufarbeitung, Zurichtung, Schlichten des Holzes etc. — besonders bei ausgedehnten Windwürfen — Hand in Hand geht mit dem Schälgeschäfte; durch Zersplitternng der Arbeitskraft kann das Letztere häufig nicht zur rechten Zeit beendet werden, was man dann nicht selten damit gut zu machen glaubt, dass man diese Schälarbeiten fortsetzt aber leider zur unrechten Zeit fortsetzt.

Die erste wichtigste Aufgabe muss immer die bleiben, das taugliche Brutmateriale untauglich zu machen; erst dann, wenn dies geschehen, darf der Forstmann an die Erledigung der Frage gehen: „Wie kann das Holz verwerthet werden?" — was hat damit zu geschehen?

In den Hochgebirgsforsten tritt der Borkenkäfer stamm- oder horstweise fast alljährlich auf. Obwohl in den meisten Fällen solche kleine Holzquantitäten, wie sie die Vorkehrungsarbeiten gegen den Borkenkäfer liefern, nicht zur eigentlichen Nutzung gelangen können, so wäre es doch immerhin der gröbste wirthschaftliche Missgriff, sie unbeachtet zu lassen, weil die Arbeit Geld kostet ohne einen direkten Ertrag abzuwerfen.

Solche vom Borkenkäfer befallene einzelne Stämme und Forste tragen in sich eine grosse Gefahr für den Forst, welche im Hochgebirge um so grösser ist, als jene in Folge des Terrains leicht übersehen werden können.

Man erkennt dieselben: 1. am Gelb- oder Rothwerden der Nadeln; 2. am Grauwerden des Stammes; 3. am Abblättern der Rinde; 4. an der Anwesenheit von auffallend vielen Spechten; 5. an den leicht ersichtlichen Bohrlöchern; 6. an dem ausgeworfenen Wurmmehle; 7. am Herausfallen desselben beim Anschlagen an den Stamm; 8. am Ausfluss von Harztröpfchen, und 9. endlich, am Schwärmen der Käfer.

Die Vorbauungsmittel, welche angegeben werden, sind theils rein wirthschaftlicher, theils forsttechnischer und forstpolizeilicher Natur und mögen die wichtigsten hier noch ihre Stelle finden: 1. Man bringe die Fichte nur auf den, ihrer Natur angemessenen Standort. 2. Man erziehe die Fichtenwüchse gesund und standhaft, und bilde und erhalte auch ganz besonders die Bewurzelung recht fehlerfrei. 3. Man stelle vom Anfang die Fichtenanwüchse in naturgemässen Schluss, und durchforste bald und oft. 4. Man verhüte alle Verletzungen am stehenden Holze soviel als thunlich. Insbesondere bei Bewirthschaftung der Hochgebirgsforste soll man dies beherzigen; es ist wohl häufig sckwer, mancherorts auch wohl gar nicht zu umgehen, dass, insbesondere bei Durchforstungen. Räumungen etc. in steilen Lagen durch die Bringung dieser aufgearbeiteten Hölzer Beschädigungen an dem stehenden Bestande vorkommen. Durch strenge Beaufsichtigung dieser Arbeiten lassen sich jedoch solche Beschädigungen auf ein Minimum reduziren. Es soll daher, wo die Hölzer weit herum im Walde verstreut sind und die Bringung nur durch die stehenden Bestände möglich, zudem die Lage eine steile ist, dem Holze an und für sich eine leichte Form, am besten die Scheitform gegeben werden; das Abholzen soll nicht bei nassem oder gefrorenem Boden, sondern bei trockener Witterung vorgenommen und auf möglichst wenige Bringungsorte durch vorheriges Zusammentragen der Scheiter konzentrirt werden. Kommen trotzdem vereinzelt Beschädigungen an stehenden Stämmen vor, so sind diese gleich mit in die Schlägerung einzubeziehen und mit dem bereits aufgearbeitetem Holze aus dem Walde zu bringen. 5. Man suche Sturm-, Schnee- und Eisbruch möglichst zu verhüten. 6. Man entferne auf's Schleunigste alle gebrochenen, beschädigten oder sonst merklich kranken Fichten aus dem Bestande. 7. Man pflege und schütze alle Meisenund Spechtarten, sowie überhaupt alle, sich von Insekten nährenden Vögel. 8. Man fälle, bereite und räume die Hölzer, wo es nur immer angeht, schon im Herbste und Winter, um welche Zeit die Fortpflanzung des Käfers ruht. 9. Können die aufbereiteten Hölzer vor der Begattung der Borkenkäfer nicht geräumt werden, so ist das gefährdete Holz zeitig zu entrinden, bevor die junge Brut darin sich ausgebildet hat. 10. Man entrinde alle Bauhölzer und Bloche, wofern sie länger im Walde liegen bleiben müssen. 11. Man spalte die Scheithölzer unverweilt aus, und zwar so viel thunlich, breite Scheite mit schmaler Rindenseite. Uebrigens ist auch hier das Schälen das sicherste, oder es sollen doch wenigstens sogenannte Sonnenstreifen über die Rindenseite jedes Scheites gezogen werden. 12. Beim Aufklaftern der Scheite lege man diese so, dass die Rindenseiten derselben nach unten zu liegen kommen.

II. Tabelle.

Die Insekten der Kiefer.

---

*) An Baumstöcken, Lagerholz etc., mehr weniger häufig vorkommende
und dem Forstmanne daher auffallende Arten finden sich ebenfalls in dieser
Gruppe in Form entsprechender Anmerkungen eingereiht.
**) Gleich hier will ich zweier kleiner Gallmücken Erwähnung thun,
deren Eine sich zwischen dem Nadelpaare, innerhalb der Nadelscheide entwickelt
— Cecidomyia (Diplosis) brachyntera Schwäg. — während die Made der zweiten Art
— Cecidomyia pini Deg. — äusserlich an den Nadeln lebt und sich auch daselbst
in einer tonnenförmigen, mit einem Deckelchen versehenen sehr kleinen Harzgalle verpuppt. Die Maden beider Arten sind blass-safrangelb, fusslos und bis 4 pm
lang. Die von der Kiefernadelscheiden-Mücke (Cecid. brachyntera) besetzten Nadelpaare bleiben gegen die andern im Wuchse zurück und werden im
Verlaufe des Sommers braun; die Kiefern-Harzgallmücke (Cecid pini) dagegen ist gänzlich unschädlich.

7. Die Raupe ist nackt, mit einem langen rückwärts gerichteten
Afterhorne. . . . .   **8.**
— — entbehrt des Afterhornes . . . .   **9.**

8. Die vollwüchsige Raupe ist 6·5—8 cm lang, nackt, hat an den
Seiten auf jedem Ringe (mit Ausnahme des zweiten und
dritten) lichtrothe weissumflossene Punkte, welche in einer
olivengrünen breiteren Seitenbinde stehen. Die Grundfarbe der
Raupe ist grün, mit fünf deutlichen, helleren Längsstreifen.
Das am After befindliche Horn ist dunkel-braunröthlich und
zeigt sich schon bei der Raupe in ihrer frühesten Jugend.

Sphinx pinastri. Lin. Kiefern-Schwärmer.

Die Puppe ist 30—40 mm lang, mit starkem Aftergriffel; ihre Farbe ist dunkelbraun. Ort der Verpuppung: unter der Erde, im Moos etc. Zeit der
Verpuppung: im August und September. Schwärmzeit des Falters: Juni und Juli. Der Schmetterling
misst bei 8 cm Flügelspannung; Kopf und Augen gross;
Rollrüssel lang; Fühler prismatisch, mit einer Hacken-
spitze; Flügel ganzrandig, grau, mit schwärzlichen
Strichen; der Hinterleib beinahe kegelförmig zugespitzt,
schwarz und weiss gegürtelt. Die Eier werden an den
Nadeln, gewöhnlich älterer Kiefern, in Partien von
10—15 Stücken abgelegt, aus welchen schon nach
14 Tagen oder längstens 3 Wochen die kleinen Räupchen auskriechen. Dieses wirklich ganz harmlose Thier
ist ohne sein Verschulden, namentlich durch Bechstein
in so üblem Ruf unter den Forstmännern gekommen,
und wurde hier nur der Vollständigkeit wegen angeführt.

9. Die Raupen sind Knospenwarzenraupen d. h. es stehen auf
den Leibesringen regelmässige Querreihen knospenähnlicher,
stark erhabener Warzen oder Knöpfchen; die beiden ersten
dicht hinter dem Kopfe sind auffallend gross, stark hervorragend, nach vorne gerichtet. Die Verpuppung findet zwischen
sparsamen Fäden oder in durchsichtigen Cocons statt, und
zwar weder unter der Erde noch im Moose.

Bombyx dispar oder *Bomb. Monacha.* · · · *Tab. I.,* 7 *a.* u. *b.*

Die Raupen haben keine Knospenwarzen; sie sind meist
sehr stark behaart, was sie selbst schon in ihrer ersten Jugend
charakterisirt. . . . .   **10.**
Die Raupe ist kahl und wird bis 4 cm lang; die Grund-
farbe ist grün, der Kopf röthlichbraun, mit gelbweissen Strei-

fen und Flecken; längs des ganzen Körpers ziehen sich auf
beiden Seiten ein schmaler, orangerother Streifen und mit
diesem parallel 2—3 verloschene, weisse Längsstreifen hin,
desgleichen einer auf dem Rücken. Das junge Räupchen (bei
einer Länge vom 5—7 **mm**) hat eine spannende Bewegung und
Spinnvermögen, und ist mit Ausnahme des braunen Kopfes
dunkelgrün. Später (bei einer Länge von 15—20 **mm**) werden
weisse und gelbe Streifen schwach bemerkbar und die
spannende Bewegung sowie Spinnvermögen hören auf.

Noctua (*Trachea*) **piniperda.** Esp. Kiefern-Eule.
Forl-Eule.

Die **Verpuppung** erfolgt (ohne Gespinnst) zu
Ende des Juli oder Anfangs August im Bereiche des
Kronenschirmes der Bäume unter Moos, Streu etc und
in Ermanglung Dieses, oft 5—8 **cm** tief unter der Erde.
Die **Puppe** ist ziemlich gestreckt, braun, und bis über
17 **mm** lang; hat am Kopfe und Halsschilde eine
schwach erhabene, kurze Mittelleiste; der vierte Ring
zeigt auf der Rückenseite ein, rückwärts zur Hälfte
von einem gerunzelten Walle umgebenes Grübchen;
der oben gewölbte Afterfortsatz ist auf der Unterseite
etwas eingedrückt, am Ende mit zwei Dornen; an der
Basis mit einer braunen Borste, scheinbar fast ganz
kahl. Gegen Ende März erscheint der **Schmetterling.** Die **Schwärmzeit** dauert bis in den Mai, wo
die Falter sich begatten, und das Weibchen seine Eier
ablegt. Der **Falter** misst 28—30 **mm** Flügelspannung
bei 14 **mm** Länge. Die Grundfarbe der Vorderflügel ist
braunroth, die der Hinterflügel und des Hinterleibes
einfärbig dunkelbraun. Die Vorderflügel haben schöne,
weissliche und rothe Zeichnungen; erstere bilden nächst
vielen kleineren Punkten und Makeln einen grossen,
beinahe die halbe Breite der Flügel einnehmenden, fast
halbmondförmigen Fleck auf der vorderen Hälfte, und
einen kleineren viereckigen oder rundlichen, näher dem
Basalrande derselben. Der Saum ist dunkelbraun und
weiss gewürfelt; die Unterseite der Vorderflügel röthlich, mit einer verloschenen Binde; Hinterflügel mit
einem schwarzen Punkte. Vorderleib braunroth, mit
weisslichen und röthlichen Zeichnungen; der Halskragen
deutlich, mit weissem Saume. Das **Männchen** ist
schlanker, mit schwach gebräunten Fühlern, und hat
nebst den obigen Farben noch mehr oder weniger Gelb
in den Vorderflügeln.
Das **Ablegen** der **blassgrünen, rundlichen
Eier** geschieht zeilig, an den Nadeln älterer Bäume,
in der Regel 6—8, zuweilen aber auch 20 Stück an
einer Nadel; selten zweireihig. Die Gesammtzahl der

abgesetzten Eier eines Weibchens steigt von 30 bis 70 Stück. Das kleine Räupchen erscheint schon im April oder Mai, wo es sich zuerst in die Knospen der jungen Maitriebe einbohrt; später geht es an die älteren Nadeln, welche oft mit der Scheide verzehrt werden. Am liebsten scheinen der Raupe Stangenhölzer zu sein, auf einem entkräfteten, durch Streurechen herabgekommenen Boden.*) Sie bewohnt mehr das mildere Hügelland, als die ausgedehnten Ebenen, hauset mehr in den erhöhten, trockneren und wärmeren Lagen auf dürftigern, schwächeren Kiefernbeständen, frisst häufiger auf Unterwüchsen und in den unteren Aesten, als hoch in den Kronen, vorzugsweise wo Gedrängtheit, Bodenverwilderung oder frühere Kulturfehler, Wachsthumsstockungen verursacht haben, und zieht dabei ebenfalls kümmerliche und alte Nadeln vor.

Die Forleule gehört mit zu den schädlichsten Kieferninsekten. Durch ihre Menge, in der sie oft auftritt und durch ihre grosse Gefrässigkeit ist sie im Stande, ganze Waldcomplexe zu entnadeln und zum Absterben zu bringen, oder mindestens doch bedeutende Verluste am Zuwachs hervorzurufen.

Die wirksamsten Vertilgungsmittel sind folgende:

1. Der Schweineeintrieb ist unbedingt das wirksamste Mittel, und zwar vom Juli und August, wenn die Raupen herabsteigen, um sich zu verpuppen, bis in den April zur Flugzeit der Schmetterlinge, so lange es überhaupt die Witterung nur immer gestattet.

2. Sollte dazu die Gelegenheit fehlen, so muss man das Sammeln durch Abprellen der Raupen während des Frasses um so sorgfältiger betreiben.

3. Sammeln der oft massenhaft beisammen liegenden Puppen unterm Moose am Fusse der Bäume.

4. Das Ablesen der Raupen vom niedrigen Holze. Es bietet sich hierzu ein günstiger Zeitpunkt, wenn die Raupen zur Verpuppung von den Bäumen herabsteigen. Besonders bei regnerischer, kalter Witterung halten sie sich dann oft mehrere Tage klumpenweise am Fusse der Stämme zusammen, und können leicht getödtet werden.

5. Fanggräben (Tab. I, pag. 25) sind, falls sie nahe genug aneinander gelegt werden, zu empfehlen. Ist jedoch der Bestand schon ganz kahl gefressen, und will man die Verbreitung der Raupen in die angrenzenden Waldtheile verhindern, so wendet man

6. Isolirungsgräben an.

Der Boden ist nach Abholzung des Bestandes umzugraben oder umzupflügen, um die in demselben be-

---

*) Hr. Taschenberg in seiner forstwirthschaftlichen Insektenkunde, pag. 356, spricht sich gegentheilig aus.

findlichen Puppen tiefer unter die Erde und so zum
Absterben zu bringen. Auch soll in solchen Raupen-
jahren der Abschuss von Füchsen, Mardern, Iltissen
etc. eingestellt, und besonders sollen alle Vogelarten
geschont werden.

10. *a*) Auf dem zweiten und dritten Halsringe trägt die, im ausgewachsenen Zustande bis 8 cm lange Raupe zwei stahlblaue
Nackenstreifen. Im Allgemeinen ist die Farbe bald braun,
bald mehr grau, auf dem Rücken dunkler. Die ganz jungen
eben ausgekommenen kaum 10—11 mm langen Räupchen zeigen
noch keine Spur von den blauen Nackenstreifen, wohl aber
an deren Stelle braunschwarze Einschnitte. Die Behaarung
an den ersten drei gelblichen Ringen ist ausserordentlich
lang. — Schon nach der ersten Häutung treten die beiden
charakteristischen blauen Nackenstreifen deutlich hervor.
(Grosse Kienraupe.)

Bombyx (*Gastropacha*) **Pini.** Linn. Kiefern-
Spinner.

Die Verpuppung erfolgt gegen Ende Juni oder
Anfang Juli, und zwar theils unter Rindenrissen, theils
in der Krone der Bäume. Der Cocon, den die Raupe
dabei anfertiget, hat eine elliptische, an beiden Enden
zugespitzte Form, und ist von weisslicher oder schmutzig
grauer Farbe. An dem dünnsten Ende ist er nur oberflächlich mit einigen Fäden versponnen, um das Durchbrechen des Falters zu erleichtern. Dieser erscheint
schon im Juli und seine Flugzeit dauert bis in den
August fort.

Der weibliche Schmetterling misst gegen
8 cm Flügelspannung und ist über 25 mm lang. Die
Farbe ist im Allgemeinen braun; die Hinterflügel
dunkler, einfärbig, beide gross und abgerundet; die
Vorderflügel sind mehr graubraun, an der Basis stark
behaart; es zeichnet sie ferner aus: eine breite, nach
der Aussenseite unregelmässig gezackte, hie und da
von schwärzlichen Punkten und Flecken begrenzte
Binde, sowie ein verwaschener, rundlicher Fleck, vor
der Basis der Vorderflügel rothbraun; in letzterem ein
halbmondförmiger oder dreieckiger Punkt,
schneeweiss. Der Körper ist dick, die Fühler sind
kurz und einfach, ersterer stark und dicht behaart.
Auch dem männlichen Falter fehlt der charakteristische,
weisse, halbmondförmige Fleck auf den Vorderflügeln nicht; er ist aber kleiner, schlanker und dunkler
gefärbt, mit schön gekämmten Fühlern.

Das Ablegen der Eier erfolgt gewöhnlich kurz
nach der Begattung, meist in der letzten Hälfte des

Tab. II , Kiefer.

Monates Juli; das Weibchen wählt dazu entweder Rindenritzen oder auch wohl Nadeln und schwache Zweige des Unterholzes; ein Eierhaufen zählt selten mehr als 50 Eier, obgleich ein Schmetterling in der Regel 100—150, ja zuweilen über 200 Stücke ablegt. Schon nach Verlauf von 20—25 Tagen erscheinen die kleinen Räupchen, und eilen, nachdem sie zuvor einen grösseren oder geringeren Theil der Eierschalen verzehrt haben, ihrem eigentlichen Futter, den Kiefernnadeln zu. Sie setzen ihren Frass bis in den Spätherbst fort, überhaupt so lange, als es die Witterung zulässt. Tritt endlich Kälte und anhaltendes Regenwetter ein, so steigen sie von den Bäumen herab und beziehen als halbwüchsige Raupen ihre Winterquartiere unter der Moos- oder Streudecke, möglichst nahe am Stamme. Im April des nächsten Jahres kommen sie wieder zum Vorschein, begeben sich abermals auf die Bäume und von dieser Zeit an wird eigentlich der Frass erst am empfindlichsten. Er dauert ohne Unterbrechung (ausser zur Zeit der Häutung oder bei etwa eintretender kalter, regnerischer Witterung, wo die Raupen sich klumpenweise in den Nadelbüscheln oder in den Astquirlen zusammenziehen) bis zum Juni fort. Um diese Zeit ist der Frass in der Regel beendigt und die Raupen bereiten sich zur Verpuppung vor.

Der Kiefernspinner ist ohne Weiteres geradezu als das schädlichste aller Kieferninsekten zu bezeichnen. Abgesehen davon, dass die Symptome, welche einem solchen Frass vorausgehen, sehr leicht unbemerkt bleiben, gehört gerade diese Raupe zu denen, welche am wenigsten durch Witterungseinflüsse gefährdet sind; sie frisst ausserdem zu zwei Zeiten, in welchen die Vegetation am meisten gestört wird; der Frass hält selbst die Nächte hindurch an, und die Raupe nimmt ohne Unterschied Jung-, Mittel- und Althölzer zur Nahrung hin. In unseren Hochgebirgen verbreitet sie sich bis zu 1200 m Höhe und nimmt auch die Legföhre an, doch kommt sie immer nur vereinzelt vor.

Da, wo die Kiefer, wie in den norddeutschen Ebenen in reinen Beständen ungeheuere Flächen einnimmt und für grosse Landstrecken der fast ausschliessliche Bann der Wälder ist, gewinnt natürlich diese Holzart die höchste Bedeutung, und die vielen Verwüstungen, von welchen diese ausgedehnten Kieferndistricte schon zu Wiederholtenmalen durch die Kiefernspinner sind heimgesucht worden, haben zur Anordnung der jährlichen Revisionen geführt, welche von den Revierverwaltungen strenge zu handhaben sind.

Diese Revisionen werden im Spätherbste vorgenommen, zur Zeit, wo die halbwüchsigen (jungen)

Raupen sich bereits von den Bäumen herab unter die
Bodendecke begeben haben, um hier zu überwintern.
Zu dem Zwecke werden, am besten durch Kinder,
natürlich aber unter steter Aufsicht, Probesammlungen
vorgenommen, indem an den verschiedensten Punkten
eines Bestandes, vorzüglich aber unter den dominirenden
Stämmen, dem Kronenumfange derselben entsprechend,
die Moosdecke entfernt und nach etwa vorhandenen
Raupen durchsucht wird.

Erzielt dieses Probesammeln 5—6 Raupen pro
Stamm, dann muss an die Vorbereitungsarbeiten ge-
gangen werden, welche sich nöthig machen um sogleich
bei Eintritt des Frühlings der Vertilgung des Insektes mit voller Energie und mit Nachdruck betreiben
zu können.

Bezüglich der gegen diese Raupe anzuwendenden
Vertilgungsmittel scheinen wir in eine neue Phase
eingetreten zu sein, indem sich schon gewichtige
Stimmen erheben, welche das von Ratzeburg so warm
empfohlene und lange geübte Sammeln der Raupen
in ihren Winterquartieren, hart bekämpfen, und ent-
schiedene Vertheidiger und Anhänger der sogenannten
Theerringe sind.

Da mir nie Gelegenheit geboten war, in grösseren
Kiefernrevieren und durch längere Zeit thätig zu sein
und mir die Erfahrungen selbst zu sammeln, so muss
ich mich auch jedes Urtheiles in dieser Frage enthalten, und kann mich nur darauf beschränken, die
Angaben Anderer hier folgen zu lassen.

Das Sammeln der Raupen im Winter-
lager wird im Wege eines pro Doppelliter zu fixiren-
den Accordlohnes an die Arbeiter vergeben, jedoch
muss dabei auf den Umstand Rücksicht genommen
werden, dass für die kleinen Raupen ein höherer Lohn
gezahlt werde, da andernfalls der Arbeiter dieselben
liegen lässt. Da dieses Sammelgeschäft bei gefrorenem
Boden oder bei Schnee nicht möglich ist, so wird damit zur Zeit begonnen, wo die Raupen massenweise die
Bäume verlassen um ihr Winterquartier zu beziehen
und wird die Arbeit so lange fortgesetzt, als die
Witterung dies eben zulässt. — Im Frühjahre, wenn
die Raupen anfangen die Bäume wiederum zu besteigen
und noch vorher, wird dann diese Arbeit neuerdings
aufgenommen und unter Zuziehung aller disponiblen
Kräfte fortgesetzt.

Haben die Raupen nun bereits aufgebaumt, so
greift man zum Sammeln durch
das Anprällen und Herabwerfen derselben auf
untergebreitete Tücher.

Die durch diese beiden Sammelmethoden erhaltenen
Raupen werden entweder durch Zerstampfen in Gruben,
oder mittelst heissen Wassers oder durch Feuer getödtet.

Die Anwendung der Theerringe geschieht
entweder in Verbindung mit den ebenbeschriebenen
Vertilgungsmethoden und das dürfte wohl das richtigste
und zweckmässigste sein, oder man beschränkt sich
auf diese allein.

Im ersteren Falle bedient man sich derselben nach
Vollendung des Sammelgeschäftes im Frühjahre zur
Zeit wo die Raupen bereits zu Baumen anfangen, und
dann wiederum im Herbste, wo sie die Winterquartiere
beziehen. Letzteres ist nicht zu befürworten, da ein
grösserer oder kleinerer Theil der Raupen sich an
Gespinnstfäden von den Aesten zur Erde gleiten lasst,
der Erfolg mithin nur ein halber und die Geldauslage
eine doppelte sein wird.

Will man von der Anlage der Theerringe Gebrauch
machen, dann muss schon der Winter zu den nöthigen
Vorarbeiten benützt werden, welche darin bestehen, die
Kiefernstämme im Accordwege auf 2—3 handbreit
ringförmig von der groben Borke zu befreien, um hierdurch das Haften des Theeres zu sichern; dies geschieht
in einer Höhe, welche dem Arbeiter die Arbeit nicht
erschwert und unter Umständen im theilweisen Entfernen des Unterholzes, womit man mit den Theerringen
gleichzeitig das Abprällen der Raupen zu verbinden beabsichtiget. Dieses Abborken der Stämme
nennt Taschenberg das Anröthen und geschieht
mittelst eines geeigneten Schnitzmessers (Reifmesser).

In den ersten Frühlingstagen, natürlich noch vor
dem Aufbaumen der überwinterten Raupen, am
besten im Monate März, werden diese vorgerichteten
Stammringe mit gutem, dem Eintrocknen sowohl wie
dem Abfliessen wiederstehendem Theer in ihrer ganzen
Ausdehnung und dick bestrichen.

Beim Ersteigen der Bäume finden die Raupen hier
ein nicht zu bewältigendes Hinderniss, sammeln sich
unterhalb der Theerringe massenhaft an und können
so leicht vertilgt werden. Middeldorf giebt für Be-
reitung der besten Raupen-Theere an: Kientheer
mit 9 oder 15 Percent Harz und Holzessig;
letzteres Mischungsverhältniss soll noch vorzuziehen
sein. Der von Mützell in Stettin erzeugte Raupen-
leim soll zwar alle anderen Präparate an Güte über-
treffen, doch dürfte der Preis von 2½ Sbgr. pr. Pfund
der Anwendung im Grossen noch hinderlich sein.

Vertilgungsmittel sind noch:

1. Anwendung von Raupengräben. (Siehe Tab. I.,
pag. 25.)

2. Sammeln des weiblichen Schmetterlings in den Morgenstunden oder bei regnerischer
kalter Witterung im Juli, August, vor dem Absetzen
seiner Eier.

Tab. II , Kiefer. 65

3. Vertilgung der Puppen.

4. Abbrennen eines schon verloren gegebenen Bestandes bei günstiger Witterung, um die Verbreitung des Insektes in die benachbarten Waldtheile zu verhindern.

5. Eintrieb von Schweinen.

6. Abbuschen und augenblickliches Verbrennen des dadurch erhaltenen Reis- und Astholzes, der Rinde und des Abraumes.

b) Auf dem zweiten und dritten Halsringe fehlen die beiden stahlblauen Nackenstreifen. Die ausgewachsene Raupe ist 28—30 mm lang; längs der Mitte des Rückens läuft eine dunkle, breite Binde; inmitten dieser steht auf jedem Ringe (mit Ausnahme der drei ersten und des zwölften) ein abgerundeter, sammtschwarzer, orangeroth eingefasster Fleck. Der Kopf ist gross und stark gewölbt. Auf der Oberseite eines jeden der drei ersten Ringe stehen acht, auf dem zwölften sechs, zum Theil etwas undeutliche, in Querreihen gestellte braunrothe Wärzchen. Die Grundfarbe ist bräunlichgrau, mit Graugelb gesprengelt. Die Unterseite ist graugelb; Luftlöcher, Kopf und Afterklappe schwarz; die ganze Raupe ziemlich stark und lang behaart.

Bombyx (*Cnethocampa*) **pinivora.** Fr. Kiefern-Prozessions-Spinner.

Die Raupe dieses Spinners gehört zu den prozessionirenden; bei ihren Wanderungen folgt die zweite Raupe der ersten, die dritte der zweiten u. s. f., so dass der ganze Zug eine Kette bildet; auch während des Frasses halten sie sich familienweise gesondert, indem sich gewöhnlich zwei Raupen, deren jede eine Nadel sich erwählt, gegenüber zu sitzen pflegen. Die zweijährigen Nadeln ziehen sie jenen der letzten Jahrestriebe vor. Die Raupen fertigen ein gemeinschaftliches Gespinnst,*) wie dies die *processionea* thut, nicht an. Im August verlassen sie die Bäume und begeben sich behufs der Verpuppung unter die Erde, respective in den Sand.

Der männliche Falter misst bis 31 mm Flügelweite, das Weibchen bis 37 mm bei 13—20 mm Länge. Die Grundfarbe ist blassröthlich braungrau, auf den

---

*) Hierdurch unterscheidet sich diese Art hinlänglich von ihren Verwandten, dem Süden angehörigen, ebenfalls auf der Kiefer, und nicht wie Taschenberg (Pag. 343) behauptet, auf Fichte und Tanne — lebenden *Cnethocampa pityocampa* L. — Diese fertiget nach Art der *processionea* ein in den Astgabeln befestigtes kleinkinderkopfgrosses dichtes Gespinnst an, wie ich dies an einer Raupenfamilie, die mir mein Schwager von Tirol mitgebracht hatte, beobachten konnte.

Vorderflügeln drei gezackte Binden deutlich getrennt
und durchgehend, zwischen der zweiten und dritten ein
kurzer, winkliger halbmondförmiger Schmitz; zwischen
der dritten Binde und dem Flügelsaume beginnt am
Vorderrande eine zwar breite, aber schon von der
Mitte verschwindende, verwaschene Binde; Fransensaum der Vorderflügel gefleckt.

Dieses Insekt wird wohl niemals zu besonderen
Vertilgungsmassregeln zwingen; es gehört überhaupt
fast ausschliesslich dem nördlicheren Europa an. Im
Falle sich jedoch eine Vertilgung nöthig machte, geschieht diese durch Abraupen der befallenen Pflanzen
und Stämme in den Monaten Juni und Juli, und durch
Ausschneiden der mit Raupenklumpen besetzten Zweige.

11. a) Die Raupe ist zehnfüssig, mithin ihre Bewegung spannend.
Vollwüchsig ist sie bis 32 mm lang, dünn und durchaus von
gleicher Stärke. Die vorherrschende Farbe ist Grün; ein
weisser Streifen längs des Rückens und ein feinerer auf
beiden Seiten desselben setzen sich über den Kopf fort; dicht
unter den Luftlöchern ist ein breiterer, schwefelgelber Streif;
die Unterseite blos mit verloschenen, undeutlichen, gelbeln-
den Längslinien; die beiden Bauch- und Afterbeine sehr
stark; die Raupe scheinbar kahl.

Geometra (*Bupalus*) **piniaria.** Lin. G e m e i n e r
K i e f e r n - S p a n n e r.

Gewöhnlich im Monate October (ausnahmsweise
wohl auch schon im September oder erst im November)
verlässt die Raupe die Bäume, um sich (jedoch ohne
Anfertigung eines Cocons) im Moose oder unter der
Bodenstreu zu verpuppen und zu überwintern. Die
P u p p e ist 14 mm lang, anfangs ganz grün, später rothbraun, glänzend, gedrungen, nach hinten stark zugespitzt. Die F l u g z e i t des Falters fällt in die Monate
Mai und Juni, und da erfolgt auch die B e g a t t u n g
und das E i e r a b l e g e n. Der w e i b l i c h e F a l t e r
misst 37 mm Flügelspannung und ist 14 mm lang. Die
Grundfarbe der Flügel ist rothbraun, nach den Rändern
zu, sowie 1—2 Querbinden, dunkelbraun. Die Unterseite der Vorderflügel ist heller, mit gelblichweissen
Punkten und Flecken; gegen den Hinterrand dunkler.
Die Hinterflügel sind unterseits graubraun, mit einzelnen
schwarzbraunen und gelblich weissen Flecken. Das
M ä n n c h e n charakterisiren schöne, gekämmte Fühler.
Die Farbe ist an den Vorderflügeln beiderseits hell-
bräunlich gelb; am Vorder- und Hinterrande, sowie
am Saume derselben von Dunkelbraun sehr scharf abgegrenzt. Die E i e r sind von der Grösse eines halben

Mohnkornes und werden zeilig in den Nadeln der Krone abgesetzt. Die jungen Räupchen kommen schon zu Anfang des Juli zum Vorschein, und fressen nun fort bis zur Zeit der Verpuppung.

Der Kiefern-Spanner bewohnt vorzugsweise sonnige Höhenlagen im wärmern Hügellande und geht jüngere, lichte Kiefernbestände, Stangenorte, am liebsten an; er verbreitet sich leicht weiter, lebt aber sehr gedrängt zusammen und scheint manchen Widerwärtigkeiten zu unterliegen. Da dieses Insekt die Kiefern sehr selten gänzlich, und meist erst im Nachsommer befrisst, daher die Knospenbildung nicht gänzlich stört; da es auch die Nadeln selten bis zur Scheide aufzehrt und die der jüngsten Triebe ohnehin mehr verschont, indem es die einjährigen Nadeln vorzieht, so erholen sich die beschädigten Stämme von dessen Frasse zwar leichter, leiden aber (abgesehen von der oft mehrere Jahre fortdauernden Kränklichkeit) bedeutend an Zuwachs.

Da der Kiefern-Spanner in seinem forstlichen Verhalten und in seiner Lebensweise der Kiefern-eule sehr gleichkommt, nur weniger schädlich ist: so sichert man die Forste gegen seinen Frass durch dieselben Vertilgungs- und Vorbauungsmittel, welche oben gegen die *Noctua piniperda* angegeben worden sind. Der Schweine:intrieb verdient jedenfalls den Vorzug.*) Gegen das Abprellen schützt sich die Raupe durch festeres Anspinnen.

b) Die Raupe ist zehnfüssig. Die Länge beträgt hei Vollwüchsigkeit nicht viel über 27 mm. Im Ganzen ist sie der letzt beschriebenen sehr ähnlich. Die Grundfarbe ist grünlichgelb; die Rückenlinie dunkelgrün und heller gesäumt; die Seitenstreifen breit, weiss, und nach unten dunkelgrün begrenzt; ein Streifen unter den Luftlöchern gelb. Was die Raupe aber hauptsächlich von der vorhergehenden unterscheidet, ist: der Kopf grünlichweiss, mit mehreren braunrothen Punkten und Flecken. Uebrigens ist auch diese Raupe scheinbar kahl.

Geometra (*Enomos*) **lituraria.** Lin. Blaugrauer Kiefern-Spanner.

---

*) Sehr gute Erfolge zur Vertilgung dieses Insektes hat auch das Zusammenrechen des Mooses, während, oder sogleich nach der Verpuppung in den von ihm angegriffenen Beständen (auf den Thüringer Haideforsten bei Saalfeld, in den Jahren 1816 und 1817) gehabt. Das zusammengerechte Moos wurde bei feuchtem Wetter auf grosse Haufen, mit schichtweise dazwischen gestreutem, ungelöschtem Kalk gebracht, und später als Dünger gut abgesetzt. Besser würde es wohl sein, diese Nahrungsmassen dem Walde nicht zu entnehmen.

Ort und Zeit der Verpuppung, sowie die ganze
übrige Lebensweise ist nicht auffallend von jener der
Geometra piniaria verschieden und kommen beide
Arten in der Regel in Gesellschaft zusammen vor. Der
Falter misst etwas über 27 ᵐᵐ Flügelspannung; die
Vorderflügel sind oberseits blaugrau und dunkel bestäubt, die Hinterflügel sind mehr oder weniger unregelmässig, viereckig (trapezoidisch) geformt, von gleicher
Grundfarbe wie die Vorderflügel, aber etwas heller und
nach der Basis zu bräunelnd. Drei, am Vorderrande
der Vorderflügel entspringende, allmählich nach hinten
zu schmäler werdende Bindenstreifen, sowie die Fort-
setzung zweier derselben (aber verloschen) auf den
Hinterflügeln, dunkelbraun; eine Binde neben dem
dritten Streifen der Vorderflügel, zunächst dem Aussenrande röthlichgelb, breiter, als die übrigen, von einer
dunkleren Linie begrenzt, und auf der gelblich weissen,
braungesprengelten Unterseite deutlich bemerkbar. Das
Männchen mit sehr schwach gefiederten Fühlhörnern.

12. Die Larven sind achtfüssig; der Frass ist stets von eigenthümlichen Gespinnsten begleitet. (*Lyda.*) . . . .   13.

— — — 22füssig, leben oft zu grossen Familien beisammen, fertigen jedoch nie ein Gespinnst an. (*Lophyrus.*)*)   16.

13. Die Larven leben 2—4 an der Zahl in einem gemeinsamen
Gespinnste. . . . .   14.

— — fertigen jede für sich selbstständig ein Gespinnst an,
leben daher einsam, oder, doch nur äusserst selten, zu zweien
beisammen. . . . .   15.

14. Die Larve wird gegen 20ᵐᵐ lang, ist die meiste Zeit während
ihres Frasses, besonders aber vor erreichter Vollwüchsigkeit
dunkelgrün, der Kopf heller und auffallend gross; leicht zu
erkennen ist sie durch die, auf allen Leibesringen deutlich
bemerkbaren, Querreihen bildenden, schwarzen Pünktchen,
und den beinahe schwarzen, ziemlich breiten Rückenstreifen.
Ihr Frass ist wahrscheinlich der früheste aller Lyden; er
dauert von Mai bis Mitte Juni, nach welcher Zeit sich schon
alle zur Verpuppung unter die Erde begeben haben. Der
Frass beschränkt sich nur auf die älteren Nadeln, und erstreckt sich nie über den Maitrieb. Das Gespinnst ist rund-

---

*) Bei den *Lophyrus*-Arten habe ich meine in der ersten Auflage gegebene
Clavis analytica verlassen, und die weitaus praktischere Taschenberg's (dessen
„Forstwirthschaftliche Insektenkunde" pag. 224) angenommen.

lich, stets etwas durchsichtig, und in der Regel dicht unter dem Maiquirl.

Tenthredo (*Lyda*) erythrocephala. Liu. Gesellige Kiefern-Gespinnst-Blattwespe.

Die Fliege ist bis 12 mm lang, bei 22–26 mm Flugweite, und durch ihre auffallende Färbung leicht zu erkennen Der ganze Körper ist schön stahlblau; der Kopf des Weibchens roth, der des Männchens, mit Ausnahme des Vordertheiles, mit dem übrigen Körper gleichfärbig; Kinn, Vorderschienen und Tarsen rothbraun; Flügel stark rauchgrau. Die Flugzeit fällt in den April. Die Vertilgung geschieht durch Schweineeintrieb, zur Zeit, wo die Larven und Puppen in der Erde liegen. oder durch Tödten der ersteren im Gespinnst. Wird wohl nie eine forstliche Bedeutung erlangen.

15. a) Die Larve frisst nur auf 2—4-jährigen Kiefern, selten auf etwas älteren. Durch die Eigenthümlichkeit ihres Frasses ist sie gar nicht mit anderen zu verwechseln. Sie beginnt ihren Frass stets unter dem Knospenquirl des Maitriebes; dieser wird dadurch nicht selten seiner gänzlichen Nadeln beraubt, oder behält nur wenige Ueberreste; hier nimmt auch ihr eigenthümliches, sackförmiges, dicht voll Kothstückchen hängendes und dadurch oft ganz undurchsichtiges Gespinnst seinen Anfang, während es gewöhnlich beim Astquirl endet. Mit zunehmender Grösse rückt die Larve bei ihrem Frasse immer weiter am Triebe abwärts, indem sie mit dem Vordertheile ihres Körpers aus der unteren Oeffnung des Sackes hervorkommend, sich die nöthigen Nadeln holt. Der Frass währt von Ende Juni bis Ende Juli.

Tenthredo (*Lyda*) campestris. Lin. Kothsack-Kiefern-Blattwespe.

Die Verpuppung geschieht in der Erde, und zwar erst gegen das Frühjahr hin; schon im August begeben sich die Larven unter die Erde und bleiben daselbst in einer Höhlung ruhig und unverändert bis zur Verpuppung liegen. Die weibliche Wespe ist 15—18 mm lang und bis 31 mm gespannt, das Männchen hingegen stets kleiner und schlanker. Dieses Insekt unterscheidet sich von nachstehendem durch gröbere Skulptur und durch schönen, breiten, braunrothen Hinterleibsgürtel; Flügel stark gelbelnd, ein kleines Wölkchen hinter der schwarzen Hälfte des Randmales.

Das Männchen gleicht dem Weibchen in der Farbe
fast ganz, nur ist der Kopf, wegen des gelben, die
Fühlerbasen von aussen ganz einschliessenden Halb-
ringes, schöner; die Fühler werden gegen die Spitze
dunkler und haben auf dem ersten Gliede einen
schwarzen Fleck. In unserem Hochgebirge in sonnigen
Berglehnen häufig ohne schädlich zu werden.

b) Die Larve wird etwas über 26 mm lang, lebt zwar, wie die vorhergehende, einsam, jedoch in einem nahezu oder ganz koth-
losen Gespinnste, von älteren Kiefernnadeln. Sie liebt vorzüglich 40—80jähriges Holz und kommt auch in noch älteren
Beständen vor. Ratzeburg sah sie auf 20—40jährigen, auf
schlechtem Boden und in hoher Lage erwachsenen Kiefern
am Remstieg des Thüringer Waldes unweit Eisenach; Hartig
spricht von einem Frasse an 3jährigen Kiefern. Der Frass
dauert von Mitte Juni bis Mitte August; die Raupe geht
dabei nicht aus ihrem sackförmigen Gespinnste heraus,
wandert auch nicht von einem Aste zum andern und lässt
sich, behufs der Verpuppung, die unter der Bodendecke erfolgt, vom Frassbaume herabfallen.

Tenthredo (*Lyda*) **stellata.** Christ.*) Gespinnst-
Kiefern-Blattwespe.

Die Fliege erscheint gegen Ende Mai oder
Anfangs Juni, doch beobachtet man gerade bei dieser
Art grosse Unregelmässigkeit in der Entwicklung. Das
weibliche Insekt ist 13 mm lang und misst 24 mm
Flugweite; das Männchen ist meist etwas kleiner
und schmächtiger, gewöhnlich nur 11 mm lang. An der
Innenkante der Vorderschienen steht am Anfange des
letzten Drittels ein langer, starker Dorn. Es ist daher
eine Verwechslung mit anderen Arten gar nicht möglich:
diese Eigenthümlichkeit, ferner die ungewöhnlich
bunten Farben des Kopfes und Rumpfes (schwarz und
gelb) und die rothbraun gebuchteten Ränder des Hinter-
leibrückens, sowie die fast ganz bräunlichgelbe Bauch-
seite des Weibchens, dem auch das Männchen
sehr ähnelt (es hat nur einige gelbe Flecken weniger),
unterscheiden sie hinlänglich.

Die Eier werden im Juni an den Spitzen der
älteren Nadeln 30—40jähriger Kiefern mit ihrer platten
Seite angeklebt; sie sind an beiden Enden zugespitzt
und von der Kiefernnadel abseits an beiden Spitzen
aufwärts gebogen. Nach beiläufig vierzehn Tagen entwickelt sich die Larve, welche sofort zu Spinnen an-

_____

*) *Lyda pratensis.* Fabr.

fängt Ihr Frass ist insoferne eigenthümlich, als die Larve eine Nadel nahe über der Scheide abbeisst, dieses abgebissene Stück in das Gespinnst zurückträgt und es erst da verzehrt. Greift der Frass bedeutend um sich, dann erscheinen auch die Gespinnste nicht mehr so rein, sondern sind oft verunreinigt durch darin hängengebliebene Nadelüberreste, Koth etc. Die Ueberwinterung erfolgt im Larvenzustande unter der Erde, 5—10 cm tief in einer bohnenförmigen Höhlung ohne Cocon, während die Verpuppung kurze Zeit vor dem Schwärmen der Wespe im nächsten Frühjahre vor sich geht.

Das Insekt kann unter Umständen merklich schädlich werden und sind für diesen Fall nachstehende Vertilgungsmittel empfohlen worden: 1. Zerstören der Larven theils durch Auflacken des Bodens, am Besten aber durch Eintreiben von Schweinen. — 2. Sammeln und Vertilgen der Larven durch Abprällen von den Bäumen. — 3. Fangbäume, möglichst dicht benadelte Bäume werden beim diesjährigen Hiebe in Lichtschlagform übergehalten, und wenn die Wespe ihre Eier an den Nadeln abgesetzt hat, gehauen und sofort das Reissig an Ort und Stelle verbrannt.

Das Fangen der Wespen mit getheerten Stangen scheint mir einen guten Erfolg am wenigsten zu sichern.

16. Die Afterraupen sind gekörnelt, d. h. die Haut ist mit sehr kleinen, griesförmig erhabenen Dornwärzchen überstreut; der Kopf ist rund, kugelförmig. · · · · · · · · · · · · · · · 17.

— — — nicht gekörnelt, sondern glatt; der Kopf grün oder braun, meistens länglich. · · · · · · · · · · · · · · · · 20.

17. Der Kopf ist heller oder dunkler braun, mit oder ohne dunkleren Zeichnungen. · · · · · · · · · · · · · · · 18.

— — — entweder ganz schwarz, oder doch zum beiweitem grössten Theile und glänzend · · · · · · · · · · · · 19.

18. a) Die Larve wird in der Regel nicht viel über 27—28 mm lang; mit zunehmendem Alter ändert sie die Farbe auf eine auffallende Weise, aber dennoch stechen alle diese verschiedenen Färbungen stets mehr oder weniger in's Gelbe, Gelbgrüne oder Grüne, und besonders die beiden letzteren Färbungen trifft man oft schön hell und rein. Der Kopf mit schwärzlichen, öfter halbmondförmigen Zeichnungen, von denen die

dunklen Mundtheile und die runden Fleckchen um die Augen wohl die meiste Beständigkeit zeigen. Die Brustfüsse sind schwarz geringelt; über jedem Bauchfusspaare eine schwarze ⸗förmige Zeichnung. Am liebsten sind ihr 20—24jährige, kränkliche, auf schlechtem Standorte erwachsene Stangenorte, von unterbrochenem Kronenschlusse.

Tenthredo (*Lophyrus*) **Pini**. Lin. Gemeine Kiefern-Blattwespe.

Jährlich erscheinen zwei Bruten. Die Larve der ersten Brut frisst vom Mai bis Juni; in der ersten Zeit benagt sie blos die Ränder der Nadeln, später dagegen frisst sie dieselben, einige Linien unterhalb der Spitze beginnend, in kurzen Streifen, der Mittelrippe parallel. Diese werden zuletzt durchgebissen und von der Nadel bleibt nur ein kurzer Stummel zurück; auf diese Art verzehren die Larven erst die eine seitliche Hälfte, und dann die andere. Werden sie berührt, so schnellen sie mit dem Vorderkörper in die Höhe und nehmen dann diese eigenthümlichen S- oder G-förmigen Stellungen an. Am liebsten sind ihnen die älteren, oder doch vorjährigen Nadeln, und nur durch Noth gezwungen, oder aus Zufall, vergreifen sie sich an den jüngsten Trieben; in dem Falle kommt es dann aber auch nicht selten vor, dass sie selbst die junge saftige Rinde derselben benagen. Der Frass wird familienweise ausgeführt, und zwar zuerst in den Kronen des Oberholzes. Finden sie da nicht mehr zureichende Nahrung, so steigen sie auf die unteren Zweige, auf das Unterholz oder sogar in die Schonungen. Ende Juni oder Anfang Juli hört der Frass auf, und die Larve bereitet sich zur Verpuppung vor. Diese geschieht entweder in den Kronen, Astwinkeln, Nadelbüscheln etc. oder im Bereiche des Kronenschirmes am Stamme längst der Wurzelstränge, und ihrer Verzweigungen, unter Moos etc. Die Larve fertigt sich einen festen, tönnchen- oder bohnenförmigen schmutziggelblichen Cocon an, und ruht darin als Puppe ungefähr drei Wochen. Schon mit Ende des Monates Juli erscheint die Fliege.

Das Weibchen ist 8·5 mm lang, mit besonders breitem Hinterleib, und misst 18—20 mm Flügelspannung. Der Körper ist bräunlichgelb und schwarz gezeichnet, die Beine ganz gelb; die Flügel gelblend, am Aussenrande etwas angeräuchert, die Fühler des Weibchens nur schwach, die des Männchens schön lang gefiedert. Nach erfolgter Begattung legt das Weibchen 80—120 Eier reihenweise in die zuvor aufgeschlitzten Ränder der Nadeln u. z. in Partien von 10—20 Stück. Vierzehn Tage darauf oder in längstens

drei Wochen, also im August erscheint das kleine
Räupchen, frisst bis in den October. ja selbst bis in
den November*) hinein, verpuppt sich, und überwintert so theils an den Stämmen und Zweigen, in
der Regel jedoch in der Bodendecke. Dies ist die
zweite Brut, deren Wespen im April des nächsten
Jahres erscheinen.

Die Kiefern-Blattwespe nimmt wohl, was
Schädlichkeit und Massenhaftigkeit anlangt, den dritten
Rang unter den Kiefern-Insekten ein; doch wird der
durch sie angerichtete Schade, dadurch wieder etwas
gemildert, dass die Larve nie die Nadeln sammt den
Scheiden verzehrt. überhaupt der Regel nach nur vor-
jährige Nadeln frisst und so eine tödtliche Wirkung
auf die Pflanze nicht zu äussern vermag.

Zur Vorbeugung gegen dieses Insekt muss man
vor Allem darauf bedacht sein, lückenfreie. gesunde
und kräftige Kiefernbestände zu erziehen und zu erhalten, besonders die Bodenverarmung zu verhüten, und
wo sich eine Raupenvermehrung zeigt, dem Uebel, so
gut es geht, zu begegnen. An der weniger in die Augen
fallenden Wespe lässt sich das Dasein dieses Insektes
nicht leicht erkennen. Nur erst nach dem Auskriechen
der Räupchen im Mai und wieder im August werden hier und da an den befallenen Zweigen nackte,
fadenförmige Blattrippen sichtbar; kurz darauf gewahrt
man auch mehr entnadelte Zweiggruppen. mit den nun
schnell heranwachsenden, in Massenhaftigkeit zu-
nehmenden Afterraupen. Zudem finden sich die kleinen
Cocons während des Juli an den Stämmen, in den
Rindenrissen, an Aesten und Zweigen angesponnen,
sowie auch vom Spätherbste bis gegen den April
am Boden unterm Moose meist dicht bei einander.

Vertilgungsmittel sind:

1. Das Sammeln der Raupen durch Ab-
brechen der von ihnen besetzten Zweige, oder durch
Abprellen derselben auf untergebreitete Tücher.
Man kann übrigens auch mit letzterer Methode zugleich

2. den Schweineeintrieb verbinden, wobei man
dann die, von den Bäumen geworfenen Raupen von
den Schweinen verzehren lässt. Die geeignetste Zeit zu
diesem letzteren Verfahren ist jedoch der October
und November, wo die Bäume von den Raupen verlassen werden. die sich unter der Bodendecke zur Verpuppung begeben.

3. Der Abtrieb in Verbindung mit gleichzeitiger
Rodung im Nachsommer oder Winter.

---

*) Bei dem anhaltend schönen Herbstwetter des vorigen Jahres (1874)
fand ich noch am 9. November auf dem Arzberge in einer Höhe von 1300 = ganze
Familien mit Fressen beschäftiget.

b) — — erreicht nie die Grösse der vorigen Art, und zeichnet sich durch besondere Schlankheit aus. Der Kopf ist in der Regel einfärbig rothbraun; nur der Augenfleck und der Mund ist dunkel. Die Larve ist auffallend hell gefärbt, entweder schön citronengelb oder grünlichgelb mit einem getheilten dunkelgrünen Seitenstreifen. Brustfüsse schwarz; Bauchfüsse über ihrer Basis mit ähnlichen aber grünen Zeichnungen wie die vorige Art.

Tenthredo (*Lophyrus*) **pallida.** Kl. Blasse Kiefern-Blattwespe.

Auch diese Larve lebt in grossen Familien zu 30—70 Stück an den Nadelbüscheln jüngerer Kiefern. Der Cocon ist dem der letztbeschriebenen Art ähnlich. Die weibliche Fliege ist nur 6 ^{mm} lang und 14.5 ^{mm} gespannt; der Körper ist dunkel gefärbt mit hellen Zeichnungen; die Beine ganz blassgelb. — Diese Art gehört mit zu den gemeinsten und kann wie *Tenth. pini,* zuweilen gleichzeitig mit ihr, vertilgt werden.

c) — — wird nahezu 30 ^{mm} lang, durch die starken Dörnchen, welche den ganzen Körper ziemlich dicht bedecken, durch den dunkelbraunen, nach unten etwas verschmälerten schwarz gezeichneten Kopf und durch die schwarze Beschildung der Brustfüsse hinlänglich ausgezeichnet. Im Uebrigen ist die Farbe sehr veränderlich: der Gesammteindruck ist dunkelgrün; der Rückenstreifen doppelt; Seitenstreif zeigt einen lichten milchweissen Saum über den Luftlöchern, darunter dunkelgrüne Flecke. — Sie fressen auf jungen, besonders auf feuchten Standorten erwachsenen Kiefern im September und October gesellig; im Hochgebirge scheinen sie die Krummholzkiefer der gemeinen vorzuziehen. Eine Eigenthümlichkeit, an welcher diese Art leicht erkannt werden kann, ist die besonders graziöse ᴄᴐförmige Stellung, welche sie bei der geringsten Berührung einnehmen, aber dergestalt, dass sie sich oft nur mit den mittelsten Paar Bauchfüssen allein noch halten, daher auch sehr leicht abfallen.

Tenthredo (*Lophyrus*) **socia.** Kl. Gesellige Kiefern-Blattwespe.

Die weibliche Wespe ist 7.5 ^{mm} lang, die Flügelspannung 16.5 ^{mm}, Körper gestreckt, bräunlichroth, das Feld der Nebenaugen, drei Flecke des Mittelrückens, Hinterrand des Schildchens, Hinterbrustring

mit Ausnahme seiner Rückenmitte, ein Fleck unter
den Flügeln, meist auch an der Brust mehr oder
weniger entschieden schwarz. Fühler rost- bis braunroth mit etwas hellerer Spitze; Beine roth; Flügel nur
schwach getrübt Das Männchen ist schwarz; Mundtheile, Bauch und Beine braunroth; die Fühler schön
doppelt gefiedert; die Punktirung der Mittelbrust stark,
oft runzelig; an den Beinen die Wurzel der Hüften
schwarz. (Taschenberg.)

19. *a)* Die Larve wird selten über 22—25 ᵐᵐ lang; Kopf glänzend
schwarz; Bauch- und Brustfüsse gelblich grün. Die Färbung
ist stets unrein, oberseits gewöhnlich dunkel rauchgrau, mit
oder ohne Strich in's Grüne; die Unterseite, eine Längslinie
auf dem Rücken, sowie ein schmaler Streifen über den Luftlöchern sind heller, blassgrün. Zwei den Rückenstreifen be-
grenzende Linien, und eine über dem Luftlöcherstreifen
stehende, dunkler; letztere aus dunklen Flecken zusammen-
gesetzt. Unmittelbar nach der Häutung ist die ganze Färbung
heller; angegebene Zeichnungen jedoch stets vorhanden.

Tenthredo (*Lophyrus*) **rufa.** Fall. Rothgelbe
Kiefern-Blattwespe.

Die Larve frisst ebenfalls, wie jene der *Tenth.*
Pini. gesellig, oft klumpenweise, und zwar am liebsten
an 10—15jährigen, im freien Stande erwachsenen
Kiefern. Ihr Hauptfrass fällt gewöhnlich in die
Sommermonate Mai und Juni, und trifft dann meist
nur die älteren Nadeln der Seitenzweige, mit gänz-
licher Verschonung der jüngsten Maitriebe und der
Gipfelpartie. Von den ein- und zweijährigen Nadeln
lassen sie gewöhnlich nichts übrig, als die, den
jüngeren Räupchen nicht schmeckenden Stümpfe und
Mittelrippen. Die Afterraupen verschwinden bei Eintritt
ihrer Verwandlung ganz plötzlich. Der Cocon, den sie
sich unter der Bodendecke anfertigen, ist weich, kleiner
als der von *Tenth. Pini*, hell, weisslich oder gelblich
gefärbt. Von nun an ruht gewöhnlich die weitere Entwicklung bis zum nächsten Frühling. (Verläuft aber die
Frasszeit rasch und gut, so erfolgt die nächste Verwandlung schon im hohen Sommer über der Erde und
es entsteht alsdann eine, die nunmehr schon reiferen
Maitriebe mit angreifende Nachbrut.) Die Wespe
schwärmt im April und Mai. Das Weibchen ist
8·5 ᵐᵐ lang, schlank, und misst 19 ᵐᵐ Flügelspannung;
der Körper ist schmutzig rostgelb, unten strohgelb, hie
und da mit schwarzen Abzeichnungen; Flügel gelblich.
Das Männchen hat schöne doppelt gekämmte Fühler;
der Körper oben ganz schwarz, unten schön gelbroth;

Beine röthlichgelb; Vorderflügel fast glashell, die
Hinterflügel rauchgrau. Durch den fast punktlosen,
spiegelglatten Mittelschild sind beide hinlänglich ausgezeichnet.
Die Vertilgung wie bei *Tenth. Pini* und meist
mit dieser zugleich. (Pag. 73.)

b) — — — 28—33 ᵐᵐ lang, ist daher die grösste unter den
Lophyrus-Larven; Kopf- und Brustfüsse glänzend schwarz;
der ganze übrige Körper ist mattschwarz mit einem Stich in's
Grüne; erinnert zufolge ihrer schönen bunten Zeichnungen
ungemein an die Schmetterlingsraupen und ist durch drei
Reihen helldottergelber Flecke an den Seiten hinlänglich ausgezeichnet.

Tenthredo (*Lophyrus*) **similis.** Htg. A e h n l i c h e
K i e f e r n - B l a t t w e s p e. *)

Die Wespe ist jener der *Lophyrus pini* so ähnlich, dass es für Fach-Entomologen selbst schwierig ist,
beide Arten von einander zu unterscheiden. Der Frass
der Larve fällt mit jenem der *pini* zusammen.

c) — — kommt an Grösse der vorigen ziemlich gleich; die
Grundfarbe ist blassröthlichgelb oder röthlichgrün mit sehr
bunten Zeichnungen, unter denen die charakteristischsten sind:
ein runder schwefelgelber Fleck um jedes Luftloch, und darüber stehend ein ebensolcher schwarzer.

Tenthredo (*Lophyrus*) **nemorum.** Fbr. G e l b f l e c k i g e
K i e f e r n - B l a t t w e s p e.

Das W e i b c h e n ist 10--11 ᵐᵐ lang, bei 21·5 ᵐᵐ
Flügelspannung, unterscheidet sich also durch diese
ansehnliche Grösse schon von allen übrigen *Lophyrus*-
Arten, ganz besonders aber noch durch die eigenthümlich keulenförmig gegen die Spitze zu verdickten
Fühler. — Die Grundfarbe ist Schwarz mit vielen
gelben Flecken und Binden; die ganzen Flügel, besonders aber die Vorderflügel sind röthlichgelb. Das
♂ ähnelt, abgesehen von den gekämmten Fühlern,
dem ♀ sehr, ist aber höchstens 9·5 ᵐᵐ lang. — Der
gelblichweisse C o c o n wird mittelst einiger lockerer
Gespinnstfäden zwischen den Kiefernadeln befestiget.

20. *a)* Die Larve wird bis 24 ᵐᵐ lang und zeichnet sich durch besondere Schlankheit aus. Die allgemeine Körperfarbe ist ein

---

*) Man fühlt sich geneigt, es als einen launigen Scherz zu bezeichnen, den
sich die Natur bei den *Lophirus*-Arten erlaubt hat, indem sie den unähnlichsten
L a r v e n häufig die ähnlichsten Fliegen gegenüberstellt und umgekehrt.

angenehmes Grasgrün, die beiden breiten Seitenstreifen sowie
ein schmälerer Rückenstreifen sind dunkler; die Luftlöcher
schwach in's gelbliche. Der Kopf ist hellbraun, auf
Stirne und Scheitel mit schwarzem, gleichseitigen △ welches
an einzelnen Stellen zuweilen etwas unterbrochen ist oder
wohl gar nur aus vier Flecken besteht.

Tenthredo (*Lophyrus*) variegata. Hrt. Veränderliche Kiefern-Blattwespe.

Die weibliche Wespe ist 8 mm lang mit 17 mm
Flügelspannung; Grundfarbe ein blasses Gelb; auf der
Unterseite sind schwarz: einige Streifen der Brust, meist
auch ein grosser Fleck derselben, die schmalen Ränder
der Bauchschuppen nebst dem grösseren Theile der
Bohrerklappen. Die Punktirung des Rumpfes ist sehr
sparsam aber tief; besonders auf der ebenen Fläche
des Schildchens. -- Das ♂ ist blos 6—6·5 mm lang
(das kürzeste unter den *Lophyren*); die Grundfarbe ist
Schwarz, der Bauch braunroth mit schwärzlicher Basis
und Rändern. Fühler gekämmt. Vereinzelt auf Kiefern;
in ihrer Lebensweise ähnlich der *pini*.

b) — — ist der ebenbeschriebenen an Grösse gleich, aber
weniger schlank; der Kopf ist grün mit schwarzen
Zeichnungen; auch im Uebrigen ist die Raupe schön grasgrün; der schmale einfache Rückenstreifen theilt sich hinter
dem Kopfe in eine feine Gabel; die Seitenstreifen sind wenigstens dreimal so breit als dieser und die grüne Färbung bedeutend dunkler.

Tenthredo (*Lophyrus*) frutetorum. Fbr. Strauch-Kiefern-Blattwespe.

Diese Art ist, was die Wespe betrifft, der eben
beschriebenen so ähnlich, dass stichhaltige Unterscheidungsmerkmale sich nicht geben lassen. Will man
daher für Sammlungen ganz sicher gehen, so thut man
am besten, die Fliegen aus den (als solche sehr leicht
zu unterscheidenden) Larven zu erziehen.
Auch diese Art kommt gemeinschaftlich mit
pini vor.

c) — — wird 26—28 mm lang; der Kopf ist, wie der übrige
Körper grün, mit einer, von den Augen gegen den Scheitel
aufsteigenden spitzbogenförmigen dunklen Zeichnung; die
(ziemlich breit getrennte) Mittellinie und die etwas breitere
Seitenlinie von dunklerem Grün; eine Linie unter den Luft-

löchern milchweiss; die Fusswurzeln grün gefleckt; die Brustfüsse schwarzfleckig.

Tenthredo (*Lophyrus*) **virens.** Kl. Grüngelbe
Kiefern-Blattwespe.

Das Weibchen ist gelblich, oder grünlich goldgelb
mit schwarzen Färbungen u. z : eine Querbinde zwischen
den Augen; die Fühler mit Ausnahme ihrer Wurzel;
Vorderrand des Halskragens; die gefleckte Einfassung
der Brustseite; die ersten beiden Hinterleibsringe ganz,
die übrigen am Hinterrande. — Die Sägeklappen und
Beine (zum grössten Theile) gelb; die glashellen Flügel
am Vorderrande gelblich. Länge 8·5 ᵐᵐ, Flügelspannung
15 ᵐᵐ. — Das ♂ schwarz, mit goldgelbem Mund;
Hinterleib vom zweiten Ringe ab an den Seiten und
am Bauche roth, so dass öfter die Spitze fast ganz
roth erscheint; Beine (die schwarzen Hüften und
Schenkel ausgenommen) bräunlichgelb; Flügel wasser-
hell mit braunem Geäder; Fühler gekämmt. (Taschenberg.) Einzeln auf Kiefernstangen, häufig mit *frutetorum*
zusammen; sie überwintert als Puppe in einem weissen
durch lockere Gespinnstfäden an den Nadeln und
Zweigen befestigtem Cocon.

21. Der Frass geschieht von einer 35 ᵐᵐ langen Heuschrecke;
   die Flügel reichen bis zur Mitte der Legeröhre; ihre Farbe
   ist lichtgrün, braun gesprengelt.

Gryllus verrucivorus. Lin. Warzenfressende
Heuschrecke.

Der durch dieses Insekt verübte Schaden ist bis
jetzt noch von sehr wenig Belang.

23. Die Oberseite des Käfers mit mehr oder weniger grünglän-
   zenden Schüppchen bekleidet; der Käfer geflügelt, weich; die
   Flügeldecken nach hinten bauchig erweitert. Die Fühler sind
   gekniet, nahe am Mundwinkel eingefügt; der Rüssel ist kurz

---

*) Hierher gehört auch die 2 ᵐᵐ lange, gestreckte, walzige *Brachonyx in-
digena* Hrbst. Der Käfer ist lederbraun, die Unterseite sowie der Rüssel schwärzlich. Vom Mai und Juni an findet man ihn auf jungen Kiefern, wo er die Nadeln
anbohrt. Im Frühjahre legt der Käfer am unteren Theile eines Nadelpaares je
ein Ei aus dem sich bis im Juli der Käfer entwickelt. — Solche von ihm belegte
Nadeln theilen sich nicht, werden später roth und fallen ab. — Der Käfer überwintert am Boden.

und eckig, an den Seiten mit einer tiefen, schnell abwärts gebogenen Fühlerfurche.

Curculio mollis oder *Curcul. atomarius Tab. I.; 12. a und b)*

— — — — ist braun oder braungrau geschuppt oder behaart; die Fühler gekniet. ihr Schaft lang, an der Spitze, gewöhnlich am Mundwinkel des kurzen, eckigen Rüssels eingefügt; die Fühlergrube unter die Augen gebogen; Körper kurz-eiförmig, oder länglich-eiförmig, ungeflügelt; die Achseln der Flügeldecken stumpf abgerundet. . . . . 24.

24. a) Der Käfer ist 7—8ᵐᵐ lang, die Flügeldecken sind fast mehr wie doppelt so lang, als zusammen breit, pechbraun, fein punktirt gestreift, und schwach fleckig, (an den Seiten dichter) beschuppt Schenkel ungezähnt; alle Glieder der Fühlergeissel länger als breit; Rüssel an der Spitze ausgerandet.

Curculio (*Brachyderes*) **incanus.** Lin. Bestäubter Rüsselkäfer.

b) Der Käfer ist 4—5ᵐᵐ lang, sehr stark gewölbt, kugelig etc.

Curculio (*Strophosomus*) **Coryli.** Gyll. · · · *Tab. I.*, 13.

25. Der Käfer ist 15—35ᵐᵐ lang; die Fühler buchförmig durchblättert. . . . . 26.

— — — nur 3—4ᵐᵐ lang, länglich, wenig gewölbt; Fühler fadenförmig; Halsschild breiter als der Kopf; Flügeldecken äusserst schwach gerunzelt, auch kaum punktirt. Bei dem, stets grösseren Weibchen sind die Flügeldecken bläulichschwarz, das Halsschild röthlichgelb; beim Männchen ist auch letzteres bläulichschwarz. Schienen und Fussglieder, theilweise die Schenkel, und die drei bis vier ersten Fühlerglieder gelb.

Chrysomela (*Calomicrus*) **pinicola.** Duft. Kleiner Kiefern-Blattkäfer.

Vom Mai an trifft man diesen kleinen Käfer den ganzen Sommer hindurch auf jungen Kiefern, vornehmlich in den oberen Partien. wo er an den Nadeln und der jungen Rinde die Epidermis abnagt; · ein allgemeines Kränkeln, besonders in den schwächeren Trieben ist dann nicht zu verkennen, wenn der Käfer, wie dies gewöhnlich der Fall ist, in grosser Menge eine Pflanze befallen hat.

26. Der Käfer ist oberseits vorherrschend rothbraun oder gelbbraun. . . . . **27.**

— — — — schwarz oder schwarzbraun, glänzend; eine breite Binde beiderseits auf dem Kopfe, mehrere grössere Flecken und ein Mittelstreifen auf dem Halsschilde, zwei Flecken auf dem Schildchen und viele unregelmässige Flecken und Punkte auf den Flügeldecken, schneeweiss, dicht schuppig behaart. Die Brust zottig, der Bauch dicht, filzig, anliegend behaart. Länge 25—35 mm.

Melolontha (*Polyphylla*) **fullo.** Linné. Weissgefleckter Maikäfer; Müller.*)

Kommt in Sandgegenden und dort meist nur sehr untergeordnet vor. Dem westlichen Deutschland scheint er gänzlich zu fehlen, während er im Osten häufig ist, und gegen Norden bis nach Schweden hinaufreicht. In Oesterreich ist er nirgends sehr häufig (Mähren). Seine Flugzeit fällt in den Monat Juli.

27. *a)* Der Käfer ist 15—17 mm lang, schmutziggelb bis gelbbraun und sehr lang, zottig behaart; auf jeder Flügeldecke sind vier erhabene Längslinien; Fühler neungliedrig mit dreiblättrigem Endknopfe.

Melolontha (*Rizotrogus*) **solstitialis.** Lin. Junikäfer; Grosser, Zottiger Maikäfer.

b) Der Käfer ist 20—25 mm lang. Fühler zehngliedrig mit sechs- bis siebenblättrigem Endknopfe. Die Spitze der Afterdecke kurz, an der Basis ziemlich stark eingeschnürt, und an der Spitze fast halbkreisförmig erweitert; die Ränder der etwas erweiterten Flügeldecken, der unbedeckte Theil des Hinterleibes, sowie (gewöhnlich) die Beine, schwarz.

Melolontha Hippocastani. Fbr. Kastanien-Maikäfer.**)

c) — — -- 25—29 mm lang; die Afterdecke ist allmählich in eine ziemlich breite Spitze ausgezogen etc. etc.

Melolontha vulgaris. Lin. Gemeiner Maikäfer. *Tab. I.,* **14.**

---

*) Wegen etwa nöthig werdender Vorbauungs- und Vertilgungsmaassregeln dieser sowie der nachfolgenden beiden Arten wird auf *Melolontha vulgaris* verwiesen. (Siehe Tab. 1., 14.)
**) Ueber Lebensweise, Vorbauungs- und Vertilgungsmittel: vergl. *Melolontha vulgaris*. (Tab. I., 14.)

28. Der Frass geschieht von Rüsselkäfern; die Fühler sind gekniet, und nahe an den Mundwinkeln eingefügt. *) · ·   29.

— — — — —, Fühler gekniet, in der Mitte des Rüssels, oder näher derselben eingelenkt. · · · · · ·   30·

29. Die Käfer sind braun oder pechbraun, mit rothbraunen oder
weisslichgelben, bindenförmigen, bogigen Zeichnungen und
Punkten auf den Flügeldecken.

Hylobius Abietis oder **Curul pinastri** · *Tab. I., 19 a u. b)*

— — — mit scheckiger weisser oder grauweisser staubartiger
Behaarung und 11 – 12 mm lang. Die Flügeldecken an der
Spitze stumpf abgerundet, vor diesen, an der Verbindungs-
stelle der mittleren Punktstreifen mit einem deutlichen, vorne
dicht weiss behaarten, hinten nackten Höcker, tiefen Punktreihen und mehreren tiefen länglichen Grübchen. Indem
meistens auf der Scheibe der Flügeldecken die staubähnliche
Behaarung theilweise fehlt, werden verschwommene, halb-
bogenförmig nach vorne laufende, schwarze Binden frei-
gelassen, welche indessen auch öfter fehlen. Oberseite des
Rüssels mit erhabener scharfer Längsleiste, welche sich noch
über den vorderen Theil des Halsschildes fortsetzt; dieses am
Hinterrande deutlich zweimal gebuchtet, mit einer Grube
daselbst.

Curculio (*Cleonus*) **turbatus.** Fb. Weisser Kiefern-
Rüsselkäfer.

Der Käfer kommt in den norddeutschen Kiefernrevieren fast ebenso häufig vor wie *Hylobius Abietis*
(*Curculio pini*, Ratzb.) und gemeinschaftlich mit diesem.
Ob er den Culturen schädlich wird, ist noch nicht con-
statirt; nur Klockmann will den Käfer an Kiefern
fressend beobachtet haben. — Die Larve entwickelt
sich in den — meist flach laufenden — Wurzeln der
Kiefernstöcke: „die breiten, flachen, die Wurzeln canne-
lirenden Frassfurchen ziehen sich nicht selten 1—2 m
die Wurzeläste entlang. Weniger weit sich erstreckend
und weniger ausschliesslich die Längsrichtung inne-
haltend, zeigen sich die Frassstellen an den Stöcken
am Wurzelknoten." Professor Altum, Forstzoologie,
Pag. 175.

---

*) Sollte der in Frage stehende kein Rüsselkäfer sein, so vergleiche man
die oben unter Nr. 25 angeführte *Chrysomela pinicola.*

— — haben auf den Flügeldecken keine bindenförmigen
Zeichnungen, sind einfärbig, meist grün- oder grauschuppig
behaart. hinter der Mitte etwas bauchig erweitert. *) · · **23.**

30. Der Käfer ist heller oder dunkler pechbraun, mit lichteren,
gelblichweissen, oder röthlichen, zum Theil bindenförmigen
Zeichnuugen auf Halsschild und Flügeldecken. · · · · · **31.**

— — — einfärbig blau, grünlich- oder schwarzblau; Rüssel
so lang oder etwas länger als das Halsschild, sanft gebogen;
Kopf kaum punktirt. mit einem Grübchen zwischen den
Augen; Halsschild breiter als lang. vorne verengt, äusserst
dicht punktirt, mit glatter Mittellinie; der Vorderrand nicht
aufgeworfen, au den Seiten ohne Zähnchen. Flügeldecken
ziemlich tief gestreift, die Streifen scharf begrenzt, am Grunde
mit tiefen, viereckigen Punkten, die Zwischenräume fein,
lederartig gerunzelt, und mit einer mehr oder weniger
regelmässigen Reihe von kleinen Körnchen, welche, von der
Seite besehen, feine Querrunzeln bilden. Die Schenkel deutlich gezähnt; die Flügeldecken den After freilassend. Länge
5·5—6·5 mm.

Curoulio (*Magdalinus*) **violaoeus.** Lin. B l a u e r
K i e f e r n - R ü s s e l k ä f e r. **)

Der Käfer erscheint schon im Monate Mai, wo
man ihn oft in grosser Menge an den jüngeren Kiefern

---

*) Hierher zu zählen ist auch der, in neuerer Zeit als sehr schädlich be-
kannt gewordene *Curculio* (*Cheorhinus*) *geminatus* F. Der Käfer ist 5—6 mm lang,
schwarz, oben bräunlich, unten und an den Selten weisslich beschuppt; Halsschild
und Flügeldecken sind stark gewölbt, letztere mit feinen, schwarz punktirten
Streifen und die breiten Zwischenräume derselben mit kurzen weissen Borsten
besetzt. Nach Prof. Altum, Forstzoologie, Bd. III, Pag. 166 zieht er die See-
kiefer (*Pinus maritima*) der gemeinen Kiefer vor und befällt vorzüglich einzeln
stehende auf schlechtem, trockenem Sandboden erwachsene Pflanzen. Zuerst greift
er die einjährigen an, verschont aber auch 5—7jährige Pflänzlinge nicht. Der
Frass geschieht sowohl an dem Maitriebe und den Nadeln, als besonders
auch an der Terminalknospe. Gar oft zeigt die Pflanze in Folge der Verletzungen
Rosettenbildung Zur Zeit des grössten Frasses, etwa Mitte Mai bis Ende Mai
findet die Begattung statt. Unter einer Pflanze im Sande finden sich die Individuen
fast ausnahmslos in Paarzahl, gar oft paarweise zusammen. Als Vorbauungsmittel an bedrohten Stellen empfiehlt Prof. Altum Verwendung von älteren Kiefern-
ballenpflanzen, sowie Vollsaat. Das Sammeln der Käfer allein hat zu wenig Erfolg und sollten damit gleichzeitig Fanggräben mit Fanglöchern verbunden werden.
Dieselben sind 3 dm breit und ebenso tief anzulegen, mit senkrechten glatten
Wänden und auf der Sohle dieser Gräben ist alle 10 -20 Schritte ein ebenso tiefes
und breites Fangloch oder Sammelloch auszuheben. Behufs Isolirung befallener
Orte ist die Anwendung von solchen Gräben ohne Frage von bestem Erfolge, da
der Käfer, dem das Flugvermögen gänzlich fehlt, seine Wanderungen nur am
Erdboden auszuführen vermag.

**) Mit dieser Art zusammen, obwohl seltener, kommt noch der ganz
schwarze *Magdalinus carbonarius* F. und der tief schwarzblaue *Magd. phlegmaticus*
Hbst. vor.

antrifft, welche er ähnlich wie *Hylob. Abietis* befrisst.
Die 9ᵐᵐ lange und 3 5ᵐᵐ breite Larve lebt unter
der Rinde, wo sie sich einen sanft geschlängelten, meist
in der Richtung von unten nach oben breiter werdenden Larvengang ausnagt, an dessen breitestem Ende
die Puppenwiege im Spinte eingesenkt ist. Der Kopf
ist klein, mit einem schwarzen Augenpunkte, die drei
ersten Leibesringe stark vortretend, besonders die Fuss-
wülste; das Luftloch des ersten, mit einem Hornplätt-
chen versehenen Ringes deutlich; Behaarung äusserst
sparsam. Puppe 8ᵐᵐ lang. Der Käfer soll übrigens
auch den Fichten mitunter schädlich werden.

31. *a*) Der Käfer ist 6—8ᵐᵐ lang, pechbraun; der Rüssel lang und
ziemlich stark gebogen, rothbraun; auf dem Halsschilde stehen
acht grössere und kleinere. gelblichweiss behaarte Punkte;
auf der hinteren Hälfte der Flügeldecken ist eine gemeinschaftliche, hellere, rostrothe oder gelblichweiss behaarte
Binde, welche im ersteren Falle nur an der Naht und am
Saume der Flügeldecken eine weissliche Färbung annimmt.
Vor dieser, nahe an der Basis der Flügeldecken, befindet sich
noch eine abgekürzte, in Form eines Fleckes erscheinende
Bindenzeichnung, welche stets, wie das Schildchen und die
Unterseite gelblichgrau behaart ist. Der Hinterrand des Halsschildes ist ziemlich stark gebuchtet, mit spitzig vortreten-
den Hinterecken; die Mittellinie auf demselben deutlich
erhaben.

Curculio (*Pissodes*) **notatus.** Hb. Weisspunktiger
Kiefern-Rüsselkäfer.

Der Frass dieses Insektes oder die Beschädigungen
welche es an den jungen 4—8jährigen Pflanzen und
an 15—30jährigen Stangenhölzern verursacht, sind
doppelter Natur, und zerfallen in jene des Käfers
selbst und in solche durch die Larven hervorgerufene.
Die ersteren beschränken sich auf die saftige Rinde
der jungen Triebe. erscheinen in Form grober Nadelstiche und sind im ganzen weniger erheblich; tödtlich
wird in der Regel nur der Larvenfrass. — Der Käfer
überwintert und legt im Mai seine Eier an die
unteren Stammpartien, am liebsten unterhalb des ersten
Quirls 6—12jähriger lebender Pflanzen. Die Larvengänge sind leicht geschlängelt, gewöhnlich in der
Richtung von oben nach unten gehend, sich allmählig
bis zu 5ᵐᵐ Breite erweiternd; hier endigen sie (in der
Nähe des Wurzelstockes) in eine 11ᵐᵐ lange, nach der
Rindenseite mit Holzspänen ausgepolsterte Puppenwiege, welche öfter, wenn die Rinde schwach ist, tief

6*

in Splint und Holz eingesenkt erscheint. — Im August
und September erscheint der Käfer. — Wenn der Frass
von *Notatus*-Larven nicht den ganzen Stamm um-
giebt, sondern eine Seite verschont, dann zeigt die befallene, welk oder gelb gewordene, oder schon gar
getödtete Pflanze unten wohl noch einen oder anderen
grünen Zweig. Wo sich diese Erscheinung auf unseren
Kieferculturen zeigt, da ist sie ein sicheres Zeichen für
Notatus-Frass. Von Engerlingen oder dem Wurzel-
pilze (*Agaricus melleus*) leidende Pflanzen kümmern
oder sterben an allen Theilen gleichmässig
ab. (Altum, Forstzoologie, Bd. III, Pag. 194.)
    Seiner forstlichen Bedeutung nach gehört
er zu den gefährlichsten Feinden der Kiefer.
    Vorbeugung und Vertilgung ist in der
Hauptsache nach wie bei *Curculio Abietis (Tab. I, 19 a)*,
nur ist in letzterer Hinsicht noch das Heraushauen
oder Ausziehen der mit Brut besetzten Stangen
und Pflanzen zu empfehlen, welche sich durch Gelb-
werden der Nadeln kenntlich machen. Gewöhnlich wird
man dies Geschäft in den Monaten Juni und Juli vornehmen können. Erwähnenswerth sind noch die s. g.
Fangstangen: 10—12jährige Kiefernstangen werden
der stärksten Aeste beraubt, in die Erde (unter die
Kiefernschonung vertheilt) eingesteckt, und zur oben
angegebenen Zeit untersucht.

b) Der Käfer ist gewöhnlich etwas grösser als *Curc. notatus*,
gedrungener, und zeichnet sich vor allem durch die §-förmige
Zeichnung auf dem Halsschilde zwischen den vier Mittel-
punkten aus.

Curculio (*Pissodes*) **Pini.** Lin. (*Abietis* Rtzb.) Kleiner
brauner Kiefern-Rüsselkäfer. (Vergl. *Tab. I, 19 c*).

c) — — 4·5 ᵐᵐ lang, heller oder dunkler rostbraun, mit
weisslichen Schüppchen bestreut; mehrere in einer Querreihe
stehende Punkte auf dem Halsschilde und das Schildchen
dicht weiss oder gelblichweiss beschuppt; hinter der Mitte
der Flügeldecken je eine grosse rostgelbliche Makel
zwischen Naht und Aussenrand der Decken und in ziemlich
gleichen Abständen von beiden.

Curculio (*Pissodes*) **piniphilus.** Illbst. Kiefern-
stangen-Rüsselkäfer. ·

    Der Käfer entwickelt sich in den Kronen 30- bis
60jähriger, seltener 20—30jähriger oder jüngerer Kiefern
u. zw. an der unteren Wipfelhälfte — Ende Juni und
Anfangs Juli erscheint der Käfer und setzt seine Brut

ab. Die Larvengänge sind kurz, etwa 2 cm lang. geschlängelt. Die kleinen Larven werden erst im Baste deutlich bemerklich, gehen wenige Millimeter weit innerhalb desselben und kommen dann auf der Innenseite zum Vorschein. Hier zwischen Rinde und Splint schlängeln sich diese dunklen Gänge, bleiben jedoch nicht stets in der Mantelebene. Stark besetzte Stangen sehen an dieser Stelle wie marmorirt aus. — Die Puppenwiege greift tief in den Splint ein; die Nagespäne des Polsters sind fein, fast pulverig. — Generation einfach, von Juli bis Juli.

Nach den bis jetzt vorliegenden Erfahrungen scheint der Käfer zwar mit Vorliebe solche durch Raupenfrass zum Kränkeln gebrachte Stangenorte zu befallen, doch sind auch jüngere, kaum 20jährige, ganz gesunde, frohwüchsige Bestände durch ihn getödtet worden. Jedenfalls kann uns dieses Insekt nicht gleichgiltig lassen und muss seiner weiteren Ausbreitung dort, wo es vorkommt, was an dem Röthen oder Gilben der Nadeln schon während des Winters und Frühjahres erkannt wird, durch Heraushauen der besetzten Stangen und Verbrennen der Brut entgegen getreten werden. Auch das Fangen der Käfer mittelst frischer harziger Kloben zur Zeit des Schwärmens dürfte zu versuchen sein. (Prof. Dr. Altum.)

32. Das Benagen der Wurzeln geschieht von einem vollkommenen Insekte. · **33.**

— — — — — von Larven*) oder Raupen; oder in den Saatschulen findet man die Keimpflanzen dicht an der Erde oder etwas tiefer partienweise abgebissen und roth werden *Tab. I,*   **21.**

33. *a)* Das Insekt ist eine Grylle, wird bis 45 mm lang, geflügelt, mit starken handförmigen Grabbeinen etc.

Gryllus Gryllotalpa. Lin. · · · · · · · · · *Tab. I,* 21 *b.*

b) — — — ein Käfer, 9—13 mm lang, der Kopf ist zu einem deutlichen, langen Rüssel ausgebildet; Farbe pechschwarz oder pechbraun mit rostbraun behaarten Flecken und Bindenzeichnungen etc.

Curculio (*Hylobius*) **Abietis.** Lin. · · · · · *Tab. I,* 19 *a.*

---

*) In diese Gruppe gehört auch die Larve des *Melolontha fullo*; sie ist jener des gemeinen Maikäfers äusserst ähnlich, jedoch grösser und stärker und am letzten Füsspaare fehlen die Klauen. — Nach den neueren Beobachtungen gehört diese Larve dort, wo sie in grösserer Menge auftritt, ohne Zweifel zu den empfindlich schädlichen, und sind durch sie schon ganze Culturflächen, besonders Heisterpflanzungen zerstört worden. Ihr Frass ist (Prof. Dr. Altum) unrein und faserig und unterscheidet sich hierdurch von jenem der Wühlmäuse; manche Stämmchen zeigen sich am Wurzelknoten geradezu durchnagt.

c) — — — — Käfer von 2·8—4·6 ᵐᵐ Länge, mit braunen,
schwarzbraunen oder schwarzen Decken; die Fühler geknopft,
Beine sehr kurz, der Kopf vorgestreckt nur schwach verlängert,
Halsschild nach vorne verschmälert. Erstes Fussglied viel länger
als die drei folgenden zusammen. Hinterleib nicht schief aufsteigend.

Hylesinus. Bastkäfer.

Es sind drei Arten welche mit Rücksicht auf ihre
gleiche Lebensweise etc. hier zusammengefasst werden
können: 1. *Hylesinus* (*Hylastes*) *angustatus*, Hbst.
2. *Hyl. ater*, Pk. 3. *Hylastes opacus*, Er. — Keiner
von ihnen belegt stehende, lebende Bäume mit der
Brut; ohne Ausnahme *) wählen sie hierzu die Stöcke
und Wurzeln der jüngsten und vorjährigen Schläge.
Ihre Schwärmzeit fällt in die ersten warmen Früh-
lingstage und ändert sich natürlich nach den lokalen
Verhältnissen. Sie legen undeutliche Lothgänge an und
setzen da ihre Brut ab. Diese entwickelt sich, im Vergleiche zu jener der Borkenkäfer, sehr langsam, und
kann wohl die zweijährige Generation als Norm gelten,
obschon in dieser Richtung noch einige Erscheinungen
der Aufklärung bedürfen. — Die Entwicklung gedeiht
im Verlaufe des Sommers und Herbstes nur noch bis
zur Larve; das Insekt überwintert als solche das
erste Mal, verpuppt sich im Frühlinge des darauf-
folgenden und erscheint im Juli des zweiten Jahres
als Käfer, um sofort, und zwar kriechend in die
Culturen einzuwandern und seinen eigentlichen Frass
an den Wurzelstöcken und Wurzeln der jungen Pflanzen
zu beginnen Dieser hält bis in den Spätherbst an;
als Käfer überwintert das Insekt das zweite
Mal und zwar an Stöcken unter Moos etc., wohl auch
unter der Erde an den Wurzeln der von ihm befressenen jungen Pflanzen, schwärmt im nächsten
Frühjahre und stirbt nach erfolgter Begattung und
Eierablage. Da die Käfer, wie schon bemerkt, von
ihren Geburtsstätten kriechend in die angrenzenden
Culturflächen einwandern, so finden die Isolirungs- und
Fanggräben, wie sie gegen *Hylobius Abietis*
empfohlen worden sind, auch hier ihre vorzügliche Anwendung. — Die bereits befallenen Pflanzen sind aber
mit dem Spaten tief auszuheben und zu verbrennen.

1. *Hylastes angustatus*, Hbst.; schmaler
Kiefern-Bastkäfer. Er ist 3 ᵐᵐ lang, schmal gestreckt. Das Halsschild mit einer feinen, deutlich erhabenen, den Vorderrand beinahe erreichenden glänzend
glatten Mittellinie; der Rüssel gewöhnlich mit einer

---

*) Die von mir im Jahre 1860 in Ungarn gemachte Beobachtung (Leit-
faden, I. Aufl., Pag. 80) lässt sich nur damit erklären, dass dem Käfer vielleicht
jedes geeignete Brutmateriale mangelte.

vertieften seichten Mittellinie, welche oberhalb desselben in eine stets vorhandene kleine glatte Grube
endet. Käfer glanzlos, heller oder dunkler braun;
Füsse und Fühler rostfarbig Der Frass zeigt sich
in doppelter Art: jener am Stämmchen selbst verbreitet
sich höchstens bis 5 cm hoch über die Erdoberfläche
und zeigt sich in der Rinde ganz in der Art von Stichwunden wie sie *Curculio notatus* hervorbringt; auch
bemerkt man wohl hie und da Frassstellen von grösserer
Dimension, oder undeutliche, spiralig angelegte, lothrechte Muttergänge, welche nach dem Wurzelstocke
führen. Das Räupchen sieht an dieser Stelle, von den
vielen hervorgequollenen Harztröpfchen überzogen,
grindig aus und kann durch seine röthliche, welke Benadelung, sowie durch gänzliches Zurückbleiben oder
sehr spindelige Form der Maitriebe schon aus der
Ferne erkannt werden. Auffallender und stärker noch
zeigen sich die Verletzungen am Wurzelstocke und an
den Wurzeln. Hier findet man nicht selten tief in das
Holz eingreifende mit 1—2 Luftlöchern versehene
Lothgänge, während an den schwächeren Wurzelsträngen oft kaum mehr als die ganz dünne Rinde
übrig bleibt.

2. *Hylastes ater*, Pk. Schwarzer Kiefern-
Bastkäfer. Er ist 4·6 mm lang; Rüssel an der Spitze
eingedrückt, mit zwei grossen deutlichen Gruben und
einer kleinen erhabenen Mittellinie zwischen denselben,
welche sich bis zur Stirne fortsetzt; Halsschild viel
länger als breit mit beinahe geraden Seitenrändern,
die Oberseite dicht punktirt, auf der hinteren Hälfte
mit glatter Mittellinie; Käfer schwarz, Fühler und
Füsse rothbraun; junge Käfer ganz rothbraun.

Der Frass beschränkt sich bei dieser Art vor-
herrschend auf die nächstgelegenen Partien vom
Wurzelknoten auf- und abwärts, concentrirt sich vor
Allem auf diesen selbst, greift tief ein, und zeigt in
Folge des starken Harzzuflusses ein grindiges Aus-
sehen.

3. *Hylastes opacus*, Er. Mattschwarzer
Kiefern-Bastkäfer. Er ist der kleinste von den
drei Arten, nur 2·8 mm lang; Rüssel ohne Grübchen an
der Spitze, auch fehlt die kielförmig erhabene Mittellinie; Käfer länglich, schwarz oder pechbraun, glanzlos,
Beine heller, Halschild etwas länger als breit, sehr
dicht und runzelig punktirt, hinten mit einer kurzen
erhabenen Linie; die Flügeldecken mit abwechselnden
Reihen von Punkten und feinen Börstchen. Bei dieser
Art beschränkt sich der Frass fast ausschliesslich auf
die unterirdischen Pflanzentheile, vom Wurzelknoten
bis auf 5—10 cm abwärts, scheint jedoch die ganz
feinen Wurzeln unberührt zu lassen.

36. *a*) Eine Knospe, gewöhnlich die mittlere Endknospe des Längentriebes oder seltener des Quirles findet man zu Ende des Sommers und im Winter schon ganz ausgefressen; sie ändert ihre Farbe, wird schwarzgrau, bleibt ganz und gar in ihrem Wachsthume zurück und stirbt endlich ab, so dass sie schon Anfangs Mai gänzlich von den Seitentrieben überwachsen ist. Vorzüglich an 6—14jährigen, meist gut wüchsigen Beständen. Uebrigens auch an der Krummholzkiefer des Hochgebirges.

Tortrix (*Coccyx*) **turionana.** Lin. Kiefern-Knospen-
Wickler.

Die Flügelspannung des **Falters** beträgt 19ᵐᵐ, Länge 8ᵐᵐ; die Grundfarbe der Vorderflügel ist rothbraun, mit bräunlichgrauem Fransensaume; die der Hinterflügel lichtgrau, einfärbig, die Fransen heller. Die Vorderflügel sind mit blaugrauen, silberartig glänzenden Querbinden durchzogen, von denen besonders die beiden ersten am Basalrande stets durchgehend, einander stark genähert, und parallel laufend sind, und so nur einen schmalen Streifen der Grundfarbe zwischen sich einschliessen. Die schon näher dem Aussenrande befindlichen Binden sind meist unterbrochen, z. Th. abgekürzt, übrigens schöner und heller; ein, von einer grauen bogigen Binde gewöhnlich ganz abgegrenzter Augenfleck an der Spitze der Flügel stets vorhanden. Wurzel der Fühler, der Kopf und vordere Theil des Halsschildes rothbraun. Der kleine Schmetterling **schwärmt** schon im Mai und legt seine **Eier** einzeln auf die eben entstehenden Spitzknospen junger Kiefern und Krummholzkiefern. Das kleine Räupchen dringt während des Sommers bis auf die Markröhre des wachsenden Triebes ein, und frisst noch vor Winter die bewohnte Knospe aus. Hat die **Raupe** ihre vollkommene Grösse erreicht, so ist sie gegen 11ᵐᵐ lang. Die **Verpuppung** erfolgt gegen Ende April oder Anfang Mai und zwar in der Art, dass die, bis 9ᵐᵐ lange **Puppe** in der Regel mit dem Kopftheile abwärts gerichtet ist. Ein **Begegnungs-**

mittel möchte sein das Ausbrechen der befallenen Knospen gegen Ende des April, wo schon die todten Knospen sich leicht von den gesunden durch ihre geringere Grösse und ihre dunklere Farbe unterscheiden lassen.

b) Der noch ganz zarte Maitrieb wird von oben herein völlig ausgefressen; die in der Entwicklung begriffenen, noch ganz kurzen Nadeln bekommen ein kränkliches Aussehen, haften nur noch ganz lose an den Nadelscheiden; der Trieb welkt von oben herein, soweit er angefressen ist, und fällt später ganz ab. Auf diese Weise beschädigt eine einzige Raupe oft mehrere Triebe.

Tortrix (*Coccyx*) **duplana.** IIb. Kiefern-Quirl-Wickler.

Der Falter hat 15 mm Flügelspannung und ist 7 mm lang. Er hat im Ganzen mit dem Kiefern-Knospen-Wickler, *T. turionana*, viele Aehnlichkeit. Auch bei ihm ist die Farbe der Flügel aus einem Blaugrau und Braun gemischt, das erstere durchzieht letzteres in Form von fein gerieselten Binden, von denen drei durchgehen und eine abgebrochen ist. An der Basalhälfte sind die mit diesen Binden abwechselnden nur schwach braunlich, am Ende der Spitzenhälfte wird aber diese Farbe ein schönes bläuliches Rothbraun (dunkel Goldlakroth), welches beiderseits von einem in's Graue verlaufenden Längswisch mehr oder weniger verwaschen erscheint. Der Fransensaum blaugrau. Hinterflügel beim Weibchen fast ganz grau, beim Männchen gegen die Basis heller mit weissgrauem Fransensaume. Unterseite grau, an den Vorderflügeln dunkler, an den Hinterflügeln, besonders gegen die Basis heller, am Vorderrande der Vorderflügel fein hell gestrichelt. Halsschild grau und nur der Kopf rothbraun. Die Puppe 7 mm lang, ziemlich gedrungen, besonders ausgezeichnet durch lange Flügelscheiden, einen starken Stirnfortsatz und sehr lange Hackenborsten am stark gedornten Afterring. Der Schmetterling fliegt im April; Ende Juni oder Anfangs Juli erfolgt die Verpuppung u. z. innerhalb der Frassstelle und die Puppenruhe dauert 9 Monate.

c) Der Frass geschieht hauptsächlich an 6—12jährigen (mit wenig Ausnahmen), auf schlechtem Standorte und in sonniger Lage erwachsenen, jungen Kiefernbeständen und nur in seltenen Fällen an Stangen, die älter als 30jährig sind. Der eigentliche Frass des in der Knospe überwinternden Räupchens

beginnt erst im Frühjahre, indem es die markige Substanz
der Knospen und des, während des Frasses aus diesen sich
entwickelnden Triebes verzehrt. Dadurch wird der junge Trieb
in seiner normalen Ausbildung gehindert, und nimmt, ohne
jedoch in der Regel abzusterben, eigenthümliche Windungen
und Biegungen an — s. g. Posthörner —, die sich aber
später wieder verwachsen. An manchen Stämmen sind die
Spuren übrigens noch bemerkbar, wenn sie schon eine Stärke
von 14—17 cm erlangt haben.

Tortrix (*Coccyx*) Buoliana. Fbr. Kiefern-Trieb-Wickler.

Die Raupe wird bis 14 mm lang, ist kahl, schmutzig-
braun, der Kopf schwarz; sechzehnfüssig und sehr lebhaft. Sie ist gegen Ende Mai ausgewachsen, verpuppt
sich im Juni, und Anfangs Juli erscheint der kleine
Falter. Dieser hat viel Aehnlichkeit mit *Tort. turionana*, ist jedoch etwas grösser (10 mm lang und bis
22 mm Flügelspannung) und auch im Ganzen von helleren
Farben. Die Vorderflügel sind schmal, gelbroth, hie
und da rothgelb; die Hinterflügel grau; beide mit
graulich weissem Fransensaume, und Seidenschimmer.
Die Zeichnungen der Vorderflügel bestehen aus weissen,
in der Mitte bläulichen Querbinden, welche sich am
Vorderrande häufig in eine y-förmige Gabel theilen.
Eine Binde auf der äusseren Hälfte der Flügel (gewöhnlich die zweite, durchgehende) umschliesst, indem
sie sich in zwei, sich gleich darauf wieder vereinigende
Arme theilt, einen Augenpunkt der Grundfarbe. Vorderleib und Kopf gelbroth, letzterer etwas heller. Unterseite der Flügel dunkelgrau, am Vorderrande der
Vorderflügel weiss und roth gefleckt.
Die Flugzeit des Falters fällt in die Zeit von
Ende Juni bis Ende Juli, und das Weibchen legt seine
Eier einzeln zwischen die Wipfelknospen, aus welchen
gegen Ende August die Raupe ausschlüpft. Nachdem
das kleine Räupchen noch im Verlaufe des Herbstes
die Knospen benagt und zum theilweisen Verharzen
gebracht hat, überwintert es daselbst und setzt
im Frühjahre seinen Frass in der oben geschilderten
Weise fort. Ende Mai erfolgt die Verpuppung innerhalb der Frassstelle, und dauert die Puppenruhe
vier Wochen.
Behufs der Vertilgung: Entfernung der, mit
der Raupe besetzten Triebe, und zwar am vortheil-
haftesten im Monate Mai, wo die jungen Triebe schon
eine ziemliche Länge erreicht haben, die kranken aber
dann schon leicht an ihren seltsamen Formen erkannt
werden können.

d) Unterhalb des Knospenquirles der eben erst hervorgebrochenen Triebe, bemerkt man (gewöhnlich im Monate Juni schon) einen Harztropfen von der Grösse einer starken Erbse. Im nächsten Frühjahre nimmt diese Galle durch neuen Harzzufluss zu und erreicht oft die Grösse einer Wallnuss; sie umschliesst den befallenen, unten beulig aufgetriebenen Trieb, wenn nicht ganz, so doch zu $\frac{2}{3}$ Theilen seines Umfanges. *)

Tortrix (*Retina*) **resinella.** Lin. (*resinana* Rtzb.)
Kiefern-Harzgallen-Wickler.

Das Räupchen ist über 11ᵐᵐ lang, gelblich rothbraun, an der Basis des achten Ringes mit einem grossen dunkel durchschimmernden Flecken; die Luftlöcher gross, von einem schwarzbraunen Ringe umgeben. In der oben angedeuteten Harzgalle verpuppt sich die Raupe u. z. im April oder Mai des dritten Frühjahres oder auch noch im vorhergehenden Herbste. Die Puppe bis 9ᵐᵐ lang, ziemlich gedrungen mit etwas gehöhlter Stirn. Im Monate Mai des dritten Kalenderjahres erscheint der **Schmetterling.** Seine Flugweite beträgt 18ᵐᵐ, seine Länge bis 9ᵐᵐ. Flügel ziemlich breit, Schultern wenig vorstehend; Fühler lang und dünn, an der Basis dick. Der Kopf, Rumpf und die Vorderflügel haben ein etwas kupfrig glänzendes Braunschwarz zur Grundfarbe, welches auf den Vorderflügeln von silbergrauen, in der Mitte mit feinen schwarzen Linien durchsetzten Bindenstreifen durchzogen ist. An der Spitzenhälfte machen sich gewöhnlich drei grössere, braunschwarze Flecken bemerklich, sind aber auch nicht selten durch hellere Bindenstreifen getheilt. Fransensaum schwärzlich grau. Hinterflügel dunkel braungran mit hellgrauem Fransensaume. Unterseite dunkel braungrau, an den hie und da dunkler gefleckten Hinterflügeln heller. Auf dem dunklen Grunde der Vorderflügel die Anfänge der silbergrauen Binden durchschimmernd. Der weibliche Falter setzt seine Brut nahe unter die Knospenquirle der eben hervorgebrochenen Triebe und hier frisst sich das Räupchen später ein.

---

*) Unter dieser Gruppe der **Beulen**- oder **Gallen-Wickler** wären noch jene an der *Pinus pumilio* (Legföhre des Hochgebirges) von mir gefundenen zwei Arten anzuführen; doch haben sie zu wenig forstliche Bedeutung und behalte ich mir die Besprechung derselben für eine andere Gelegenheit vor. An dieser Stelle sei nur des, dem **Kiefern-Harzgallen-Wickler** bezüglich seiner Lebensweise vollkommen gleichenden **Kiefern-Beulen-Wicklers** *Tortrix (Grapholitha) cosmophorana* Fbr. erwähnt. — Die Harzgallen sind aber einseitig am Triebe, beschränken sich also nur auf eine Hälfte desselben, sind auch in der Regel etwas kleiner. Der **Falter** ist nur 6ᵐᵐ lang, Flügelspannung 8ᵐᵐ. Er ist metallisch broncebraun; zwei schneeweisse Bindenstreifen in der Mitte der Vorderflügel und hinter dieser, am Vorderrande vier weisse Flecken. Raupe grünlichgelb, Kopf- und Halsschild hellbraunroth.

Uebrigens ist der, von diesem Insekte angerichtete
Schade von geringer Bedeutung.

37. *a*) Der Frass geschieht von einem kleinen, walzigen Käferchen.
Meist schon im April bemerkt man die vorjährigen Kronen-
triebe, sowie die der Seitenzweige unterhalb der Knospenquirle, 2—10 mm davon entfernt, angebohrt. Die Bohrlöcher
erscheinen wie mit starkem Vogeldunst geschossen, und sind
mit einem Walle ausgeflossenen Harzes umgeben. Der Käfer
frisst, indem er im Triebe aufwärts steigt, die Markröhre bis
unter die Knospen aus, oft auch diese selbst, und verlässt
durch die Eingangsöffnung, indem er sich wieder rückwärts
begibt, den Trieb; selten frisst er sich seitwärts durch die
Knospen, oder unter denselben wieder heraus. *) Oft auch
steigt er nur eine kurze Strecke aufwärts, kehrt dann um,
und setzt seinen Frass nach unten zu fort. Die schwächeren
Triebe der Aestchen brechen in der Regel an der Stelle des
Bohrloches und fallen häufig mit dem noch darin sitzenden
Käfer ab; sind sie jedoch stärker, wie dies in der Regel bei
den kräftigeren Kronentrieben der Fall ist, so verwächst der
Frass zwar, die beschädigten Theile sind aber sofort an ihrem
buschichtem Aeusseren zu erkennen. Hauptsächlich bemerkt
man den Frass an Stangenhölzern, jedoch auch an älteren
Beständen, selten aber geht der Käfer jüngere, als zehn-
jährige Orte an. Der Frass hat viel Aehnlichkeit mit dem der
Tort. Buoliana, unterscheidet sich jedoch bestimmt von
diesem durch die kothlose Röhre, welche der Käfer
zurück lässt.

Hylesinus (*Dendroctomus*) **piniperda.** Lin. Kiefern-
Markkäfer; Waldgärtner.

Der Käfer ist walzig, gewöhnlich schwarz, die
Flügeldecken braun, Fühler und Füsse rostroth,
öfters der ganze Käfer braun oder gelbbraun. Der
Kopf zerstreut punktirt mit einer erhabenen Mittellinie auf dem Vordertheile der Stirne; Halsschild
mässig nach vorne verengt, an der Basis breiter als
lang, zerstreut punktirt, mit glatter Mittellinie; Flügeldecken etwas breiter als das Halsschild, doppelt so
lang als breit, sehr fein gestreift punktirt, die Zwischenräume etwas gerunzelt, und jeder mit einer Reihe
kleiner Höckerchen; der zweite Zwischenraum auf der

---

*) In ganz ähnlicher Weise beschädigt auch *Hylesinus minor* Htg. die
Triebe, daher vergleiche man die Beschreibung dieses Käfers Nr. 42.

abschüssigen Stelle glatt, scheinbar furchenartig vertieft; Länge 5 mm.

In den ersten Frühlingstagen schon, sowie die
Witterung beständiger wird, sieht man den Käfer
schwärmen und sein Begattungsgeschäft vollziehen. Im
Monate Mai legt das Weibchen seine Eier ab, und
wählt dazu vorzüglich frisches. liegendes Holz von
Windbrüchen, Klafterholz etc., etc., doch muss dieses
Brutmateriale bereits die Harzsäfte eingezogen haben
und dickborkig sein, da die Puppenwiege in die Rindenschichte eingesenkt wird. Fehlt es an solchem liegendem Holze, so befällt der Käfer auch wohl stehende
Stämme, ist aber bei Auswahl derselben sehr rigoros:
weder gesunde noch todte Bäume kann er brauchen.
und sind es meistens solche, welche durch vorher-
gegangene Beschädigungen, sei es durch Raupenfrass
etc. in einen krankhaften Zustand versetzt worden sind.
Solche Stämme erkennt man sofort durch die massenhaft vorhandenen weissen Harztrichter. Der Muttergang. den das Käferpaar anlegt, ist ein Lothgang,
meist ganz gerade, aber stets mit einer kurzen
Krümmung beginnend, selten über 8 cm lang, und
bis vier Luftlöcher zeigend. Die Larvengänge sind
zahlreich. gedrängt, öfters bis 8 cm lang und darüber,
durchkreuzen sich oft, oder bilden Widergänge und
sind auf der Splintfläche nur schwach sichtbar;
Rammelkammer fehlt (wegen der, im Freien erfolgenden Begattung).

Gewöhnlich im Juli, seltener im August, ist die
Brut fertig und bohrt sich heraus in's Freie, um sich
auf oben beschriebene Weise in die Triebe zu begeben.
Nur wenige überwintern in diesen am Stamme,
die meisten werden theils mit den, vom Winde ab-
gebrochenen Zweigen auf die Erde geworfen, oder verlassen früher ihren Aufenthalt, um sich mehr oder
weniger tief an den Wurzeln einzubohren, und so
den Winter zu verbringen, ohne aber dadurch zu
schaden.

Ihre schädliche Wirksamkeit besteht mithin
einestheils darin, dass sie Kiefernjungwüchse, Stangenorte und ältere Bestände verunstalten und verkrüppeln;
andrerseits dass sie durch das Anbohren die schon mit
kleinen Zapfen oder Blüthen versehenen Aeste zum Absterben bringen, und so entschieden nachtheilig auf die
natürliche Verjüngung, oder auf die Samengewinnung
einwirken.

Ohne Frage aber gehört dieser Käfer zu den schädlichsten Kiefern-Insekten. Durch seinen Frass
in den Kronen verunstaltet und verkrüppelt er die
frohwüchsigsten Kiefernjungwüchse und Stangenorte
und bringt sie, sowie ältere Bestände im Zuwachs bedeutend zurück; das Samenerträgniss wird auf's

Empfindlichste geschmälert, und solche Bestände welche
bereits durch vorausgegangenen Raupenfrass etc. ge-
schwächt worden sind, bringt er zum gänzlichen Absterben, während sich gar manche ohne sein Dazwischen-
kommen noch vollkommen erholen würden.

Das wirksamste Gegenmittel wird die Fern-
haltung respective Entfernung alles tauglichen Brutmateriales sein; dies soll noch vor der Schwärmzeit
des Käfers geschehen und etwa bis Ende März beendet
sein — Wo das nicht möglich, muss derartiges Holz
die Stelle der Fangbäume vertreten, und, wenn es mit
Brut besetzt ist, entrindet werden, also noch vor Anfang Juni. Doch macht sich bei diesem Käfer das
Verbrennen der Rinde unumgänglich nöthig, da die
Brut zum grössten Theil in der Rinden- oder Bastschichte sich entwickelt, und die Puppenwiegen ganz
in den Rindenkörper eingesenkt werden. Fangbäume sind im Verlaufe des Jänner und Februar zu
werfen.

b) — — — von einer kleinen sechsfüssigen Larve, welche in
ganz ähnlicher Weise die Markröhre der Kieferntriebe ausfrisst wie *Hyles. piniperda.*

Anobium nigrinum. Er. Schwärzlicher Nagekäfer.

Der Käfer ist 4 ᵐᵐ lang, sehr fein behaart, pechschwarz, Körper lang, walzenförmig; der Kopf in das
kurze, kaputzenförmige, hinten abgerundete Halsschild
zurückgezogen; dieses vorne verengt mit kurzer, vertiefter Mittellinie, ohne Erhabenheiten und mit abgerundeten Winkeln Flügeldecken dicht und verworren
punktirt, pechbraun, Fühler und Beine fast immer
pechschwarz, mit helleren Füssen; manchmal die Fühler
und Schienen gelbbraun. — Der Käfer scheint in der
Regel eine zweijährige Generation zu haben. Er gehört
jedenfalls zu den schädlicheren Insekten in Folge der
von ihm herbeigeführten schnellen Vernichtung des
Kronenastes.

38. *a)* Der Frass geschieht von einer Larve; sie ist 10—11 ᵐᵐ lang,
gelblich weiss, flachgedrückt; der Kopf sehr klein, beinahe
ganz im ersten Leibesringe versteckt; dieser ausserordentlich
gross, die folgenden dagegen auffallend klein, so dass sie wie
der Stiel an einer Scheibe erscheinen; letzter Ring ohne
Afterzange. Sie fressen zwischen Bast und Splint einen 5 bis
8 ᶜᵐ langen, geschlängelten, sich allmählich erweiternden
scharfrandigen, mit Wurmmehl angestopften Gang, der sich
am Ende in das Holz einsenkt, und beim senkrechten Durch-

schneiden eine schmal ovale Oeffnung zeigt, deren langer und
kurzer Durchmesser sich verhalten wie 3 : 1. Hauptsächlich
an Kieferapflanzen und jüngeren Stangenorten, ihr kränkliches
Aussehen verräth sie.

Buprestis (*Anthaxia*) **quadripunctata**. Lin. Vier-
punktiger-Kiefern-Prachtkäfer.

Der Käfer ist 6 mm lang, plattgedrückt, breit,
schwarz mit einem Strich in's Grüne, kupferig schillernd.
Halsschild mit vier, in eine Querreihe gestellten Grübchen; Flügeldecken unregelmässig runzelig punktirt. *)
Fangstangen wären zu seiner Vertilgung zu
versuchen. Entfernen der mit Brut besetzten Stangen
oder Pflanzen im Monate Mai, da der Käfer im Juni
und Juli schwärmt.

b) Der Frass geschieht von einer Larve; sie ist bis 9 mm lang,
nach rückwärts und vorne zugespitzt etc. etc., kommt gewöhnlich mit *Buprestis quadripunctata* zusammen vor, und
ihre Gänge zeigen beim senkrechten Durchschneiden eine
kreisrunde Form.

Curculio (*Magdalinus*) **violaceus**. Lin. . . . . . . 30.

c) — — — in Form von flachen, scharfrandigen, sehr stark
geschlängelten Gängen, mit ihrer ganzen Tiefe in den Splint
eingesenkt und in der Regel mit einem querelliptischen in's
Holz gehenden Bohrloche endigend; die Durchmesser verhalten sich nahezu wie 2 : 1·5.

Cerambyx (*Pogonocherus*) **fascicularis**. Pz. Kleiner
Kiefern-Bockkäfer.

Der Käfer ist nur 5 mm lang, Fühler 11gliedrig.
borstenförmig, lang behaart, so lang als der Körper; ihr
viertes Glied so lang als das dritte und doppelt so lang
als das fünfte. Halsschild an den Seiten mit einem
spitzen Dorne; Flügeldecken viel breiter als das Halsschild mit stark vorragenden Schultern, an der Spitze
abgestutzt, nicht zahnförmig erweitert; etwa um die
Hälfte länger als breit, nach rückwärts etwas verengt;
die Scheibe mit erhabenen Linien, gegen die Spitze mit
schwarzen Höckerchen besetzt und mit einer breiten,
weiss behaarten Binde hinter der Wurzel. Sonst der
Käfer braun mit brauner und graulicher Behaarung.

---

*) An und in Kiefern (älteren Stämmen) kommen hauptsächlich noch zwei
Arten vor, welche aber wohl ganz unschädlich sein dürften: *Buprestis mariana*, Lin.
und *Bupr. flavomaculata*, F. (Vergl. Abth. II, Nr. 51 Anmerkung.)

Nach Prof. Altum (Forstzoologie, III. Bd., Pag. 306)
befällt dieser Käfer nicht nur die schwächeren Zweige
älterer Stämme und bringt diese zum Absterben und
Abfallen, sondern er bezieht auch Kiefernstangenorte
und befällt die einzelnen jungen Stämme an den Spitzen;
gegen den Herbst werden die Nadeln der befallenen
Theile braun und fallen später als dürres Reissig ab.
· — Die eigentliche Schwärmzeit des Käfers soll in die
Monate Juni und Juli fallen; sowohl Larven als Käfer
scheinen zu überwintern.

39. — — — von Käfern und ihren Larven gemeinschaftlich.

Erstere fertigen einen deutlichen, breiteren, ein-, zwei- oder
mehrarmigen Muttergang an, und nachdem sie ihre Eier zu
beiden Seiten desselben abgesetzt, fressen die sich entwickelnden Larven ihre seitlich abgehenden, sich allmählich
erweiternden, geschlängelten (Larven-) Gänge · · · · · · ·   **40.**

— — — nur von Larven oder Raupen; der Muttergang
fehlt, und man bemerkt entweder nur eine unter der Rinde
ausgefressene, hie und da sich öfters gangförmig erweiternde
Stelle, oder einen geschlängelten, sich allmählich erweiternden Larvengang, an dessen Ende die Puppenwiege sich befindet oder in den Holzkörper einsenkt · · · · · · · · ·   **44.**

40. Die Muttergänge sind Sterngänge*) · · · · · · · · · · ·   **41.**

— — — Wagegänge **) · · · · · · · · · · · · · ·   **42.**

— — — Lothgänge · · · · · · · · · · · · · ·   **43.**

41. *a*) Der Sterngang ist in der Regel drei-, nur selten vierarmig,
fast ganz in den Splint eingesenkt; die Arme werden bis
gegen 10 cm lang, sind stark geschlängelt, der eine gewöhnlich die Richtung nach oben nehmend, während die beiden
anderen nach unten laufen; Rammelkammer sehr gross.
Larvengänge sehr einzeln und fein, kurz und mässig geschlängelt. Unter der Rinde von Kiefernpflanzen, an Stangenhölzern und Kiefernästen, in welch' letzteren er häufig mit
Pogonocherus fascicularis und *Bost. bidens* zusammen vorkommt.

Hylesinus (*Dentroctomus*) **minimus.** Fbr. Kleinster
Kiefern-Bastkäfer.

*) Hierher zu zählen kommt auch *Bostrychus chalcographus* L. (Vergleiche
Tab. I, Pag. 35.)
**) *Bostrychus curvidens*, sowie *Bostr. pusillus* und *cinereus* sollen ebenfalls
schon an der Kiefer gefunden worden sein; die beiden letzteren wurden auch von
mir beobachtet.

Der Käfer ist nur 1·6 mm lang, grauschwarz, die Spitze der Schienen, Füsse und Fühler gelbbraun, Spitze der Flügeldecken gewöhnlich braun; Stirne sammt dem sehr kurzen Rüssel glänzend glatt, behaart. Halsschild nicht länger als breit, vorne stark verengt, überall fein gekörnt und mit grauen Schüppchen bedeckt, kaum eine Mittellinie freilassend. Flügeldecken so breit als das Halsschild, gestreift punktirt, an der abschüssigen Stelle neben der Naht etwas eingedrückt, die Punkte der Streifen viereckig, die Zwischenräume derselben sehr schmal, äusserst fein gerunzelt, mit grauen, wenig abstehenden Borstenhaaren.

Es ist diesem kleinen Käfer alle Aufmerksamkeit zu schenken und kann die Vertilgung, im Falle sie sich nothwendig machen sollte, durch Ausbauen oder Ausreissen der befallenen Stangen und Pflanzen und Entfernen derselben geschehen. Nachdem sein Befallen der Kieferuzweige ähnliche Folgen mit sich bringt wie bei *Pogonocherus*, so ist auch das Sammeln der abgefallenen Zweige mit den darin befindlichen Käfern zu empfehlen.

b) — — — selten nur drei-, meistens fünf- bis siebenarmig. Die Arme werden bis 7 cm lang, sind vielfach geschlängelt, knorrig, zuweilen in der Richtung nach der Rammelkammer wieder zurückgehend, oder sich am Ende in eine Gabel theilend, greifen tief in den Splint ein und durchbrechen stellenweise die dünnblättrige Rinde. Die Rammelkammer zeigt häufig kurze zapfenartige Aussprünge (angefangene aber nicht ausgeführte Muttergänge). — Die Eiergrübchen beiderseits der Gänge sind sehr gross, und weitläufig von einander gestellt, daher die letzteren ein gezacktes und wie schon bemerkt, knorriges Aussehen erhalten. Die, wie bei der vorigen Art wenig zahlreichen, oft sogar spärlich vorhandenen Larvengänge sind auf der Splintfläche stark sichtbar, wie mit einem Gravirstifte eingedrückt, besonders die Puppenhöhlen. Stammtheile mit dicker Rinde meidet dieser Käfer. Vorkommen wie bei voriger Art; eben so auch seine Vertilgung.

Bostrychus bidens. Fbr. Zweizähniger Kiefern-Borkenkäfer.

Der Käfer ist 2·3 mm lang, heller oder dunkler braun, öfters das Halsschild und der Kopf schwarz, fein behaart; Halsschild nach vorne verengt, vorn dicht gekörnt, hinten ziemlich dicht punktirt, mit glatter und auch etwas erhabener Mittellinie; Flügel-

decken fein punktirt gestreift, ihre Spitze bei dem
Männchen eingedrückt, am Anfange des Eindruckes
mit einem grossen hackenförmig abwärts gekrümmten
Zahne und über demselben gewöhnlich noch mit einem
kleinen Höckerchen. Bei dem Weibchen ist nur die
Naht der Flügeldecken erhaben, und beiderseits eine
schmale Furche bemerkbar; die charakteristischen
zwei Zähnchen fehlen.

Nach Prof. Dr. Altum kommt dieser Borkenkäfer
auch in Fichten und Lärchen vor; ich habe ihn an
diesen Holzarten nie beobachtet Die von ihm bevor-
zugte Holzart ist die Kiefer u. z. in einem Alter von
5—12 Jahren, dann Stangenorte und wohl auch ältere
Bestände, in welchen beiden Fällen er jedoch nur die
in Folge ihrer dünnblättrigen Rinde ihm zugänglichen
Kronentheile befällt und mit Brut besetzt. Unter
borkiger Rinde habe ich ihn so wenig gefunden als
in todtem, d. h. gefälltem, liegendem Holze, wenn er
nicht schon zur Zeit der Fällung darin zu Hause war.
— Nach den bis jetzt vorliegenden Erfahrungen gehört er entschieden zu den gefährlichsten Cultur-
verderbern, dessen Vertilgung in ähnlicher Weise wie
bei *Hylesinus minimus* zu geschehen hat. Insbesondere
darf sein Erscheinen an nur einzelnen Pflanzen nie
unterschätzt werden, indem in den meisten Fällen von
solchen aus die weitere Verbreitung (horstweise) erfolgt. Die Generation dürfte wohl eine anderthalbfache
sein, wenigstens lassen die verschiedenen Entwicklungs-
stadien, in welchen man das Insekt das Jahr über antrifft, es vermuthen.

42. *a*) Der Muttergang stellt einen, mitunter höchst regelmässigen,
zweiarmigen, ⌣—förmigen Wagegang dar, dessen
einzelne Arme bis 5 cm Länge erreichen; der Eingang ziemlich
lang; der ganze Gang ausserordentlich tief in den Splint eingeschnitten und durchbricht nicht selten die feine blättrige
Rinde, so dass seine Richtung äusserlich sichtbar wird. Die
Larvengänge sind sehr kurz, nur selten die Länge von 2·5 cm
überschreitend, nicht übermässig zahlreich, daher sie sich
auch fast nie kreuzen oder vereinigen. Die Puppenwiege tief
in das Holz (oft 6—7 mm) eingesenkt; Fluglöcher wie mit
Hühnerschrotten geschossen, ziemlich reihig gestellt. Der
Käfer bewohnt Stangenhölzer, kommt jedoch auch an 50- bis
70jährigen Stämmen vor, dann aber nur in den Kronentheilen
mit ihrer noch dünnen, röthlichgelben, blättrigen Rinde;
Borke meidet er gänzlich.

Hylesinus (*Dendroctonus*) **minor.** Hart. Kleiner
Kiefern-Bastkäfer.

Der Käfer ist 4·6ᵐᵐ lang, also etwas kleiner als
Hyles. piniperda und von diesem besonders dadurch
unterschieden, dass die Höckerreihe auf dem zweiten
Zwischenraume nicht an der abschüssigen Stelle ver-
schwindet, sondern sich so, wie auf dem ersten und
dritten Zwischenraume, bis zur Spitze der Flügeldecken
fortsetzt.

Auch dieser Käfer scheint, so wie die vorher beschriebene *Bost. bidens* vorzüglich oder nur lebende,
gesunde Bäume zum Absetzen seiner Brut zu benützen
und dürfte wohl mit Rücksicht darauf und bei seinem
massenhaften Auftreten unter die sehr schädlichen
Kieferninsekten zu stellen sein. Seine Schwärmzeit fällt
in den Monat Mai. Auch in Fichten soll er schon angetroffen worden sein.

b) — — — — weniger regelmässigen, meist mehr oder weniger
diagonal laufenden, bloss zolllangen Wagegang*) dar, mit
sehr vereinzelten Larvengängen. Unter der Rinde von Kiefernpflanzen und geringeren Stangen.

Bostrychus (*Crypturgus*) **pityographus.** Ratz. Kleiner Kiefern-Borkenkäfer.

Der Käfer ist nur 2ᵐᵐ lang, das Männchen mit
einer starken, von dichten, goldgelben Haaren gebildeten Bürste auf der Stirne; das Halsschild nach vorne
verengt, mit mehr oder weniger gereihten, stets
deutlichen, kleinen Körnchen hinten punktirt, undeutlich eingeschnürt; die Flügeldecken an der abschüssigen
Stelle stumpf zugespitzt, mit erhabener Naht; der
Käfer ist schlank, heller oder dunkler braun, kaum
behaart; die Flügeldecken mit deutlichen, innen
breiteren Punktreihen und glatten Zwischenräumen
derselben; die abschüssige Stelle am Umkreis auf-
gewulstet, neben der Naht furchenartig vertieft.

Ausziehen oder Aushauen der befallenen Kiefern
und Entfernen derselben ist das sicherste Mittel zu
seiner Vertilgung. Als Vorbauungsmittel dienen
uns die Läuterungs- und Durchforstungshiebe.

43. Siehe *Bostrychus Laricis* und *typographus* · · *Tab. I*, 39 a u. b.
    — *Hylesinus piniperda*, dessen Lebensweise · · · · · · **37.**

*) Professor Dr. Ratzeburg bezeichnet die Frassart dieses Käfers an
der Kiefer als Wagegang, in Folge dessen er auch von mir unter dieser Abtheilung aufgeführt worden ist. Da ich denselben jedoch an der Tanne wiederholt mit Sterngängen beobachtet, so habe ich seinen Frass an dieser Holzart
als Sterngang beschrieben. (Siehe Tab. III, die Tanne.) Herr Prof. Dr. Altum
beschreibt die Gangart dieses Käfers als einfachen, fast wagrechten, auch häufig
schief gestellten Muttergang mit weitständigen Larvengängen, ähnlich wie bei
Hylesinus minimus. Nach genanntem Autor wäre die Fichte die Lieblingsholzart
des Käfers.

7*

Der Muttergang ist kurz, bis 5 cm lang, schwach diagonal
laufend, 2—3 Luftlöcher zeigend. Die Larvengänge sehr gedrängt, verwirrt und zerfressen, wodurch nicht selten der
ganze Frass undeutlich wird. Am Wurzelstocke, da, wo der
Wurzelanlauf beginnt und an den Wurzeln selbst.

Hylesinus (*Hylastes*) **ater.** Payk. Schwarzer
Kiefern-Bastkäfer · · · · · · · · · · · · · 33 *c.*

Der Muttergang ist ungewöhnlich (30—40 cm) lang und
gegen 4 mm breit, daher mit keinem anderen zu verwechseln,
und liegt ganz in der Bastseite der Rinde. (*Bostrychus
stenographus*) · · · · · · · · · · · · · · · · · · · 49.

44. *a*) Gewöhnlich beginnt der Frass in der Gegend des ersten
Quirls, von wo aus sich die geschlängelten, allmählich weiter
werdenden Larvengänge nach unten zu verbreiten, bis sie in
eine fast 14 mm lange, ziemlich tiefe, eirunde Puppenhöhle
enden. Die Gänge sind meist 8—10 cm lang, auf dem Splint
und der Rinde sichtbar und mit Wurmmehl angestopft.

Curculio notatus Hb. und **piniphilus** · · · · · 31 *a* u. *c.*

b) Gewöhnlich beginnt der Frass an den dreijährigen, höchstens
vierjährigen Quirlringen 10- bis 20jähriger Stangen. Der Frass
ist hier mehr concentrirt, und zeigt entweder nur eine
grosse Höhlung unter der Rinde, welche jedoch stets ziemlich
tief in den Splint eingreift, oder von dieser ausgehende, breite,
aber verhältnissmässig kurze Gänge, deren Zahl von der
Menge der darin lebenden Räupchen abhängt. Rindenauf-
treibung an der Stelle der Pflanze fehlt nie, meist bemerkt
man auch Harzausfluss und etwas Wurmmehl.

Tinea (*Phycis*) **sylvestrella.** Ratz. Kiefern-Zapfen-
Motte.

Die Raupe wird bis 26 mm lang, fast walzig,
gegen das Ende etwas verschmälert; die Grundfarbe
ist theils schmutzig hellgrün, theils hell röthlichbraun;
Rücken hellgrau. Der Kopf, der getheilte Nackenschild,
ein horniges Fleckchen unter demselben und die Brustfüsse röthlichbraun. Behaarung ziemlich deutlich; die
Wärzchen ganz dunkel. Zur Seite der Hauptwulst des
11. Ringes über dem auffallend grossen Luftloche ein
ringförmiger, horniger Fleck. Die Verpuppung erfolgt gegen Ende Juni oder Anfangs Juli. Die Puppe
ist 13 mm lang, hellbraun, gestreckt; die Flügel bis

über die Hälfte des Körpers hinausragend, einen
breiten Zwischenraum zwischen sich lassend; der
Hinterleib ohne Dornenkränze; die ziemlich ansehnliche
Afterwulst mit sechs starken Hackenborsten Um Mitte
August erscheint der Falter; seine Flügelspannung
beträgt bis 29ᵐᵐ, seine Länge gegen 11ᵐᵐ. Rollrüssel
lang; Taster über den Fühlergrund hinausstehend; die
borstenförmigen Fühler lang, das erste Glied dicker
und länger als die übrigen. Beim Weibchen die
folgenden wenig abgesetzt, beim Männchen deutlich
gesägt, stark gewimpert, die ersten 6—10 fast ver-
schmolzen und am Innenrande mit einem stark be-
schuppten, geschwungenen Leistchen bekleidet. Beine
lang, Schienen mit mässigen Spornen Grundfarbe des
Kopfes, Rumpfes, an den Beinen und Vorderflügeln
aschgrau, überall mit hellpurpurrothen Schüppchen, besonders deutlich auf dem Halsschilde, der
Flügelbasis und den Beinen. Vorderflügel oberseits mit
drei Bindenstreifen; der der Basis am breitesten, zuweilen eine wahre Binde bildend, die anderen beiden
winklich. Zwischen dem ersten und zweiten bleibt eine
helle ziemlich breite Binde. Der Raum zwischen dem
zweiten und dritten ist fast noch einmal so breit, und
hat in der Mitte ein grau weisses, nach aussen ge-
buchtetes Fleckchen. Alle drei Bindenstreifen mit
hellem Saume. Die Fransensäume aschgrau, mit
dunklerer Schuppenreihe durchzogen, und vor denselben
zieht eine schwarze, grau gebuchtete Linie; die Hinterflügel sind bräunlich grau mit dunklerem Rande und
weissgrauen Fransensäumen. Die Unterseite weissgrau,
die der Vorderflügel dunkler, seidenglänzend, mit
wenig durchschimmernden Zeichnungen.

Die Raupe dieses Falters lebt ausser an Kiefernstangen auch noch (und zwar am häufigsten) in Kiefern-
zapfen. Ihre Schädlichkeit gering.

*) Vergleiche die Anmerkungen Nr. 49 und jene der Tab. I, Nr. 28; sollte
es keine von den daselbst angeführten Arten sein, dann fahre man in der Bestimmung weiter fort.

47. *a)* Der Frass geschieht in Form von Leitergängen und zwar
von einem kleinen, walzigen, auf den Flügeldecken schwarz
und gelbbraun gestreiften Borkenkäfer. Das Bohrloch bei
senkrechtem Durchschnitt kreisrund, von nicht vielmehr als
einer halben Linie Durchmesser, meist schwarzblau gerändert.

Bostrychus lineatus. Gyll. . . . . *Tab. I,*   26.

b) — — — von einer bis 32 mm langen, vollkommen walzigen
Larve; sie hat nur 6 Brustfüsse, selbst die Afterbeine feh-
len; der Körper besteht aus 12 Ringen, der letzte in einen
Schwanzdorn endigend; der senkrechte Durchschnitt der
Gänge zeigt eine vollkommen kreisförmige Oeffnung. Mit dem
Grösserwerden der Larven erweitern sich die Gänge allmählich,
sind schön schlangenförmig geschwungen, und zeigen nie die
bei voriger Art angedeutete, schwarzblaue Beränderung.
Durchmesser der Bohrlöcher gegen 2—3 mm.

Sirex juvencus. Lin. Gemeine Kiefern-Holz-
Wespe. Siehe *Tab. I, 33 a.* die Anmerkung.

c) — — — von einer rothen oder braunrothen, an den Seiten
bräunlich- oder röthlichgelben, ziemlich flach gedrückten
Raupe; Kopf auffallend breit gedrückt, Frasszangen stark
hervortretend; Zahl der Füsse 16; der dieser Raupe eigene,
unangenehme Moschusgeruch, lässt übrigens nicht leicht eine
Verwechslung zu. Sie erreicht eine Länge von 9·5 cm.

Cossus ligniperda. Fbr. (*Bombyx Cossus.*) Kopf-
weiden-Spinner; Weidenbohrer.*)

In einem grossen, eiförmigen Gewebe, das aus ab-
genagten Spänen verfertiget und von innen glatt aus-
gesponnen ist, verwandelt sie sich endlich in eine rothbraune, mit scharfen Haken und Spitzen versehene
Puppe, nachdem sie zwei Jahre lang als Raupe gelebt.
Einige Wochen nach der Verpuppung schon gewöhnlich im Juni und Juli erscheint der Schmetterling.
Seine Flugbreite beträgt gegen 90 mm; die Fühler haben
einen weissgrauen Schaft, und sind schwarzblättrig,
beim Männchen stärker, gefiedert. Kopf und Halskragen
weissgrau, der letztere ist gelb gesäumt; Rücken
braungrau, am Ende weisslich gemischt, und mit einem

---

*) Dieses Insekt geht Nadelhölzer nur selten an, und ist hier nur der
Vollständigkeit halber, sowie wegen der in ihrem Aeusseren so auffallenden Raupe
erwähnt worden; desto schädlicher dagegen wird es den Laubhölzern, insbesondere
den Pappeln, Erlen, Weiden, Linden, Rüstern, Eichen etc. etc. und wird später
an betreffender Stelle auf diese Tabelle sich bezogen werden.

schwarzen bogigen Querstreifen eingefasst; der Hinterleib aschgrau mit weissgrauen Ringen. Die Vorderflügel
zeigen sich schwarzbraun gewölbt, mit vielen schwarzen
Streifen gegittert, und hin und wieder mit schimmel-
artig weissgrauem Dufte belegt. Die Hinterflügel
bleicher, mehr grau, mit matten Querlinien. Auf der
Unterseite sind die Vorderflügel braungrau, die hinteren
schimmelgrau, sonst wie oberhalb gezeichnet; das
Männchen viel kleiner als das Weibchen. Letzteres
bringt vermittelst der Legeröhre seine Eier unter die
Rinde. Von hier bahnt sich, gleich nach dem Auskriechen, die junge Raupe mit ihrem sehr scharfen
Gebisse, den Weg durch das Holz bis auf das Mark,
zieht lange Gänge darin, und wo sie in Mehrzahl vorhanden ist, muss das Verderben des Baumes unaus-
bleiblich erfolgen. Uebrigens verweilt die Raupe nicht
immer bis zu ihrer Verpuppung in einem und demselben Baume, sondern bezieht deren oft mehrere; wie
sollte sonst ihr Vorkommen in allen Grössenstadien
auf Wegen erklärt werden.

48. Der Frass zeigt deutlich Mutter- und Larvengänge · · · · 49.
Der Muttergang fehlt. Der Frass besteht nur in einem geschlängelten, allmählich weiter und tiefer werdenden Larvengang; der senkrechte Durchschnitt zeigt sich kreisrund; vorzüglich in der Gegend der Wurzelanläufe.

Curculio notatus IIb.*) und **piniphillus** · · · · · 44.

49. Die Muttergänge sind zweiarmige Wagegänge · · · · · · 42.
— — Sterngänge · · · · · · · · · · · · · · · · 50.
— — — Lothgänge, denen des *Bostrychus Laricis (Tab. I,
Nr. 39)* ähnlich; der Muttergang steigt von der Rammel-
kammer gerade auf- und abwärts und ist von ungewöhnlicher
Länge und Breite; erstere beträgt nicht selten 30—40 cm,
letztere gewöhnlich gegen 4 mm, mitunter sogar darüber. Die

---

*) In derselben Weise geschlängelte, allmählig weiter und tiefer werdende
Larvengänge, welche sich endlich mehr oder weniger tief in den Holzkörper ein-
senken, fertigen auch die Larven der *Buprestiden* (Prachtkäfer) an; bei diesen
jedoch erscheint der senkrechte Durchschnitt nicht kreisförmig sondern länglich
oval, deren Durchmesser sich verhalten wie 3:1 (vergl. Abth. II, Nr. 59, die
An 1 erk.: *Buprestis mariana; Bupr. flavomaculata*). — Auch des allgemein bekannten *Cerambyx (Astynomus) aeditis* L. sei hier Erwähnung gethan, obwohl derselbe, da dessen Larven und Puppen unter der Rinde alter Kiefernstöcke sich
entwickeln, unschädlich ist: Der Käfer 12—17 mm lang; die Fühler 11gliedrig,
borstenförmig, beim ♀ fast doppelt, beim ♂ 3—5mal so lang als der Körper; das
Halsschild vorne mit 4 gelbbehaarten in einer Querreihe stehenden Makeln;
Flügeldecken doppelt so lang als zusammen breit; letzter Bauchring beim ♂ ausgerandet, beim ♀ in eine lange Spitze verlängert. Flügeldecken doppelt so lang
als zusammen breit, der Rücken flach gedrückt, vorzüglich beim ♀ deutlich gegen
die Spitze verengt, körnig punktirt mit 2 mehr oder minder deutlichen nackten
Querbinden und öfters mit Spuren von dunkel punktirten, schwach erhabenen
Linien; Körper braun mit dichtem grauem Haarüberzuge.

Larvengänge sind sehr zahlreich, gehen unordentlich geschlängelt querüber, breiten sich mehr und mehr aus, und vereinigen sich häufig bald, so dass dann die Brut ihren Frass gemeinschaftlich fortsetzt und so die ganze Rinde untergräbt. Gabelig getheilte Muttergänge von sehr geringer Länge findet man zuweilen, oder sie sind stark *ſ* geschwungen, und dann ganz besonders denen des *Bost. Laricis* ähnlich; doch wird man nie eine Verwechslung zu befürchten haben, wenn man die oben angegebene Breite des Mutterganges im Auge behält.

Bostryohus stenographus. Duft Grosser Kiefern-Borkenkäfer.

Der Käfer ist dem *Bost. typographus* sehr nahe verwandt, aber grösser, 6—7 mm lang und nach rückwärts stark verschmälert; das Halsschild ist hinten mit tieferen Punkten (mit Ausnahme der glatten Mittellinie) zerstreut besetzt; die Flügeldecken haben stärkere Punktstreifen; ihr Eindruck an der abschüssigen Stelle zeigt beiderseits sechs Zähnchen, von denen die oberen klein sind, während der vierte die übrigen bedeutend an Grösse übertrifft. Uebrigens ist er in der Färbung sehr veränderlich. Er liebt vorzüglich Stämme mit dicker Borke, und auch nur da entwickelt sich seine Brut normal, da er seine Puppenwiegen ganz in die Rinde einsenkt. Unter dünner, blättriger Rinde findet man nicht selten seinen Muttergang, dann aber tief in den Splint eingeschnitten, während die Eier entweder gar nicht zur Entwicklung gelangen, oder doch die Larven später eingehen.

Ich fand dies auch bei dem von mir in Ungarn beobachteten Frass an 18—24jährigen Stangenhölzern bestätiget. — Die Larven erreichten nahezu ihre Vollwüchsigkeit, aber zur Verpuppung gelangten sie nicht mehr, sie starben. Damit war aber auch die weitere Gefahr für den Stangenort beseitiget, obschon ein guter Theil der Stämme diesem ersten Angriffe unterlegen ist. Noch später machte ich eine ähnliche Beobachtung in Oberösterreich und bin ich zur vollsten Ueberzeugung gelangt, dass die Entwicklung des Käfers an die Dickborkigkeit des Brutmateriales gebunden ist.

Seine Flugzeit fällt in den Hochsommer; das Hochgebirge scheint er gänzlich zu meiden.

Da er mehr in liegendem als stehendem Holze gefunden wird, so dürften, wo es nöthig erscheinen sollte, Fangbäume angezeigt sein.

Dieser Käfer ist es nicht · · · · · · · · · · · · · · · **43.**

5**9**. Vergleiche *Hylesinus minimus* und *Bostrychus bidens* *) · 41.
— Von diesen beiden Käfern ist es keiner. Die Sterngänge
sind meist 3—6strahlig, die einzelnen Arme oft bis 8ᶜᵐ lang
und nicht selten über 2ᵐᵐ breit; tief in den Splint eingeschnitten, besonders wenn die Rinde sehr dünn ist, weniger
tief, bei dickerer Rinde; gerade, oder leicht geschwungen, nie
gabelig getheilt. Die Eiernischen sind gross, tief und nicht
sehr zahlreich, wechselweise in Zickzackform gegenüber
gestellt. Sind die Larvengänge normal entwickelt, so erreichen
sie nicht selten die ausserordentliche Länge von 10—13ᶜᵐ,
sie sind stark geschlängelt, durchziehen und berühren sich
oft, und sind schwach auf der Splintfläche sichtbar. Die ab-
normen Formen sind jedoch bei diesem Käfer weit häufiger
und sogar vorwiegend. Die Larvengänge sind dann vereinzelt,
drei- bis viermal breiter als die Muttergänge, meist muschel-
förmig ausgenagt, kurz, tief in den Splint und nicht selten
sogar in das Holz eingesenkt, und fast immer mit weissem
oder bläulichgrauem **) Wurmmehle angestopft, so dass der
Käfer oft wie gepudert erscheint. Bis jetzt ist es mir noch
nicht gelungen, den Käfer unter stärkerer Borke der unteren
Stammtheile zu finden. Meinen Erfahrungen zu Folge bewohnt
er nur Gipfelpartien, die stärkeren Aeste, vorzüglich in den
Achselgegenden etc. etc., überhaupt nur Stammtheile mit der
noch dünnen, röthlichgelben, blättrigen Rinde.

Bostrychus acuminatus. Gyll. Scharfzähniger
Kiefern-Borkenkäfer.

Der Käfer ist dem *Bostrychus Laricis* am ähnlichsten, jedoch gedrungener gebaut, indem er ¹/₃ so
breit ist, als lang. Er ist hellbraun, ziemlich glänzend,
mit langen, gelbbraunen, abstehenden Haaren. Fühler
und Beine sind lichter gefärbt; Halsschild nicht sehr
dicht punktirt, auf der vorderen Hälfte gekörnt, ohne
glatte Mittellinie; die Flügeldecken sind deutlich
punktirt gestreift, in den inneren Zwischenräumen mit
einzelnen grösseren Punkten hinten kreisförmig, ziemlich tief eingedrückt, der Nahtrand des Eindruckes
stark erhaben, unten zahnartig vortretend, der Seitenrand des Eindruckes mit drei Zähnen, deren oberster
nur in Form eines kleinen Höckerchens angedeutet.
deren unterster aber, etwa in der Mitte des Randes
stehender, ein ziemlich langer, spitziger Zahn ist; mit-

---

*) Vergl. auch *Bostrychus chalcographus,* Tab. I, 25.
**) Diese Färbung rührt, wie das Mikroscop zeigt, von beigemengtem
Larvenkoth her.

unter ist seine Spitze getheilt. Das **Männchen** ist um $\frac{1}{3}$ kleiner als das Weibchen. Die **Schwärm**- und mithin **Begattungszeit** des Käfers fällt in den Monat Mai. Die Begattung erfolgt unter der Rinde, zu welchem Behufe sich beide Gatten eine geräumige Rammelkammer anfertigen. Von dieser aus legen sie die Gänge an, und es kommt nicht selten vor, dass man zwei Käferpaare gemeinschaftlich an einem Sterngang arbeiten sieht. Ende Mai oder Anfangs Juni ist dieses Geschäft beendigt; der Käfer begiebt sich wieder heraus in's Freie oder stirbt nach kurzer Zeit unter der Rinde. Schon nach vierzehn Tagen erscheint die Larve und Mitte October ist der Käfer vollständig ausgebildet, wiewohl noch weich und hell strohgelb.

Da das Vorkommen dieses Käfers keineswegs so selten zu sein scheint, wie bisher angenommen wurde, so darf er füglich zu den **bedenklichen** Kieferninsekten gerechnet werden.

III. Tabelle.

Die Insekten der Tanne.

----

1. Die Verletzungen geschehen äusserlich an der Pflanze und
   ihren Theilen ·   2.
   — — — im Inneren der Pflanze und ihrer Theile · · · ·   4.

2. Der Frass geschieht an den Nadeln*) · · · · · · · *Tab. I,*   4.
   — — — an der Rinde der Stämme und Zweige; oder an
   den Trieben und Knospen · · · · · · · · · · · · · · ·   3.
   — — — an den Wurzeln · · · · · · · · · · · · *Tab. I,*   20.

3. a) Der Frass rührt von einem Rüsselkäfer her · · · · *Tab. I,*   18.

   b) — — geschieht von einer kleinen, 13—15 mm langen, sechszehnfüssigen, sehr sparsam behaarten, grünen Raupe mit
   schwarzem Kopfe;*) das Nackenschild ebenfalls schwarz mit
   weisslichem Vorderrande. — Der Hauptangriff durch die Raupe
   erfolgt zwar auf die zarten Nadeln der Maitriebe, welche
   von den Rändern her zerfressen werden; doch wird dabei
   auch die Epidermis der Triebe nicht verschont, welche dann
   schwarze, gelbbraun umflossene Flecken zeigen, häufig ganz
   absterben oder sich einseitig krümmen. Meist im Mai schon
   bemerkt man an den hervorbrechenden Nadeln ·eine gewisse
   gekräuselte oder gedrehte Form; sie werden, besonders von
   der Spitze herein, braunscheckig und untereinander durch
   watteförmig ausgekleidete Gespinnströbren verbunden, in denen
   sich die kleinen Räupchen ausserordentlich schnell und vor-
   sichtig bewegen. Im Uebrigen vergleiche · · · · · · *Tab. I,*   8 b.

   Tortrix (*Sciaphila*) **histrionana.** Fröl. Vollnadel-
   Wickler.

---

*) Hierher gehören noch zwei Wickler-Arten, welche beide während ihres
Frasses Gespinnste anfertigen: 1. *Tortrix rufimitrana*, die Raupen leben gesellig,
meist mit *histrionana* zusammen, und unterscheiden sich von dieser durch rothen
Kopf. — 2. *Tortrix comitana* lebt einzeln, spinnt die Nadeln von der Spitze her
in Form eines Nestchens zusammen und frisst sie, besonders am Grunde, aus. Das
Räupchen ist gelblich braun oder grün mit zwei anders gefärbten Rückenstreifen;
Kopf und Nackenschild schwarz oder schwarzbraun.

c) — — wird an älteren Stämmen beobachtet, und geschieht von einer weissfleckig behaarten Rindenlaus. Nur durch die ausserordentliche Anzahl, in der dieses Insekt die Stämme (meist ältere 60—90jährige) befällt, ist ihr Schaden erklärbar. Die Stämme bekommen gegen Anfang Juni ein ganz hellbläuliches Ansehen, und nicht lange nachher erscheinen sie uns weissflockig überzogen. Am häufigsten findet sich diese Krankheit in mitten der geschlossenen, oft zu dichten Bestände, in denen die Luftschichten mehr todt sind, wie dies in den dumpfigeren Mulden öfters der Fall ist. Gelinde, allmähliche Lichtung ist wohl das beste Vorbeugungsmittel.

Chermes Piceae. Ratz. Tannen-Rindenlaus.

4. Der Frass geschieht zwischen Rinde und Holz*) · · · ·   **6.**
— — — im Holze selbst · · · · · · · · · · · · · ·   **9.**
— — — in den Knospen und Trieben · · · · · · · · ·   **5.**

5. *a)* Vorzüglich 10—30jährige Tannen werden von einem 10^{mm} langen, 16füssigen, röthlichbraunen Räupchen angegriffen; Kopf- und Nackenschild sind schwarz; die Behaarung zwar schütter aber deutlich. — Vom Spätsommer angefangen bis zum April des nächsten Jahres werden die im Innern durch Gespinnströhren verbundenen Knospen — in der Regel sämmtliche — eines Triebes von den darin lebenden (1—3) Räupchen gänzlich ausgefressen und verwüstet. Sie sind an der Oberfläche mit einer feinen, durchsichtigen Gespinnstdecke überzogen, welche, besonders im Frühjahre, mit mehr oder weniger Raupenkoth verunreinigt erscheint.

Tortrix (*Grapholitha*) **nigricana.** W. S. Tannen-Knospen-Wickler.

Die Verpuppung erfolgt theils in der Knospe, theils am Boden zwischen zusammengesponnenen Nadeln und im Juni erscheint der Schmetterling. Er ist 6^{mm} lang, mit 12·5^{mm} Flugweite; Kopf und Taster braun; Vorderflügel dunkelbraun, etwas in's bläuliche schimmernd mit bleigrauen wellenförmigen, vor und hinter der Mitte zwei unregelmässige Querbinden bildende Zeichnungen und fünf mehr weniger deutliche weisslich-bleigraue Häckchenpaare am Vorderrande;

---

*) Man vergleiche auch *Hylesinus poligraphus*, welcher zuweilen unter Tannenrinde vorkommt. (*Tab. I, 37.*)

Fransen dunkelbleigrau; Hinterflügel dunkelbraun;
mit graubraunem Fransensaume.

b) Vorzüglich die Knospen des Höhentriebes werden von einer
26—27 mm langen, 16füssigen, schmutzig-grünlich-grauen Raupe
mit rothbraunem Kopfe, ausgefressen, und erstreckt sich der
Frass selbst noch bei 30—50 mm Länge auf den Markkörper
des Triebes, welcher natürlich in Folge dessen abstirbt.

Tinea (*Phycis*) **abietella.** Fbr. Fichten-Zapfen-
Motte.

Der Schmetterling ist der *Tinea sylvestrella*
(*Tab. II*, *44 b*) sehr ähnlich, doch mangeln die
purpurrothen Schüppchen fast gänzlich.

6. Die Fluglöcher an der Aussenseite der Rinde scheinen wie
mit starken Stecknadeln gestochen; selten ist die Art der
Muttergänge deutlich zu unterscheiden; sie sind in der Regel
stark zerfressen; — oder der Frass zeigt schöne, ziemlich
regelmässige Sterngänge; Käfer und Larven, wenn solche vorhanden, sehr klein; erstere höchstens 2.5 mm erreichend · ·   7.

— — — — — — — sind wenigstens von der Grösse eines
Mohnkornes oder grösser; der Muttergang deutlich von den
Larvengängen zu unterscheiden und ist entweder ein Wage-
oder Lothgang; in ersterem Falle sind die Puppenwiegen tief
in das Holz eingesenkt. Käfer 3—5 mm lang · · · · · · ·   8.

— — wenn überhaupt welche vorhanden, rühren von einem
Rüsselkäfer her, sind kreisrund, und erreichen bis 5 mm Durch-
messer. Die Gänge finden sich nur unter der Rinde stärkerer
Stämme und haben in der Form, Anlage und hinsichtlich der
Puppenwiegen Aehnlichkeit mit jenen von *Pissodes hercyniae*
(vergl. *Tab. I, 19 d*) und sind nur Larvengänge.

Curculio (*Pissodes*) **Piceae.** In. Tannen-Rüssel-
käfer.

Der Käfer ist 9·5—10 mm lang, pechbraun, mit
gelblichen Schuppen sparsam, hie und da fleckig besetzt; Rüssel rothbraun, dicht punktirt; Halsschild am
Grunde breiter als lang, der Hinterrand schwach gebuchtet mit kaum vorspringenden Winkeln, oben dicht
punktirt mit feiner erhabener Mittellinie und mit
mehreren weisslichen Punkten, von denen stets zwei
am Hinterrande, vier in einer Querreihe über die Mitte
stehen; das Schildchen weiss; Flügeldecken punktirt
gestreift, die Punkte der Streifen auf der Scheibe gross,

länglich-eiförmig, der dritte und vierte Streifen mit
einigen noch grösseren Grübchen; die abwechselnden
Zwischenräume erhabener als die anderen.

Die Generationsdauer dieses Käfers ist noch
nicht sicher festgestellt, es scheint jedoch Alles auf
eine zweijährige hinzudeuten. — Dort wo derselbe in
grösserer Menge auftritt, kann er den Tannenbeständen
empfindlichen Schaden zufügen und ist wohl das einzige
bis jetzt bekannte Vorbauungs- und Vertilgungsmittel das Heraushauen und baldige Entfernen der
von ihm befallenen Stämme. Auch Fangbäume wären
zu versuchen.

7. *a*) Der 1 ᵐᵐ lange Käfer kommt sowohl an älteren als auch
ganz besonders an jungen und mittelwüchsigen Stämmen vor,
liebt jedoch mehr die Fichte. Seine Gänge laufen sehr flach,
sind gewöhnlich nur auf der Rinde sichtbar, durchsetzen oft
nicht einmal den Bast, und greifen wohl nur selten ein wenig
in den Splint ein.

Bostrychus pusillus. Gyll. · · · · · · · · *Tab. I,* 24 *c.*

b) Der Käfer ist 2 ᵐᵐ lang, walzig, gestreckt etc. (s. *Nr. 42 b*)
Der Frass stellt schöne, regelmässige 3—7-, gewöhnlich
5strahlige Sterngänge dar*); sowohl Mutter- als Larvengänge
scharf in das Holz eingeschnitten.

Bostrychus pytiographus. Ratz. · · · *Tab. II,* 42 *b.*

c) — — — bis 1·7 ᵐᵐ lang, aber sehr gedrungen; seine Farbe
ist gewöhnlich ganz schmutzig gelbbraun, die Beine heller
gefärbt, an der abschüssigen Stelle der Flügeldecken mit
grossen, graugelben Borstenhaaren; Halsschild auf der vorderen Hälfte dicht, erhaben gekörnt; die Körnchen sind in
5—6 regelmässige, gedrängte Reihen geordnet, und bilden
einen ziemlich breiten Rhombus. Seine Gänge sind in der
Regel ganz zerfressen, wie mit einem Bohrer zerstossen, oft
ohne Spur von Muttergang. Sie leben in zahlreichen Familien
zusammengedrängt.

Bostrychus (*Cryphalus*) **Piceae.** Ratz. **) Gekörnter
Tannen-Borkenkäfer.

Besondere Vorbauungs- und Vertilgungsmassregeln werden sich wohl nie nöthig machen.

*) Vergleiche die Anmerkung *Tab. II, 42 b.*
**) Es ist höchst interessant, dass dieser Käfer auch in trockenen Mohn-
köpfen zu ganzen Familien beisammen gefunden wurde. (Herr Josef Knörlein,
k. k. Bezirksingenieur zu Linz)

8. a) Der Muttergang stellt einen sehr kurzen, gewöhnlich nicht viel über 2·5 cm langen, breiten, hie und da unregelmässig eingeschnürten Lothgang dar.

Hylesinus palliatus. Gyll. · · · · · · · · · *Tab. I,* **38.**

b) — — ist ein ziemlich langer oder sehr langer, öfter etwas geschwungener, fast ganz gleichbreiter Lothgang etc. etc.

Bostrychus Lariois und **Bost. typographus** *Tab. I,* **39.**

c) — — — — mehr oder weniger regelmässigen, gewöhnlich aber etwas diagonalen, ein- oder zweiarmigen Wagegang dar. Nicht selten kommt es vor, dass die beiden Arme fast unter einem rechten Winkel aufeinander stossen, so dass, indem der eine Arm vollkommen wagrecht ist, der andere beinahe die lothrechte Richtung verfolgt. Häufig findet man sie auch ⟩✕⟨-förmig zusammengestellt, und in einer Länge von 8 cm und darüber. Die Puppenwiegen sind tief in das Holz eingesenkt, so dass sich der Käfer vollständig darin zu verbergen vermag.

Bostrychus curvidens. Germ. **Krummzähniger Tannen-Borkenkäfer.**

Der Käfer ist 2—2·5 mm lang, gewöhnlich schwarz, die Flügeldecken braun oder gelbbraun; das Halsschild auf der vorderen Hälfte dicht gekörnt, hinten weitläufig punktirt; Flügeldecken stark punktirt gestreift, die Punkte der Streifen gegen die Spitze tiefer und breiter werdend; die Spitze der Flügeldecken eingedrückt, hat beim **Männchen** 6—7 Randzähne, von denen der oberste gewöhnlich gerade aufwärts gerichtet, der zweite und fünfte hackenförmig gebogen sind. Das **Weibchen** hat nur 3—4 kleine stumpfe Zähnchen, hinter einander innerhalb des Randes parallel der Naht, und eine starke, gelbe, runde Haarbürste auf der Stirne, welche beim Männchen viel kleiner ist.

Dieser Käfer gehört unstreitig an der Weisstanne mit zu den schädlichsten Insekten und sein gewöhnlicher Begleiter ist der eben beschriebene *Cryphalus Piceae.* Am häufigsten findet man ihn an alten, bereits kränklichen Stämmen, besonders in den Gipfelpartien, er verschmäht jedoch auch jüngeres Holz nicht und vergreift sich sogar zuweilen an der Fichte.

Vorbauung und Vertilgung möchte wohl ähnlich wie bei *Bostrychus typographus* bewirkt werden.

9. Vergleiche · · · · · · · · · · · · · · · · · · · *Tab. I,*   **32.**

Von diesen Arten ist es keine. Der Frass erzeugt Rinden-
beulen oft von bedeutender Grösse, welche nicht selten um
den ganzen Stamm oder stärkeren Ast herumgehen, öfter
auch nur eine Seite einnehmen. Die Raupe wird gegen 25 mm
lang, 16füssig, oben flach gewölbt, unten flach, schmutzig-
weiss-fleischfarbig, Kopf und Schild sowie die Ringe um die
Luftlöcher dunkel.

Sesia oephiformis. O. Tannenbeulen-Glas-
schwärmer.

Bei der Zweijährigkeit der Generationsdauer dieses
Schwärmers erfolgt die Verpuppung erst im Juni
des dritten Jahres innerhalb der Rinde in einem feinen,
weissen Cocon. — Im Juli erscheint der Schmetterling, wobei sich die Puppe aus der Rinde hervor-
schiebt und die leere Puppenhülse noch lange im Flug-
loche sichtbar ist. — Der Schwärmer ist 14 mm lang,
bei 22 mm Flugweite, und ausgezeichnet durch seine
glashellen Flügel, goldgelben Afterbüschel und sehr
schlanke Körperform. Innerhalb der Zeit vom Juli bis
September erfolgt die Eierablage. — Von Schädlichkeit dieses Insektes kann wohl kaum die Rede sein,
doch sind die durch dasselbe hervorgerufenen Beulen-
bildungen zu häufig und zu sehr in die Augen fallend,
so dass es wohl eine Stelle hier finden musste.

IV. Tabelle.

Die Insekten der Lärche.

————

1. Der Frass geschieht äusserlich an der Pflanze und ihren Theilen · · · · · · · · · · · · · · · · · · · 9.
   — — — im Inneren der Pflanze oder ihrer Theile · · · · 2.

2. Der Frass geschieht zwischen Rinde und Holz, man bemerkt mitunter, besonders an jüngeren Stämmchen beulenartige Auftreibungen und Verdickungen · · · · · · · · · · · · · 3.
   — — — im Holze selbst · · · · · · · · · · · · · *Tab. I*, 32.
   — — — in den Trieben und Knospen · · · · · · · · · 8.

3. Die Frassstellen zeigen meist eine grössere Ausdehnung und finden sich mehr an älteren, dickborkigen Stämmen als an jüngeren; fast immer sind deutlich Mutter- und Larvengänge zu unterscheiden; wenn dies nicht der Fall ist, so erscheint der Frass ganz verworren durch unzählige sich durchkreuzende Larven- und Muttergänge (Borkenkäferfrass) · · 4.

   Der Frass geschieht an 4—16jährigen Pflanzen sowohl am Stamme, als auch an den Aesten. Man erkennt solche befallene Stämme sogleich an den Rindenauftreibungen in der Gegend, wo die Raupen gehauset haben: gewöhnlich erfolgt auch an der Stelle Harzausfluss. Das Räupchen ist bräunlich grau, mit braunem, fast schwarzem Kopfe, Nackenschilde, Brustschildern und Afterklappe. Afterborsten nicht vorhanden; das Luftloch des 11. Ringes höher als die übrigen, und von einem grossen, schwarzen Hornringe umgeben. Das Räupchen frisst nur unter der Rinde, bald in der Nähe eines Astes um das Stämmchen oder den Zweig herum, bald die Richtung nach oben annehmend, der Splint scheint stets mehr weniger angegriffen. Am Ende des Ganges findet sich eine grössere, mit Gespinnstfäden ausgekleidete Höhlung zur Verpuppung. An dieser Stelle findet man die Puppen aus der Rinde etwas hervorgeschoben, deren Hülsen dann, nachdem sie vom Schmetterling verlassen worden sind, an den Stämmen hervorragen. An einem Stämmchen zählte ich 43 Gallen.

Tortrix (Coccyx) Zebeana. Ratz. Lärchen-Wickler.

Der Falter hat bis 12 mm Flügelspannung, 3 mm
Körperlänge, zuweilen selbt mehr; Kopf mässig; Taster
wenig vorstehend; Fühler ziemlich kurz und dick;
Flügel gewöhnlich mit wenig vorragenden Schultern;
Grundfarbe von Kopf, Rumpf und Vorderflügel ein
dunkles Grau; auf letzteren stehen 12—14 schwarze
Flecken in der Spitzenhälfte; die beiden, dem Innenrande am meisten genäherten, hinter denen meist noch
zwei schwarze Punkte stehen, liegen etwas mehr an
der Basis hin, und die vier folgenden von der Flügelmitte bis zum Hinterrande. Die sechs am Vorderrande
liegenden, wechseln mit gelblich-weissen Flecken ab.
Der äusserste schwarze Fleck nimmt die Spitze ein
und zieht sich als schwarzer Streifen von dem Fransensaume bis zum Innenrande fort. Innerhalb dieses
schwarzen Streifens ist noch ein schwach stahlblau
glänzender, öfters in einzelne Flecken zertheilter
Streifen. Hinterflügel schwarzbraun, etwas kupfer-
glänzeud, mit bräunlich-weissem Saume. Unterseite
schwarzbraun mit schwach durchschimmernden Flecken
des Mittelfeldes, aber stark angedeuteten Flecken des
Vorderrandes.

Die Flugzeit fällt in die Mitte oder Ende Mai.
Die Vertilgung geschieht durch Ausschneiden und
Verbrennen der befallenen Zweige im Herbste bis
längstens in den Monat April.

Es sei überhaupt hier erwähnt, dass dieser Wickler,
besonders in Gebirgsforsten wo häufig die Lärche als
Hauptholzart auftritt, alle Beachtung verdient. Sind
junge Stämmchen durch Verbeissen von Weidevieh und
Wild jahrelang stark beschädiget worden, so erstarken
sie doch in den bei weiten meisten Fällen wieder,
holen durch kräftige Längentriebe das Versäumte nach
und entwickeln sich nicht selten noch zu vollkommen
brauchbaren Stämmen. — Gesellen sich aber, wie dies
in manchen Oertlichkeiten fast Regel ist, die Angriffe
des Wicklers und wohl gar noch jene der *Cecidomyia
Kellneri* hinzu, dann gehen solche Stämmchen endlich
ganz ein.

4. Die Mutter- und Larvengänge sind deutlich zu unterscheiden *) . . . .   5.
— — — — — häufig bis zur Unkenntlichkeit verworren,
liegen fast ausschliesslich in dem Bast- und Rindenkörper
ohne den Splinth zu berühren. Meist Käfer und Larven
gleichzeitig vorhanden; ersterer ausserordentlich klein, 1 mm

---

*) Auch *Bostrichus curvidens* soll schon an Lärchen beobachtet worden
sein. Vergl. *Tab. III, 8 c.*

lang, speckglänzend; Fluglöcher wie feine Nadelstiche, meist sehr zahlreich.

Vergl. **Bostryohus pusillus** · · · · · · · · *Tab. I,* 24 *c.*

5. Die Muttergänge sind ein- höchstens zweiarmige Lothgänge, mitunter am Ende in eine Gabel getheilt · · · · · · · · 6.

— — — wenigstens dreiarmig, entweder gabel- oder sternförmig, meist weit ausgreifend, gleich breit, von einer gemeinschaftlichen Rammelkammer ausgehend. · 7.

6. *a)* Muttergang sehr kurz, breit, öfters darmähnlich eingeschnürt oder sich am Ende in eine Gabel theilend etc.

Vergl. **Hylesinus palliatus** · · · · · · · · *Tab. I,* 38.

b) — sehr lang, meist etwas geschwungen; Rammelkammer mit zwei kurzen, seitlich abgehenden zapfenförmigen Erweiterungen etc.

Vergl. **Bostryohus Laricis** · · · · · · · · · *Tab. I,* 39 *a.*

c) — ist fast immer etwas kürzer, gerade, mitunter an dem oberen Ende gegabelt etc.

Vergl. **Bostryohus typographus** · · · · · · *Tab. I,* 39 *b.*

7. *a)* Vergl. *Bostrychus bidens* · · · · · · · · · · *Tab. II,* 41 *b.*

b) Der Frass ist schon *Tab. I,* 39 *b.* bei *Bost. typographus* als Stern- und Gabelgang beschrieben worden, und Alles, was dort über Frass und Vorkommen des *typographus* an Lärchen gesagt wurde, muss auf

Bostryohus amitinus Eich. ähnlicher Borkenkäfer

bezogen werden. Herr Forstrath Kellner in Gotha war so gütig mich über diese Art aufzuklären,[*] welche identisch ist mit der vom Forstdirector Herrn Hlawa zu Freistadt als *Bostr. duplicatus* angesprochenen. In Folge dieser Verwechslung hat denn auch der, nur dem hohen Norden angehörende *Bostr. duplicatus* Fahlb. in Redtenbachers *Fauna austriaca* Eingang gefunden. *Bostr. amitinus* und *typographus* sind sehr ähnlich

---

[*] Leider konnte ich von dieser Mittheilung nicht in der Weise mehr Gebrauch machen, um alles das, bei *typographus* Erwähnte, soweit es auf *amitinus* Bezug hat, richtig zu stellen, da die betreffenden Bogen bereits unter der Presse sich befanden.

und unterscheiden sich in Folgendem: ersterer ist
stets etwas schlanker, die Seiten des Halsschildes sind
von der Basis bis zur Spitze sanft gerundet und
erscheint dadurch schmäler als bei *typographus*, wo
dasselbe von der Basis an gerade und erst weit
vorne stumpf zugerundet ist. Die innere Fläche der
eingedrückten Stelle der Flügeldecken ist bei *amitinus*
tief punktirt und der Hinterrand der Flügeldecken
weit vorgezogen; die Zwischenräume der Punktstreifen
auf diesen sind (nicht mit einzelnen Punkten besetzt,
sondern) in Reihen punktirt.

Obwohl es für die Praxis ganz gleich bleibt, ob
von einem Frasse des *typographus* oder *amitinus* ge-
sprochen wird, so glaubte ich doch vom Standpunkte
der Wissenschaft dieses Thier nicht unerwähnt lassen
zu können.

8. *a*) Die jungen Triebe werden von einem kleinen, im ausgewachsenen Zustande (Mai) 6—7 mm langen, nur 0·5—0·7 mm
dicken, schmutzig weissgrauen, etwas röthlich schimmernden
Räupchen mit glänzend blauschwarzem Kopfe und Brustfüssen
in der Zeit vom August bis Mai ausgefressen. Die von demselben angefertigten Längsgänge sind zum Theile mit Koth
erfüllt; hier überwintert die Raupe, verpuppt sich im Mai und
zu Anfang Juni erscheint der kleine Schmetterling.

Tinea (*Argyrestia*) **laevigatella.** H. S. Lärchen-
trieb-Motte.

Diese Motte steht in Gestalt und Färbung der
T. laricenella (vergl. Nr. 11 *b*.) nahe, ist aber kräftiger;
(4·5 mm lang und 12 mm gespannt) und durchaus blei-
grau glänzend, die Oberseite der Vorderflügel erscheint
durch noch stärkeren Glanz silbergrau; die aufstehende
Behaarung der Kopfoberseite hat einen gelblichen
Schein und die sehr langen Fransen der Hinterflügel
sind gleichfalls etwas lichter als diese selbst. (Taschenberg, Forstinsekten, Pag. 411.)

b) Die Knospen der Kurztriebe sind im Frühjahre stark kugelig aufgetrieben mit lederbraunen, regelmässig gestellten anliegenden
Deckschuppen bekleidet und an der Oberfläche, besonders
gegen die Spitze zu mit weissem erhärtetem Harze mehr oder
weniger überzogen. Beim Oeffnen dieser Gallen findet man
eine hellsafran- oder mennigrothe fusslose Made von 3 mm
Länge. Die älteren von der Mücke bereits verlassenen und
abgestorbenen Knospengallen erscheinen dunkel·sepiabraun,
becherförmig, mit mehr weniger abstehenden Deckschuppen.

Tipula (*Cecidomyia*) **Kellneri.***) Lärchenknospen-Gallmücke.

Die Beschreibung der Gallmücke zu geben, bin ich leider gegenwärtig noch ausser Stand gesetzt, da mir sämmtliche im Frühjahre 1874 aus den Gallen erzogenen Exemplare durch Unvorsichtigkeit verunglückt und von den eingezwingerten Gallen bis jetzt (Ende Februar) noch keine Fliegen ausgeschlüpft sind. An der Stelle sei nur erwähnt, dass diese Art zu der Gruppe mit perlschnurförmigen Fühlhörnern gehört; das Fehlende werde ich; da der Druck des Werkes bereits begonnen hat, wohl als Nachtrag bringen müssen.

Die Gallmücke befällt, wie schon erwähnt und so weit meine Erfahrungen reichen, nur die Knospen der Kurztriebe, während sie jene der Langtriebe unberührt zu lassen scheint. Ob auch die Blüthenknospen mit Brut besetzt werden, darüber vermag ich Bestimmtes noch nicht anzugeben.

Mit dem Hervorbrechen der Nadelbüschel fällt die Flugzeit der Gallmücke zusammen, und scheint ihr Leben dann nur noch von kurzer Dauer zu sein.

Das Ablegen der Eier kann nur einzeln (in je eine Knospe ein Ei) geschehen, da man nie mehr als eine einzige Larve in der Galle vorfindet. Es scheint dass die Mücke das Ei in die Mitte des Nadelkranzes einschiebt, so dass das Lärvchen von der sich entwickelnden Knospe förmlich eingekapselt wird und unmittelbar auf den Blattkeimboden derselben zu liegen kommt. — Hier ruht die Larve in einem äusserst zarten Gewebe den ganzen Sommer und Winter über bis zur Verpuppung, welche bis Mitte Mai schon bei allen Larven erfolgt sein dürfte, wenigstens fand ich um diese Zeit nur noch die Puppen und kurz darauf die Fliege vor. Erstere, sowie die Larven zeichnen sich durch schönes lichtes Safrangelb oder Mennigroth aus, und diese noch ausserdem durch 2—3 äusserst kleine glänzend schwarze Pünktchen der Aftergegend.

Die Mücke befällt die Lärche ohne Unterschied des Alters und Standortes u. z. in ungewöhnlicher Menge, so dass ganze Zweige und selbst starke Aeste durch sie gänzlich zum Absterben gebracht werden. Die meisten Knospen werden nur ein einziges Mal mit Brut besetzt; da ihnen die Kraft mangelt, sich noch weiter zu entwickeln, so vertrocknen sie in der Regel und bleiben als schwarzbraune, becherförmig geöffnete Zäpfchen an den Zweigen haften. — Es kommt jedoch auch vor, dass ein und dieselbe Knospe 4—5 Jahre hindurch diesen jährlich sich wiederholenden Angriffen

*) Dem verdienstvollen Entomologen Herrn Forstrath August Kellner zu Gotha, meinem unvergesslichen Lehrer und Freunde gewidmet.

widersteht; d. h. nach erfolgtem Ausfliegen der Mücke
sich weiter entwickelt, aber abermals mit Brut besetzt
wird u. s. f.; durch fortgesetzte Angriffe aber unterliegt sie endlich doch und stirbt ab.

Aus dem Geschilderten resultirt die bedeutende
Schädlichkeit dieses kleinen Insektes. Durch massen-
hafte Verwüstung der Knospen wird die Benadelung eines
Stammes nicht selten auf die Hälfte zurückgesetzt, die
Knospen werden bleibend vernichtet, was natürlich auf
den Wachsthumsgang der Lärche selbst von den nach-
theiligsten Folgen sein muss. Treffen, was häufig der
Fall ist, die Angriffe der *Cecidomyia Kellneri* mit
jenen der *Tort. Zebeana* zusammen, so sind junge
Lärchenstämmchen in der Regel verloren.

Ein Vertilgungsmittel dürfte es wohl schwerlich
geben; würde man auch durch Ausbrechen der mit
Brut besetzten Knospen niedriger jüngerer Stämmchen
eine grössere Anzahl vertilgen, so bleibt aber immer-
hin die bei weitem grösste Anzahl an den höheren
Stämmen unerreichbar. — (Vergleiche bezüglich des
Frasses: Centralblatt f. d. gesammte Forstwesen von
R. Micklitz, I. Jahrgang. 4. Heft.)

11. *a*) Man bemerkt im Vorsommer, von Mitte Mai an bis in den
August, an den Nadeln kleine, mit schneeweissen Haaren
überzogene Rindenläuse. Sie sitzen wie Flöckchen weisser
Baumwolle an den Nadeln, saugen diese aus, und bewirken
dadurch ein auffallendes Umknicken derselben und ein Gelb-
werden an dieser Stelle. Bei starkem Anfalle sehen die jungen
Lärchen wie leicht beschneit aus, und es ist dies eben keine
gute Vorbedeutung für ihr künftiges Gedeihen.

Chermes Lariois. Hrtg. Lärchen-Rindenlaus.

b) -- Die Nadeln sind in der Regel bis zu ²/₃ Theilen eigenthümlich flammig gebogen und gekräuselt, und sehen wie
erfroren aus. Es rührt dies von der Raupe eines kleinen
Schmetterlings her, welche im Frühjahre ganz in die Nadeln
hineinkriecht, und diese von der Spitze bis zur Mitte ausfrisst.

Tinea (*Ornix*) **Larioinella.** Bechst. Lärchen-Minir-
Motte.

Gewöhnlich findet man dieses Insekt an 6—20jäh-
rigen, seltener an 40—60jährigen Beständen. Das Auftreten dieser kleinen Lärchenmotte ist in manchen
Jahren in unseren Gebirgsthälern ein derart massen-
haftes, dass es unmöglich ohne sehr empfindliche
Rückwirkung auf das Wachsthum der Lärche bleiben
kann; aber leider giebt es, meines Wissens, kein
Mittel, diesem Insekte wirksam entgegen zu treten.
Nach den von mir gemachten Erfahrungen übt die
örtliche Lage keinen Einfluss auf das häufigere oder
verminderte Vorkommen der Motte; nur ausgesprochene
Windlagen scheint sie mehr zu meiden. Die 16füssige
Raupe überwintert, erreicht bis zum April des nächsten
Jahres eine Länge von 4·5 mm, ist dunkel-rothbraun,
Kopf sehr klein, Füsse sehr kurz. Sie lebt anfangs in
den ausgehöhlten Nadeln, vom Herbste an aber in
einem Säckchen in welchem sie auch, indem sie sich
an Knospen in Rindenschuppen etc. anspinnt, überwintert. Im Späthherbste sieht man sie massenhaft sich
an Gespinnstfäden zur Erde gleiten lassen, was wohl
zu dem Schlusse berechtigen dürfte, dass eine grosse
Anzahl Raupen auch unter der Bodendecke ihre
Winterruhe verbringt. Die Verpuppung erfolgt in der
Regel um Mitte April und zwar ebenfalls in dem
Säckchen in welchem die Raupe überwinterte; die
Puppenruhe dauert bis halben Mai, wo dann der
Schmetterling zum Vorschein kommt. Dieser ist
3 mm lang. die Flügelspannung beträgt 9 mm; die Flügel
sind sehr schmal, Fransensäume sehr breit; Fühler
und Beine auffallend lang. Durch seine eintönige asch-
graue, etwas schillernde Färbung gar nicht zu ver-
kennen.

14. *a*) — — ist kahl, wird wenig über 13 mm lang. Schon in der
letzten Hälfte des Mai erscheint die Larve, ist um diese Zeit

mehr schmutziggrün, später jedoch schön grasgrün. Sie befrisst nie die älteren Nadeln der Büscheln, sondern nur die frischen der Triebe. Im Juli hört der Frass auf, und die Larven begeben sich behufs der Verpuppung in die Erde.

Tenthredo (*Nematus*) **Laricis.** Hrtg. Kleine Lärchen-Blattwespe.

Die Fliege ist 7·5 mm lang und misst 16 mm Flügelspannung; Flügel ganz durchsichtig; Hinterleib schwarz.
Die Vertilgung geschieht durch Apprellen der Larven zur Zeit ihres Frasses.

b) — — ist kahl und wird nahezu 24 mm lang. Sie erscheint erst Ende Juni und Anfangs Juli, wo der Frass beginnt, und bis Mitte August anhält. Sie ist auf dem Rücken grünlich grau, an den Seiten heller; Kopf, Brust und Beine glänzend schwarz, ersterer behaart. Der Frass beschränkt sich bei dieser Art fast nur auf die Nadeln der Knospen, seltener gehen sie die der Triebe an. Mitte August stürzen sie sich von den Bäumen herab, begeben sich unter die Bodendecke, überwintern als Larven, verpuppen sich im Mai des nächsten Jahres und erscheinen im Juni als Fliege.

Tenthredo (*Nematus*) **Erichsonii.** Hrtg. Grosse Lärchen-Blattwespe.

Die Fliege ist 10 mm lang und 20 mm gespannt.
Vertilgung wie oben.

15. *a)* Die Raupe wird nur 9—10 mm lang, ist in der Jugend schwärzlich, ausgewachsen bräunlich; am Bauche und zwei Seitenstreifen in's Grüne ziehend; Kopf und Halsschild glänzend schwarz, letzteres licht getheilt. Sie frisst zuerst im Inneren der Nadelbüschel. greift allmählig weiter um sich, an den Trieben von unten nach aufwärts vorrückend, und sind solche von ihr stark befressene Lärchen schon aus der Ferne durch das Rothwerden der Wipfel deutlich kennbar.

Tortrix (*Grapholitha*) **pinicolana.** Zell. Grauer Lärchen-Wickler.

Ich selbst habe leider dieses Insekt nie beobachtet und kann mich daher nur auf das beschränken, was Taschenberg und Ratzeburg darüber berichten. Die Verpuppung erfolgt im Juni in einem Seiden-

gespinnste zwischen den Lärchennadeln oder am
Boden. (?) Im Juli erscheint der Schmetterling;
er ist 8ᵐᵐ lang mit 19ᵐᵐ Flügelspannung; Vorderflügel glänzend hellgrau, braun gegittert, der in der
Flügelmitte als spitzer Winkel vortretende Rand des
Wurzelfeldes, eine der Mitte des Vorderrandes entspringende Querbinde, sowie ein unbestimmter Fleck
vor der Flügelspitze sind dunkelbraun. Vor diesem
letzteren am Vorderrande stehen 4—5 mehr oder
weniger deutliche graue Häckchenpaare, während ein
grösseres, bisweilen fast weisses Dreieck am Hinterrande die beiden zuerst erwähnten dunklen Querbinden trennt. Fransen grau; Hinterflügel ziemlich
breit, zugespitzt, bräunlichgrau mit hellgrauen Fransen;
Gesicht und die kurzen Taster weissgrau. Färbung der
Vorderflügel sehr veränderlich: stark weiss gemischt
oder gleichmässig grau bestäubt, überhaupt treten diese
veränderlichen Zeichnungen nie recht scharf hervor.
— Das vom Schmetterlinge auf die Knospenpolster
zwischen den Nadelbüscheln abgesetzte Ei überwintert
und im ersten Frühjahre des nächsten Jahres schlüpft
dann das kleine Räupchen aus.

Besonders in der Schweiz ist diese kleine Wickler-
raupe in grosser Ausbreitung schädlich geworden.
Ratzeburg (Waldverderbniss, Bd. II) empfiehlt das bei
T. histrionana erwähnte Ausräuchern als Vertilgungs-
mittel, da diese Raupe vorherrschend die niedrigen
Aeste befrisst. (*Tab. I.*, 8 *b.*)

b) Diese Raupe ist es nicht · · · · · · · · · · *Tab. II,* **6.**

Zweite Abtheilung.

Die Feinde der Laubhölzer und Obstbäume.

V. Tabelle.

Die Insekten der Laubhölzer.

---

1. Die Verletzungen der Pflanze (bezugsweise des Baumes) geschehen in gewöhnlicher Weise: entweder durch äusserliche Benagung der Blätter, Triebe, Rinde, Wurzeln u. s. w. von Raupen oder Larven oder von vollkommen ausgebildeten Insekten, z. B. Käfer; oder das Holz oder sonstige Theile des Baumes (Triebe, Knospen etc.) werden innerlich verletzt (durchbohrt, zerfressen): es zeigen sich jedoch niemals als Folge dieser Verletzungen Gallenauswüchse oder vorherrschend abnorme Blattbildungen · · · · · · · · · · 2.

· In Folge von Insekten-Beschädigungen entstehen an den Blättern, Zweigen oder Knospen eigenthümliche Anschwellungen oder mehr oder weniger runde, kugelförmige, oft spitze, kegelförmige oder gekräuselte und eckige, oder auch ganz flache, tellerförmige Gallenauswüchse, oder auffallende Blattbildungen (z. B. taschenförmig erweitert, tuten- oder schraubenförmig*) zusammengerollt) **) · · · · · · · · · 163. .

2. Der Frass geschieht an oder in den Blättern, Knospen oder Blüthen***) · 8.

— — — — — Früchten · · · · · · · · · · · · · 112.

— — — — — dem Stamme, den Zweigen oder Trieben 117.

— — — — — den Wurzeln oder im Wurzelstocke · · 161.

3. Der Frass geschieht äusserlich · · · · · · · · · · · 4.

— — — im Innern dieser Theile · · · · · · · · · · 108.

4. Der Frass geschieht von Raupen oder Larven †) · · · · · 5.

— — — — Käfern · · · · · · · · · · · · · · · · · 49.

---

*) Vergleiche Nr. 22 *b*) und 65 *a*).
**) Nicht zu verwechseln mit den, mittelst Gespinnstfäden zusammen gesponnenen Blätterbüscheln, s. g. Raupennestern.
***) Unter dieser Gruppe finden sich die Brachtkäfer (*Buprestidae* Nr. 51 Anmerkung und Nr. 58) und die Bockkäfer (*Cerambycidae* Nr. 78) aufgeführt.
†) Mitunter mit einer schleimigen Masse überzogen, so dass der Unkundige in Zweifel kommen kann, zu welcher Gruppe er die Larve stellen soll; in diesem Falle Nr. 34.

— — — — Blattläusen (vergleiche Anmerkung) · · · · · 105 *b*.

5. Die Raupen oder Larven sind gestreckt, von oben besehen
mehr oder weniger walzig, gewöhnlich von ziemlich gleicher
Dicke, entweder ganz kahl oder mehr oder weniger stark
behaart oder bedornt, selten schleimig, schneckenartig; sie
haben m i n d e s t e n s 8 Füsse, von denen immer 6 vorne am
Kopfe, und 2 (Afterfüsse oder Nachschieber) am After stehen   6.
— — — — haben n u r 6 (meist ziemlich lange) Kopffüsse   46.

6. Raupen mit 10 oder 16 Füssen *) · · · · · · · · · · · · :   7.
— oder Larven mit 8, 20 und 22 Füssen · · · · · · · ·   34.

7. Raupen mit 16 Füssen, Bewegung kriechend · · · · · · ·   8.
— — 10 Füssen, Bewegung spannend (Spanner-Raupen) ·   29.

8. Die Raupen sind entweder behaart oder kahl, jedoch nie mit
Dornen besetzt ·   9.
— — — mit langen, verästelten, fleischigen Dornen **) besetzt. Vollwüchsige Raupe bis 4 ᶜᵐ lang, nach vorne etwas
verschmälert; Farbe schwarz violett, in den Leibeseinschnitten
heller; Dornen mit Ausnahme ihrer schwarzen Spitzen, sowie
ein Streifen unter den Luftlöchern und einer längs des
Rückens dunkel fleischfarben; Kopf gross, schwarz, stark
vom Körper abgeschnürt. An der jungen Raupe bemerkt man
statt der Dornen nur grosse, schwarze einhaarige Warzen,
ihre Farbe grünlich-braun.

Papilio (*Vanessa*) **polychloros.** Lin.   Rüstern-
falter; grosser Fuchs.

Man hat diese Raupe schon an den meisten deutschen Laubhölzern fressend gefunden; Kirschbäume,
Ulmen, Weiden und Pyramidenpappeln scheint sie
jedoch allen andern vorzuziehen. Die Raupen leben
zur Zeit ihres Frasses familienweise beisammen, bis

---

*) Jene der Gruppe *Geometra* angehörigen 12- oder 14füssigen Raupen
sind ihrer geringen Bedeutung wegen ausser Acht gelassen worden.
**) Eine der *polychloros* ähnliche, gesellig lebende Dornraupe ist die des
Papilio Antiopa, des bekannten Trauermantel mit sammetbraunen, gleichbreit gelb
oder weiss eingefassten Flügeln. — Die Raupe, welche zu Anfang Juli oder gegen
Ende Juni ihre Vollwüchsigkeit erlangt, ist schwarz, mit kurzen schneeweissen
Härchen gleichsam überpudert; Kopf wie bei der früheren Art, ebenfalls stark
abgeschnürt; Rücken mit 8 braunrothen Flecken; Bauchfüsse gleichfalls braunroth. Vorzüglich an Weidenarten, denen sie arg zusetzen können, so dass ganze
Bäume oft vollständig ihres Blattschmuckes beraubt erscheinen. Ihre Wanderungen
auf der Frasspflanze sind von Gespinnsten mit darin hängendem Raupenkoth begleitet. Nebst Weiden befallen sie auch Birken und Pappeln. — Verpuppung: im
Juli, nach 14 Tagen erscheint der Falter. — Ausschneiden der mit Raupenfamilien
befallenen Zweige und Aeste.

gegen Ende Juli die Verpuppung erfolgt. Sie
wählen als Ort dazu Baumzweige, Zäune u. dgl. Die
Puppe hängt frei und ist mit ihrem After angesponnen. Sie ist 16ᵐᵐ lang, wie die aller Tagfalter,
eckig*) und ziemlich schlank; auf dem Halsschilde ein
nasenförmiger, ziemlich stark vorspringender Fortsatz;
der Kopf in zwei ohrähnliche Spitzen ausgezogen, an
den Seiten der Flügel, sowie am Hinterleibe mehrere
spitzige Höcker; Farbe braun, hinter dem Nasenhöcker
drei Paare perlmutterglänzender Erhabenheiten. Im
Juli erscheint der Falter. Seine Flügelspannung
beträgt 52ᵐᵐ und darüber. Die Hinterränder der
Flügel stark gebuchtet, in den Ausschnitten gezähnt;
parallel mit diesen oberseits eine schwarze, mit vielen
blauen Fleckenzeichnungen gezierte Binde. Die Grundfarbe ist oberseits ein schönes Braunroth, nach den
Rändern hin in's Gelbe übergehend; Vorderrand mit
zwei grossen, schwarzen Flecken; ausserdem sind noch
mehrere solche und gelb gefärbte unregelmässig auf
den Vorderflügeln vertheilt. Der Körper, sowie die
Basis der Flügel seidenartig, röthlichbraun behaart.
Die Eier werden im Juli in Partien von 150 bis
200 Stücken an den Zweigen der Art abgelegt, dass
sie denselben mehr als zur Hälfte umschliessen und
sind von heller röthlichbrauner Farbe. Seiner forstlichen Bedeutung nach gehört dieser Falter zu
den unmerklich schädlichen; für den Landwirth
und Gärtner jedoch hat er eine grössere Bedeutung:
Vertilgung: durch Ausbrechen der einzelnen
Raupenzweige.

9. Behaarung in Länge und Dichtigkeit, häufig auch in der
Farbe sehr ungleich: z. Th. dichte seidenartige Bürsten
(4—5 Paar) auf dem Rücken bildend, z. Th. lange, weit abstehende Pinsel; oder sie ist durchaus federbuschähnlich
gruppirt · 27.
— abgesehen von vereinzelt stehenden längeren und kürzeren
Haaren, ziemlich gleichmässig vertheilt; z. Th. strahlig oder
sternförmig, aber nie Bürsten oder Pinsel bildend; oder die
Raupe ist kahl oder nahezu kahl · · · · · · · · · · · 10.

10. Der Leib der Raupe ist mit ziemlich grossen, erhabenen,
knopfförmigen Warzen besetzt; Behaarung stark oder wenigstens doch bedeutend lang · · · · · · · · · · · · · · 11.

*) An dieser eckigen Form, sowie an der Art ihrer Befestigung können
alle Tagfalterpuppen leicht erkannt werden. Entweder nämlich spinnen sich dieselben nur am After fest, wodurch sie eine hängende, gestürzte Lage bekommen,
oder es werden ausserdem noch einige Fäden um die Mitte des Leibes gelegt,
wodurch die Puppe gleichsam wie über einer Gurte ruhend, entweder eine
horizontale oder eine kopfaufwärts gerichtete (stehende) Lage erhält.

— — — — entweder ganz ohne Warzen, oder diese sind
nur sehr klein, wenig vorstehend · · · · · · · · · · ·   15.

11.   Die seitlichen Knopfwarzen des ersten Ringes dicht hinter
dem Kopfe sind viel höher als die übrigen, daher ohrähnlich
vorstehend.

   a) **Bombyx dispar**; *b)* **Bombyx Monacha** *Tab. I 7 a. u. b.*

— — — — — — sind nicht merklich grösser als die der
übrigen Leibesringe · · · · · · · · · · · · · · · · ·   12.

12.   Die Raupen haben oberseits längs des Rückens eine roth gefärbte doppelte Zickzacklinie, von welcher eine breite dunkle
Mittellinie eingeschlossen wird · · · · · · · · · · · ·   14.

— — — — diese Zickzacklinie nicht · · · · · · · · · ·   13.

13.   *a)* Die erwachsene Raupe (Mitte Juni) ist bei 47 mm lang, auf
den Knopfwarzen mit braungelben, langen, auf dem Rücken
kürzer werdenden Haarbüscheln; Körper ziemlich gleich dick
mit grossem, wenig behaartem, grösstentheils schwarzem
Kopfe. Oberseite hellgrau mit feiner schwarzer Punktirung
und mit über den ganzen Rücken ziehenden, entweder schneeweissen oder schön citronengelben Spiegelflecken und vier
Reihen bräunlichrothen Knopfwarzen. Der Spiegelfleck des
vierten und fünften Ringes ist durch eine schwarze, gabel-
förmige Zeichnung unterbrochen; Unterseite schmutzig graugelb. In der Hand rollt sich die Raupe zusammen; Weiden-
und Pappelarten sind ihre Frasspflanzen.

   Bombyx (*Liparis*) **Salicis.** Lin. Atlass-Spinner.

   Der Frass der Raupen beginnt im Monat Mai und
dauert bis Ende Juni. Fast immer erfolgt die Verpuppung auf Bäumen. Zu dem Zwecke spinnen sie
mehrere lockere Fäden, wodurch nicht selten auch
etliche der benachbarten Blätter zusammengezogen
werden, worin (sowie zwischen Rindenritzen) die
Puppen ruhen. Diese sind gedrungen, besonders am
Kopfe breit, glänzend schwarz mit mehreren gelblichweissen Flecken und Linien; die Behaarung aus
gelben, zottigen Büscheln bestehend; Augen, sowie ein
Knöpfchen zwischen denselben deutlich hervorragend;
Kopf und Halsschild mit feiner Mittelleiste; Länge
26 mm. Im Juli erscheint der Falter. Das Weibchen misst 40 — 50 mm Flügelspannung bei einer Länge
von nahe 20 mm. Der Hinterleib etwas verdickt; Farbe
durchaus rein atlassweiss, nur die Beine schwarz ge-

ringelt. Das Männchen ist etwas kleiner und schlanker, die Fühler gekämmt und bräunlich gefärbt. Die grünlichen Eier werden bohnenförmig aussen an der Rinde der Bäume oder an den Blättern abgelegt, und mit einem eigenthümlichen speichelartigen Kleister überzogen. In diesem Zustande überwintern sie gewöhnlich.*) Ihre forstliche Schädlichkeit ist relativ. Für Jenen, der es viel mit Pappeln- und Weidenzucht zu thun hat, kann die Raupe sehr lästig werden; dann bleibt das Absuchen und Vertilgen der leicht in die Augen fallenden Eierspiegel das wirksamste und am leichtesten ausführbare Vertilgungsmittel.

b) Knopfwarzen vorherrschend blau, formiren 6 Längsreihen, davon 2 über den Rücken und eine beiderseits über den Luftlöchern, welche letztere vom vierten Gliede ab aus rothen Warzen besteht; nur die ersten 3 Ringe zeigen je 2 Knopfwarzen mehr; der Rücken des 9. und 10. Ringes mit einer nackten, rothen Zapfenwarze. Behaarung mässig lang, an den Seiten weiss, oberseits, besonders am vorderen und rückwärtigen Theile mit schwarzen Haaren gemischt. Die dunklere Oberseite von der hellgrauen Unterseite durch eine lichte Linie scharf abgegrenzt. Kopf bläulichgrau am rückwärtigen Theile und um den Mund schwarz; Beine vorherrschend roth. Vom Mai bis Ende Juni oder Anfang Juli, wo sie an Eichen zwischen einigen zusammengesponnenen Blättern fressend gefunden werden.

Bombyx (*Liparis*) **detrita.** Esp. Heistern-Spinner.

Die Verpuppung erfolgt Ende Juni oder Anfang Juli zwischen den leicht zusammengesponnenen Blätterüberresten und nach 14tägiger Ruhe erscheint schon der Schmetterling. Das 14 mm lange und 29·5 mm spannende Männchen ist durchaus bräunlich grau, die Fransen verwischt lichter gefleckt; Rippen mehr oder weniger dunkler durchschimmernd; Rücken der in zwei Reihen lang gekämmten Fühler hellgrau. — Weibchen durchaus braunschwarz, die kurzen Fühler mit verhältnissmässig langen, an der Wurzel gabelartig getheilten Sägezähnen besetzt. Länge 12 mm und 33 mm Flugweite.
Vertilgung: Durch Abklopfen auf untergehaltenem Schirm. (Taschenberg.)

---

*) Nur selten kriechen die Räupchen noch im Nachsommer aus; fressen dann nur noch wenig, und überwintern in Rindenritzen oder zwischen den Stammflechten und Moosen.

14. *a*) Die erwachsene Raupe (Ende Mai oder Anfang Juni) ist 36 mm lang und ziemlich gleich dick, oberseits graubraun, an der Unterseite grau und gelb marmorirt. Ueber den sechsten bis zehnten Leibesring auf dem Rücken zieht sich beiderseits eine zinnoberrothe, in jedem Einschnitt abgesetzte Zickzacklinie, welche die dunkle Grundfarbe in Form einer breiteren Mittellinie einschliesst. In dieser letzteren steht auf dem neunten und zehnten Ringe eine hellrothe vertiefte Warze. Die ersten drei Ringe mit vielen quergestellten, schmutzigrothbraunen, kleinen Fleckenzeichnungen. Behaarung in Form von sternförmigen, langen, gelben Büscheln; über den Luftlöchern des vierten bis eilften Ringes ein kurzer, dichter, abgebrochener, schneeweisser und zu beiden Seiten des rothen Doppelstreifens des Rückens ein eben solcher braun gefärbter Filzstreifen. Das junge, kaum ein Paar Linien lange Räupchen ist an den rothbraunen Haarfilzflecken des vierten und fünften Ringes kenntlich.

Bombyx (*Liparis*) **chrysorrhoea.** Lin. Goldafter; kleiner Schwamm-Spinner.

Diese Raupe ist weniger wählerisch, was die Nahrung betrifft, als die vorher beschriebene; befrisst eben so gern Pappel- und Weidenarten, als Ulmen und Eichen, scheint aber ganz besonders die Obstbäume zu lieben. Im Mai beginnt sie schon den Frass, indem sie die Knospen und später die Blätter benagt. Gewöhnlich mit Ende Mai oder Anfangs Juni bereitet sie sich zur Vorpuppung vor. Zu dem Ende versammeln sich in der Regel mehrere Raupen, um einige Blätter gemeinschaftlich mit wenigen lockeren Fäden zusammenzuspinnen. Das Gespinnst, in welchem die Puppe liegt, ist wenig dicht, ziemlich durchsichtig, graubraun und mit Raupenhaaren durchwebt. Die Puppe ist 13—14 mm lang, schwarzbraun mit helleren Einschnitten und gelbbraunen Haarbüscheln; am Kopfe breit, Augen vorragend; Halsschild mit deutlicher glatter Leiste; Flügelgegend sehr schwach gerippt und stark eingedrückt. Ende Juni erscheint der Schmetterling: Flügelspannung 34 mm, seine Länge 16—20 mm. Beide Geschlechter sind *Bomb. Salicis* ähnlich, beim Männchen aber der ganze Hinterleib, beim Weibchen nur das Ende desselben, rothbraun und sie sind dadurch von der vorigen Art hinlänglich unterschieden. Die Eier werden in Partien von 200—300 Stücken an die Unterseite der Blätter, wohl auch an Zweige oder an die Stämme gelegt und mit der Afterwolle des Weibchens überzogen (daher „kleiner Schwamm-spinner"). Binnen weniger, circa 16 bis 20 Tage schlüpfen die kleinen Räupchen aus und beginnen noch in demselben Jahre ihren Frass, indem sie mehrere benachbarte Blätter mit jenem, auf welchem sie ausgekrochen waren, zusammenspinnen und die Oberhaut derselben benagen. Hier überwintern sie an den Bäumen und solche Raupennester sind fast immer zuverlässig an den Resten des Eierschwammes zu erkennen, welchen man selbst noch im nächsten Frühjahre in ihnen vorfindet; auch fallen dieselben im Spätherbste und Winter, zu welcher Zeit die Bäume blätterlos sind, sofort in die Augen. Im Frühjahre kehren die Raupen nur noch Anfangs, bei ungünstiger Witterung in ihr Nest zurück, später, wenn sie grösser sind und sich schon mehr über den ganzen Baum zerstreut haben, benützen sie Astwinkel etc. zu Zufluchtsstätten bei schlechtem Wetter. Seiner forstlichen Bedeutung nach gehört dieser Schmetterling jedenfalls zu den schädlicheren Laubholzinsekten, indem seine Raupen besonders junge Eichen häufig befallen und nicht selten ganz entblättern. Bei dieser Holzart wird der Frass um so empfindlicher, als er, da die Eiche später als andere Laubhölzer ausschlägt, um so längere Zeit auf die Knospen beschränkt ist. Uebrigens frisst die Raupe auch auf Buchen, Hainbuchen, Rüstern, Pyrus-Arten etc. Die Vertilgung geschieht leicht durch Ausbrechen oder Ausschneiden der Raupennester mittelst einer Baumscheere vom Monat November an bis in den März; und durch Verbrennen derselben.

b) Die vollwüchsige Raupe (Ende Mai oder Anfangs Juni) ist der vorherbeschriebenen sehr ähnlich, 30—36 mm lang, aber am Bauche schwarz und beiderseits unter den Luftlöchern roth gezeichnet. Die beiden Zickzacklinien des Rückens mehr brennend roth (bei jüngeren Raupen orangefarben und stark ineinander fliessend); auf dem vierten, fünften und zwölften Ringe steht ein schwarzer, weiss bestäubter Wulst. Bauch- und Afterfüsse hell gefärbt.

Bombyx (*Liparis*) **auriflua.** Fabr. Frühbirn-Spinner.

Diese Raupe findet sich ebenfalls auf vielen Holzarten, besonders auf Obstbäumen, Weiden, Ulmen, Linden, aber auch an Buchen und Eichen. Anfangs Juni verpuppt sie sich (gewöhnlich jede für sich) zwischen zusammengerollten Blättern, an Zweigen oder Stämmen in einem braunen, durchsichtigen Gespinnste. Puppe: jener der *B. chrysorrhoea* vollkommen ähnlich. Die Flugzeit des Falters fällt in den Juli.

Dieser ist dem vorherbeschriebenen ausserordentlich
ähnlich, aber sofort an der **goldgelben** Afterwolle
des **Weibchens**, sowie an der **gleichgefärbten**
Endigung des Hinterleibes beim **Männchen** zu erkennen. Die **Eier** werden in Partien von 150 bis 200
an Blättern abgelegt und mit der Afterwolle überdeckt,
woher auch diese Eierschwämme ein mehr goldgelbes
Aussehen haben. Nach ungefähr 14 Tagen erscheinen
die kleinen, braunen, schwarzköpfigen, mit verschiedenen
langen, borstigen, auf den Wärzchen sternförmig stehenden Haaren versehenen Räupchen, **zerstreuen sich**
schon im Herbste, überwintern am Fusse der
Bäume unter der Bodendecke und setzen im April oder
Mai des nächsten Jahres ihren Frass fort. **Forst-**
liche Bedeutung: Die Raupe kommt viel weniger
an wirklich forstlichen Waldbäumen, als vielmehr an
Obstbäumen vor. Sollte sich eine **Vertilgung** nöthig
machen, so geschieht sie wohl am besten durch Absuchen der Eierschwämme an den Blättern oder bei
Obstbäumen auch durch Aufhäufung und Feststampfen
von feuchtem Schnee im Winter rings um den Fuss
der Stämme, welcher auf diese Weise leicht bis Anfang
Mai erhalten werden kann und so die Raupen zurück-
halten wird.

15. Die Behaarung ist stark, wenigstens zum Theil strahlig,
sternförmig gestellt; der Körper theilweise mit kleinen, wenig
erhabenen Wärzchen besetzt · · · · · · · · · · · · · ·   16.

— — — weniger stark, oft ziemlich schütter, oder auch nur
in Form von ganz einzeln stehenden, sehr kurzen Börstchen;
niemals sternförmig strahlig; oder Raupe kahl · · · · · ·   17.

16. *a*) Die erwachsene, kleinköpfige Raupe (in der letzten Hälfte des
Juni) ist 45—50mm lang, fast durchaus gleich dick, mit
langer, an den Seiten weisser, auf dem Rücken gelblicher Behaarung. Bauch- und Afterbeine roth und schwarz gefleckt,
ziemlich lang. Grundfarbe bräunlichschwarz; zweiter bis eilfter
Ring auf dem Rücken mit zwei grossen Flecken, die von ganz
kurzen, dichten, rothbraunen Sammethaaren gebildet sind,
und die Mittellinie zwischen sich einschliessen; unter diesen
beiderseits eine Reihe einzelner, gelblichweiss gefärbter. Das
junge Räupchen, mit Ausnahme der rothen Bauch- und Afterfüsse, rein schwarz. Die gelbbraunen Rückenstreifen zeigen
sich erst später auf dem zweiten und dritten Ringe. Die
Raupen wohnen bis zur Zeit ihrer Verpuppung oft an 200
familienweise beisammen in Einem Gespinnste und verlassen
dasselbe nur, wenn sie auf Nahrung ausgehen. –

Bombyx (*Gastropacha*) **lanestris.** Lin. Birken-Nest-Spinner.

Gegen Ende Juli zerstreuen sich die Raupen und begeben sich in den Boden, wo die Verpuppung innerhalb eines braungrauen undurchsichtigen Cocons erfolgt. Der Schmetterling ist einer der frühesten, fliegt meist schon im April, legt seine Eier in Form von circa 15—25 mm breiten Ringen um die dünnen Zweige der Bäume und überzieht sie mit der blaugrauen Afterwolle. Die Flügelspannung des Weibchens 42 mm, die Länge 20 mm. Grundfarbe der Flügel lebhaft rothbraun, nach den Aussenrändern stark blaugrau angehaucht; eine, über beide Flügel ziehende schmale, auf den Hinterflügeln weniger scharf begrenzte Binde, eine unbestimmte Zeichnung an der Basis und ein rundlicher Fleck in der Mitte der Vorderflügel, weiss oder gelblichweiss. Die Unterseite dunkler. Männchen kleiner, schlanker, 15 mm lang, 34 mm gespannt, mit schönen, doppelt gekämmten Fühlern. Unter den Waldbäumen ist es die Birke, wohl auch Eiche, welche diese Raupe allen andern vorzuziehen scheint; sie geht jedoch auch an Weiden, Pappeln, Linden etc. Uebrigens ist sie für den Forstmann von geringerer Bedeutung, als für Gärtner und Landwirthe, deren Pflaumen- und Kirschbäumen sie bedeutend zusetzen kann. Die besten Vertilgungsmittel sind Ausschneiden der Raupennester an regnerischen Tagen, zu welcher Zeit sich die Raupen dorthin zurückziehen; oder das Entfernen der leicht sichtbaren Eierringe.

b) Die Raupe lebt fast ausschliesslich auf Eichen, ist erwachsen (Ende Juni) 30 mm lang, gleichdick, Kopf gross, braunschwarz. Die Grundfarbe ist oben ein dunkles Blaugrau, unterseits heller in's Grünliche; Rückenlinie bläulichschwarz; die ersten drei Ringe jeder mit acht, eine Querreihe bildenden, die anderen Ringe mit vier röthlichbraunen Knöpfchen. Vom vierten Ringe an, jeder in der Mittellinie mit einem rothbraunen, filzhaarigen, leicht abreibbaren Querfleck. Luftlöcher schwarz, unterhalb eines jeden (vom vierten Ringe angefangen) zwei heller gefärbte Knöpfchen und auf diesen sternförmig gestellte, lange, weissgraue, widerhackige Haare;*) der ganze

_____
*) Diese Raupe hat die Eigenthümlichkeit, dass sie ihre spröden Haare sehr leicht verliert, so dass in raupenfrässigen Orten oft die ganze Luft mit ihnen geschwängert ist und sie daher leicht von Menschen und Thieren eingeathmet werden können. Sie erregen dann nicht selten sehr gefährliche innere Entzündungen, und in solchen Orten sollte daher dem Publikum der Zutritt polizeilich verboten werden. Selbst auf der Hand, durch blosse Berührung des Thieres können schmerzliche Entzündungen entstehen, weshalb sich auch die, in solchen Raupendistrikten zur Vertilgung angestellten Arbeiter vor Berührung der Raupen- oder Puppennester mit blosser Hand möglichst hüten müssen.

übrige Körper fein behaart. Das junge Räupchen ist gelb,
Kopf, Beine und Nackenschilder schwarz; Behaarung lang,
weiss und schwarz.

Bombyx (*Gastropacha*) **processionea.** Lin. Pro-
zessions-Spinner; Viereichen-Spinner.

Diese Raupe ist in Bezug auf Lebensweise eine
der merkwürdigsten. In der Mitte des Mai schlüpfen
die kleinen Räupchen aus dem Eie und begeben sich
in die Baumkronen. Sie ziehen dann in geschlossenen
Reihen auf Nahrung aus, verbinden sich unterwegs
noch mit anderen Familien, so dass ein solcher
Raupenzug, besonders wenn die Raupen schon mehr
erwachsen sind, eine ansehnliche Länge bekommt und
von Ferne einer Schlange nicht unähnlich ist. Sind
sie bei ausreichenden Futtervorräthen angelangt, so
zerstreuen sie sich und sammeln sich erst wieder zur
Zeit der Häutung. indem sie ihren Rückzug in eben
solchen geschlossenen Reihen wieder antreten. Gewöhnlich in breiten Astachseln oder Gabeln machen
sie Halt und bereiten sich ein gemeinschaftliches Gespinnst, in welches sie von nun an regelmässig jeden
Morgen zurückkehren, sich am Tage ruhig verhalten,
und des Abends in geschlossenen Zügen wieder verlassen, um dem Futter nachzugehen. Dies Gespinnst
ist innerlich oft ganz mit alten Raupenbälgen angefüllt,
welche mit ihren Haaren an den Gespinnstfäden hängen
bleiben. In der ersten Hälfte des Juli erfolgt die Verpuppung. Zu dem Zwecke setzen sich die Raupen
neben und über einander (oft 5—8 Schichten bildend)
während mehrere der stärkeren den ganzen Raupen-
ballen umspinnen und nach vollendeter Arbeit durch
einige gelassene Oeffnungen sich auch unter Dach
machen. In diesem allgemeinen, nicht selten kinder-
kopfgrossen, festen, mit Raupenkoth und Bälgen ge-
füllten Cocon bereitet sich noch jede Puppe einen
selbstständigen, schmutzigweissen, ganz dichten Cocon
und gegen Mitte August kommt der Schmetterling
hervor. Nur des Nachts schwärmen die Falter und begatten sich, während sie den Tag sitzend verbringen
und zum Eierablegen benützen. Der weibliche
Schmetterling misst 37 **mm** Flugweite und ist 15 **mm**
lang; die Fühler sind hellbraun. Kopf und Rücken
bräunlich-aschgrau, Hinterleib bräunlich mit schwärzlich-
brauner Afterwolle. Vorderflügel aschgrau mit zwei
tiefbraunen, an den entgegengesetzten Seiten dunkelgrau beschatteten Querbinden und dazwischen zuweilen
mit einem Mondfleck. Hinterflügel des (mit schön gekämmten Fühlern versehenen) schlankeren, 9 **mm** langen,
31 **mm** breiten Männchens weiss, mit grauer, ver-

wischter Mittelbinde; jene des Weibchens einfach grau; Fransen der Vorderflügel gefleckt. Die weissen mohngrossen Ei er werden in Partien von 150—200 Stücken an die Rinde der Stämme, und zwar an der Sonnenseite, oder an stärkere Aeste abgelegt, mit der Afterwolle nur wenig bedeckt, überwintern daselbst, und gegen Mitte Mai des nächsten Jahres kommt daraus das Räupchen hervor. Eichen und Zerreichen sind die natürlichen Nahrungspflanzen der Raupe und nur in der Noth nimmt sie auch andere, sowohl Holz- als Krautgewächse an. Die sonnigen Baumpartien, wie insbesondere Randbäume werden stets zuerst befressen; ganz geschlossene Bestände scheint sie weniger zu lieben. Nur wenige der, in der Regel ganz kahl gefressenen Bäume sterben ab, aber sie werden doch stark im Wuchse zurückgesetzt und bekommen häufig in Folge des Frasses dürre Aeste. Da nun noch ausserdem die Raupe durch ihre giftige Behaarung oft sehr gefährlich für Menschen- und Thierleben werden kann, so ist es um so mehr Pflicht, Anstalten zu ihrer Vertilgung zu treffen. Uebrigens sind die Mittel dazu sehr einfach und bereits durch die Lebensweise des Thieres an die Hand gegeben: man vernichtet (u. z. im Juni) die am Tage in den Gespinnsten versammelten Raupen, durch Ausbrechen und Verbrennen der Nester; oder man entfernt zu Ende Juli und Anfangs August die Verpuppungsballen; es muss jedoch stets die äusserste Vorsicht den Arbeitern empfohlen werden. Ein Vorbauungsmittel möchte sein: die Einsprengung der Eiche so zu bewirken, dass sie mehr auf das Innere der Bestände beschränkt würde.

17. Die Raupen fertigen sich ein Gespinnst an, in welchem sie entweder einzeln (zwischen zusammengesponnenen Blättern) oder gesellig (zu ganzen Familien) beisammen leben *)   ·   **21.**

— — — — kein Gespinnst an*) · · · · · · · · · · · ·   **18.**

18. Die Raupe zeigt grosse, etwas erhabene, runde, schwarze Punkte, welche in Quer- und Längsreihen gestellt und ganz kurze Borstenhärchen tragen. Je ein Streifen über den Luftlöchern und ein breiter Rückenstreifen schön citronengelb; der dazwischen liegende graugrünlich. Länge 35—40 mm.

Noctua (*Episema*) **coeruleo cephala.** Ochsh. Blaukopf.

---

*) *Bombyx neustria* (Nr. 26 b) reiht sich eigentlich keiner dieser beiden Gruppen so recht an; man vergleiche daher, bevor man in der Bestimmung weiter fortfährt, vorerst die Beschreibung dieser, mit keiner anderen zu verwechselnden Raupe.

Sie frisst vom Mai angefangen bis Ende Juni und Anfangs Juli vorzüglich auf Obstbäumen (Zwetschken, Pflaumen); auch auf Pappeln habe ich sie öfter schon gefunden. Die Verpuppung erfolgt an den Zweigen in einem, an den eingesponnenen Holzspänen, Kothstückchen etc. leicht erkennbarem Cocon aus dem der Falter mitunter noch im Herbste, gewöhnlich aber erst im nächsten Frühling ausschlüpft. Seine Flugweite beträgt 35 mm, die Länge 13 mm. Farbe der Vorderflügel bläulichgrau, die der hinteren thongelb. Ueber die Mitte der ersteren zieht sich eine, ein Drittheil der Flügel einnehmende, am Vorderrande breitere, stahlgrüne, ausgezackte Binde, in deren Mitte drei mehr oder weniger getrennte, gelbliche Flecken stehen; die Basis mit kaffeebraunen Wischen; Flügel ziemlich schmal; der Fransensaum gefleckt.

An Obstbäumen oft sehr schädlich. Doch lässt sich die Vertilgung leicht durch Abschütteln oder Ablesen und Zertreten der Raupen bewirken.

— — — diese Zeichnungen nicht; sie ist entweder ihrer Hauptfarbe nach grün oder grüngelb; oder sie trägt schwarze und gelbe durch orangerothe Quergürtel unterbrochene Längsstreifen . . . . **19.**

19. Die Raupe ist vorherrschend grün oder grüngelb; Behaarung so schwach, dass sie als nackt angesehen werden kann · · **20.**

— Behaarung ist ziemlich lang und deutlich; über den Körper ziehen sich schwarze und gelbe, durch orangerothe Gürtel unterbrochene Längsstreifen; Luftlöcher gross, schwarz, mit einem gelben Ringel umflossen; Kopf gross; Länge bis 55mm.

Bombyx (*Pygaera*) **buoephala.** Lin. Lindenspinner; Mondvogel.

Sie lebt vom Juli bis October auf den verschiedensten Laubhölzern, besonders Buchen, Linden und Eichen, deren jungen Bäumen sie wohl auch manchmal Schaden zufügen kann. Die Verpuppung erfolgt unter der Erde, ohne Cocon; im Juni des nächsten Jahres erscheint der Schmetterling. Flügelspannung 50 mm, Fühler braun, beim Männchen gelb gefiedert; Kopf und Brustschild ockergelb, letzteres mit rostfarbener Doppellinie eingesäumt; Hinterleib blassgelb, in den Seiten schwarz gefleckt; Vorderflügel aschgrau, an der äusseren Spitze ein grosser, hellgelber, rostfarbig gewölkter Mondfleck; an der Wurzel und am Innenrande sind sie silbergrau, mit zwei gelblichen, schwarz und braun gerandeten Querlinien; Hinterflügel vorherrschend gelblichweiss. — Vertilgungsmittel machen sich wohl nie nöthig.

20. *a*) Die Raupe ist grün, mit kaum sichtbaren schwarzen Wärzchen bedeckt; Kopf grün, mit weissen Atomen bestreut; Rückenlinie gelblich, in den Gelenken sich etwas erweiternd; Seitenlinie sehr fein; über den Füssen ein, in den Einschnitten sich verengender und auf dem zehnten und eilften Ringe bräunlich gefleckter Streifen mit den Luftlöchern; der eilfte Ring erhaben, durch einen in der Mitte sich erweiternden Querstrich ausgezeichnet.

Nootua (*Orthosia*) **cruda.** W. V. Eichbusch-Eule.

Die nicht selten massenhaft vorkommende Raupe befrisst das im Mai sich eben entwickelnde Laub der Eichen und wird dadurch ziemlich schädlich. Die Ueberwinterung erfolgt im Puppenzustande, und schon zeitig im Frühjahre erscheint der Schmetterling. Er ist von roth- oder aschgrauer Grundfarbe mit mehr oder weniger dunklen Atomen (besonders das Männchen) bestäubt. Der Kopf und wollig behaarte Mittelleib sind wie die Vorderflügel gefärbt; Hinterleib aschgrau, beim ☉ in einen gelblichrothen Afterbüschel, beim ♀ in eine Legeröhre auslaufend; Hinterflügel ebenfalls aschgrau mit hellerem Fransensaume. Die Zeichnung der Vorderflügel sehr undeutlich; beide Querlinien nur durch dunkle Fleckchen angedeutet, die hintere ausserdem durch einen neben den Punkten wurzelwärts gestellten lichteren Schein. Ringmackel klein, Nierenfleck gross, beide etwas lichter umsäumt und letztere wenigstens im inneren Theile dunkler gekernt. Die Wellenlinie ist lichter als der Grund; dunkle Mondfleckchen zwischen den Rippen der Flügel bilden die Saumlinie. Das kleinere Männchen ist in der Regel etwas dunkler, die Zeichnungen schärfer und mit strahlig gekämmten - Fühlhörnern. ♀ 19 mm lang, 33 mm breit.

Vertilgung bei massenhaftem Vorkommen durch Abklopfen. (Taschenberg.)

b) — — — in der Regel grüngelb, über den Rücken läuft ein grüner, unbeständiger, besonders nach der letzten Häutung verschwundener Streifen und jederseits daneben ein breiter gelber, überdies ziehen vier Reihen gelber Pünktchen der Länge nach über den Körper.

Nootua (*Orthosia*) **instabilis.** W. V. Mandel-Eule.

Man findet die Raupe im Mai und Juni fressend auf Ulmen, Linden, Eichen und verschiedenen Obstbäumen; Ueberwinterung im Puppenzustande. Der Schmetterling erscheint gleichfalls sehr früh im Jahre und ist in seiner Färbung sehr veränderlich, welche vom bleichsten Aschgrau bis zum tiefsten Rostbraun alle Nuancen durchlaufen kann. Die beiden Querlinien der Vorderflügel sind mehr oder weniger deutlich, die Mackel meist gelb umsäumt, Ringmackel etwas langgezogen und schief, Nierenfleck wenigstens in der Innenhälfte dunkel ausgefüllt, zwischen beiden geht ein Mittelschatten durch. Wellenlinie besonders scharf markirt, beiderseits sanft nach innen gebogen, wurzelwärts neben ihr stehen drei verwischte dunkle Flecke: am Anfange, vor der Mitte und am Ende. Die gezähnelten Fransen sind heller als der Grund, die Saumlinie vor ihnen aus dunklen Punkten gebildet. Hinterflügel mit dunklem Mittelmond und lichteren Fransen, Körper- und Fühlerbildung wie bei der vorigen, und dadurch auch die Geschlechter unterschieden. (Taschenberg.)

21. Die Raupen leben einzeln zwischen einfach oder schraubenförmig gerollt (Weiden) zusammengesponnenen Blättern · ·   **22.**

— — — familienweise in Gespinnsten · · · · · · · ·   **23.**

22. *a*) Das kleine Räupchen ist grün mit schwarzem Kopfe und ebenso gefärbtem Nackenschilde und lebt während des Sommers auf Eichen, Birken, Buchen, Erlen, Sauerkirschen zwischen einfach zusammengesponnenen Blättern und hat insbesondere jungen Eichen schon bedeutend geschadet.

Tortrix (*Teras*) **ferrugana.** W. V. Rostgelber Eichen-Wickler.

Die Verpuppung erfolgt an der Frassstelle; der Schmetterling erscheint noch im Herbste und überwintert. (Taschenberg.) Vorderflügel gestreckt, der Saum steil geschwungen, Färbung sehr veränderlich. Der Grundton ist ockergelb bis bräunlichroth oder röthlichgrau und dunkel gespreugelt. Meistens sind zwei oder drei braunrothe oder schwärzliche Flecke vorhanden, öfter fehlen sie oder sind stark verschwommen. Hinterflügel grau, die Fransen dieser, sowie jene der Vorderflügel heller als die Grundfarbe.

b) — — — lebt vom Juni angefangen bis in den August in zusammengesponnenen, schraubenförmig aufsteigenden jungen Blättern mehrerer Weidenarten. Es ist nach beiden Enden etwas verschmälert, vorherrschend graugrün, Kopf hellbraun; der breite hellere Rückenstreifen von einer braunen, dunkler punktirten Linie eingefasst, am Ende mit mehreren schwarzen Strichen.

Tortrix (*Earias*, *Halias*) **clorana.** Hb. G r ü n e r
W e i d e n - W i c k l e r.

Die Puppe überwintert und im April (manche
behaupten eine zweite Generation, und in diesem Falle
wiederum im Juli) erscheint der kleine Schmetterling. Vorderflügel schön apfelgrün mit weissem Vorderrande. — Oberseite des Bruststückes grün; einige
Zeichnungen desselben sowie der Kopf und die Hinterflügel weiss; Hinterleib und Beine weisslich; Fühler
schwarz und weiss geringelt. (Taschenberg.)

23. Die Raupen entweder mit s c h w a r z e r Rückenlinie und neben
dieser beiderseits ein brauner und schwarzer Längsstreifen;
oder mit w e i s s e r Rückenlinie und parallel mit dieser braunrothe, blaue und zum Theile gebrochene schwarze Längsstreifen   **26.**
— — erreichen höchstens eine Länge von 20 mm; Körper
stark nach rückwärts verschmälert, grau oder gelb mehr oder
weniger in's Grünende; Kopf und der getheilte Nackenschild
schwarz; die gelbbraunen, kaum sichtbaren Härchen der
Oberseite stehen auf schwarzen oder schwärzlichen Wärzchen;
auf dem zweiten bis zwölften Ring zwei grosse schwarze oder
schwarzbraune, die beiden mittelsten Haarwarzen von aussen
umschliessende Flecken*) . . . .   **24.**

24. Die Räupchen sind gelb, mehr oder weniger grünlich gefärbt   **25.**
— — — grau, mit schwarzen Kopf- und eben solchen Nacken-
schildern. Länge 14 mm.

Tinea (*Hyponomeuta*) **padella.** L. K l e i n e S c h w a r z -
p u n k t - M o t t e.

Diese, wie die beiden folgenden Arten kommen auf
verschiedenen Obst - und Waldbäumen (besonders
Prunus-, *Pyrus-* und *Rhamnus*-Arten) vor; in Oberösterreich beobachtete ich sie auch auf Akazien (*T.
cognatella*) — Die Raupen v e r p u p p e n sich zu Anfang oder Mitte Juni. Der Cocon ganz dünn und
durchsichtig. Die Puppe 10 mm lang, am Kopf, Rumpf
und z. Th. an den Flügeln und am Hinterleibe schwarzbraun; Afterwulst mit sechs hackigen Borstenhaaren.
In der ersten Hälfte des Juli erscheint der Schmetterling: Flügelspannung 20—21 mm; die Fransensäume
der Hinterflügel ganz grau; Vorderflügel graulichweiss
mit 25—30 schwarzen Punkten. Die Räupchen kommen

---

*) Unter diese Gruppe gehört auch *Tinea (Hypon.) malinella* A p f e l b a u m-
G e s p i n n s t - M o t t e, der *T. evonymella* sehr ähnlich, wird den Apfelbäumen oft
merklich schädlich.

noch im Nachsommer aus den Eiern hervor und überwintern in einem, von ihnen angefertigten Gespinnste
oder die Eier überwintern und die Räupchen schlüpfen
erst im Frühjahre aus. Die befressenen, oft ganz
kahlen, mit Gespinnsten beladenen Gewächse gewähren einen höchst widerlichen Anblick. Für den
Gärtner, der durch den Frass seine ganze Obsternte
einbüssen kann, gehört diese Raupe, sowie die beiden
folgenden, zu den unangenehmsten Insekten. Das Ausbrechen oder Ausschneiden der Raupennester ist wohl
das einfachste Verfahren um diese lästigen Gäste zu
entfernen.

25. *a*) Die Raupe wird bis 14 mm lang; auf dem vierten bis eilften
Ring, hinter den grossen, schwarzbraunen Rückenflecken noch
zwei kleinere, haarlose, die mittelsten Haarwarzen nicht ganz
berührende, braunschwarze Flecken.

Tinea (*Hyponomeuta*) **evonymella.** Lin. Mittlere
Schwarzpunkt-Motte.

Vorkommen, Zeit der Verpuppung, Vertilgung und
Flugzeit des Falters wie bei *Tinea padella.* Cocon
ganz undurchsichtig. Puppe bis 10 mm lang; Afterwulst ohne hackige Borstenhaare. Der Schmetterling hält 24—25 mm Flügelspannung; Vorderflügel
weiss mit etwa 50 schwarzen Punkten.

b) — — — — 20 mm lang; von denen bei *evonymella* angegebenen Charakteren keine Spur vorhanden.

Tinea (*Hyponomeuta*) **cognatella.** Hbn. Grosse
Schwarzpunkt-Motte.

Vorkommen, Zeit der Verpuppung, Vertilgung und
Flugzeit des Falters wie bei *Tinea padella* .Cocon
undurchsichtig. Puppe 11 mm lang, ganz blassgelb,
mit Ausnahme des dunkleren Hinterleibsendes und der
schwarzen Augen; Afterwulst mit 6 hackigen Borstenhaaren. Der Schmetterling misst gegen 21 mm
Flügelspannung; Vorderflügel mit 25—30 schwarzen
Punkten; Fransensäume der Hinterflügel (besonders
gegen die Spitze zu) mehr weisslich (als bei *padella*).

26. *a*) Die Raupe (Ende Mai, Anfangs Juni) 36—38 mm lang, mit
schwarzer Mittellinie und zu beiden Seiten derselben mit
einem braunen und einem schwarzen Längsstreifen; übrigens
bräunlichgrau, Kopf, Brustfüsse, Afterklappen und an den
Luftlöchern schwarz. Die jungen Räupchen, welche im Juli
auskriechen, sind mit Ausnahme des schwarzen Kopfes, der

Brustfüsse und Afterklappen, ganz gelb, einzeln, lang, schwarz
behaart, verspinnen sich sogleich auf der Blattseite und benagen unter dem Gespinnste die Epidermis des Blattes.

Papilio (*Pieris*) **Crataegi.** Lin. Gemeiner Baum-
Weissling.

Je nachdem die Raupen früher Nahrung bedürfen,
erweitern sie diese ersten Gespinnste durch Zuziehung
neuer Blätter, welche bald braun werden, und an ihrer
Trichterform leicht zu erkennen sind. In diesen Nestern
(kleine * Raupennester genannt) überwintern sie und
verpuppen sich Ende Mai oder Anfangs Juni des
nächsten Jahres. Die 26 mm lange Puppe ist an Form
jener der *P. polychloros* (vergl. Nr. 8) ähnlich, aber
sogleich an der Farbe (grüngelb und schwarz punktirt
und gefleckt), sowie an der Art der Befestigung (gewöhnlich an Aesten oder Zweigen mit dem hinteren
Ende angesponnen und durch mehrere über den Rücken
laufende Fäden mehr oder weniger in horizontaler
Lage erhalten) leicht zu erkennen. Schon nach Verlauf
von etwa 14 Tagen erscheint der grosse, weisse
Schmetterling. Seine Flügelspannung beträgt bis
63 mm; Leib, Beine und Fühler schwarz, die letzteren
mit weissem Endknopfe; Flügel mit starken, schwarzen
Adern, an ihren Aussenrändern dunkel angeräuchert.
Die Eier werden in rundlichen Haufen von circa
150 Stücken an den Blättern abgesetzt und sind von
hochgelber Farbe. Auch diese Raupe frisst vorzugsweise auf Obstbäumen, welchen sie ausserordentlich
schädlich werden kann. Vertilgung wie bei *Bombyx
chrysorrhoea* (Nr. 14 a).

b) — Raupe (Ende Mai, Anfangs Juni) gegen 53 mm lang mit
weisser Mittellinie und mit dieser parallel braunrothe und
graublaue Längsstreifen; Kopf gross, blaugrau, mit zwei
schwarzen, grossen Flecken. Auch sie lebt während des
Frasses gesellig; oft zu mehreren Hunderten in einem, gewöhnlich zwischen den Astgabeln befestigten, sehr lockeren
Gespinnste.

Bombyx (*Gastropacha*) **neustria.** Lin. Ringel-
Spinner.

Die Frasszeit dauert von Ende April bis Ende Mai
und Anfang Juni. Um diese Zeit zerstreuen sich die
Raupen nach allen Richtungen, um sich einen passenden Platz zur Verpuppung zu suchen. Sie geschieht

---

*) Taschenberg nennt sie die „grossen" Raupennester.

an Wänden, Zäunen, an Bäumen u. dgl. in einem gelblichweissen, im Inneren mit feinem Mehlstaub angefüllten
Cocon. Auch die 20ᵐᵐ lange Puppe erscheint bestäubt, braunschwarz, ziemlich stark, gelb behaart; die
Flügelgegend mit zwei Quereindrücken; Halsschild mit
schwacher, glatter Mittelleiste. Im Juli fliegt der leicht
kennbare Schmetterling: seine Flügelspannung (des
Weibchens) 37ᵐᵐ, die Länge 20ᵐᵐ; Grundfarbe
ein röthliches Rostgelb; zwei Querlinien sind gelb, mit
dunkelrothbraunen Säumen; eine durch sie einge-
schlossene Mittelbinde, sowie eine Bogenlinie auf den
Hinterflügeln sind deutlich hervortretend. Fransensäume
der Hinterränder hell und dunkel gefleckt. Unterseite
mit der oberen gleichfärbig, einen schwachen Schattenstreifen über die Mitte. Die Eier überwintern, werden
zu 400—500 Stücken in Form von breiten Ringeln
spiralförmig um die schwächeren Zweige gelegt und
sind von braungrauer Farbe. Der Ringelspinner ist
nicht nur den Obstbäumen durch Entblättern und Benagen der Früchte sehr schädlich, sondern kann
auch den forstlichen Laubhölzern ziemlich nachtheilig
werden. So soll er schon Eichen, Weissbuchen und
Ulmen ganz abgefressen haben. Hat man es versäumt,
zu seiner Vertilgung die Eierringel im Herbste und
während des Winters auszuschneiden, so ist es am
Thunlichsten, die gesellig fressenden Raupen, entweder
in den Gespinnsten oder ausserhalb dieser zu tödten.
Ratzeburg schreibt das Abkehren mittelst kleiner,
scharfer Besen vor; auch soll das Ausschiessen mittelst
Schiesspulver schon mit gutem Erfolge angewendet
worden sein. Letzteres wird doch wohl nur bei einzelnen Obstbäumen ausnahmsweise Anwendung finden.

27. Die Raupe zeigt auf dem Rücken vier bis fünf Paare
scharf beschnittene, sehr dichte Haarbürsten und wenigstens
am After einen dichten langen Haarpinsel*) · · · · · · ·   28.

— — hat keinen Afterpinsel, wird 40—45ᵐᵐ lang; röthlichgelb; Behaarung sehr stark und lang, federbuschähnlich über
den ganzen Körper gruppirt, weissgelb; über dem Rücken
eine Reihe perlmutter-weisser z. Th. birnförmiger, schwarz
umringter Spiegelflecken, welche beim Zusammenrollen der

---

*) Unter die Bürstenraupen wären noch zu zählen: 1. *Bomb. gonostigma*
W. V.: zwei Pinsel am Kopfe und zwei am After divergirend abstehend; Raupe
vorherrschend roth; auf den verschiedensten Laubhölzern, besonders aber *Prunus*-
Arten; Verpuppung im Juni in leichtem Gespinnste, im Juli erscheint der Schmetterling. — 2. *Bomb. Abietis* W. V.: zwei Pinsel am Kopfe, zwei am After und vor denselben einen aufwärts gerichteten; auf Tannen; Verpuppung im Juli; Flugzeit des
Schmetterlings im August. — 3. *Bomb. fascelina* W. V.: einen After- und zwei Kopf-
pinsel, und fünf Paar Rückenbürsten; *Prunus*- und *Salix*-Arten; verpuppt sich
Anfang Juni in leichtem Gespinnste und fliegt im Juli.

Raupe besonders schön hervortreten. Kopf und Füsse schwarz, Stirne mit weisser Hackenzeichnung.

Nootua (*Acronicta*) **Aceris.** W. V. Rosskastanien-Eule.

Vom Juli bis zu Anfang September, besonders aber im August findet man diese schöne Raupe auf verschiedenen Laubhölzern fressend, besonders auf Rosskastanien, Ahornen und Eichen; sie kann die grössten Bäume vollständig entblättern und dadurch, besonders in Parkanlagen recht unangenehm werden. Im September verlässt sie den seitherigen Weideplatz und verpuppt sich in einem z. Th. aus ihren langen Haaren angefertigtem Cocon unter Rindenritzen, hinter Zäunen etc. an der Nähe des Bodens. Die schwarze, schlanke Puppe überwintert und im Juni erscheint der Schmetterling. Die Grundfarbe ist weissgrau, mit mehrfachen mehr oder weniger deutlichen am Vorderrande der Vorderflügel sich häufenden schwärzlichen Zeichnungen. Am schärfsten hebt sich ab eine schwarze feine Wellenlinie gegen den Saum zu; ein feiner schwarzer Querstrich in der Nähe des Vorderrandes und ein †-förmiger gegen den Innenrand zu stehender; ferner in der Nähe der Flügelwurzel ein kohlschwarzer in drei Seitenäste sich theilender dicker langer Strich.

28. *a*) Die Raupe nur mit einem Afterpinsel; Bürsten auf dem Rücken des vierten bis siebenten Ringes, seidenartig, gelb oder bräunlichgrau; Afterpinsel roth oder braunroth. Grundfarbe sowie die übrige Behaarung grünlichgelb, auf der Unterseite und in den Einschnitten der Ringe sammtschwarz. Schon bei einer Länge von 10—12 ᵐᵐ zeigt das junge Räupchen sowohl Bürsten als Afterpinsel; die ganz kleinen, kaum ausgebrochenen Räupchen erscheinen schwarz, mit vielen lang behaarten Wärzchen besetzt.

Bombyx (*Orgyia*) **pudibunda.** Lin. Rothschwanz.

Der Frass der Raupen beginnt in der letzten Hälfte des Juli und dauert fort bis Anfang October. Um diese Zeit begeben sie sich von den Bäumen herab, um sich am Boden unter Moos u. dgl. zu verpuppen; gewöhnlich aber, wenn der Frass ein bedeutender ist, sind die Bäume schon gegen Ende August fast kahl, was die Raupen dann zwingt, die bis zur Verpuppung noch nöthige Nahrung vom Bodenschutzholz oder Bodenunkräutern zu beziehen. In der letzten Hälfte des October begeben sie sich unter die Moosdecke, um sich

dort in einem äusserlich nur aus wenigen Fäden und
Raupenhaaren bestehenden, im Inneren festeren, cocon-
ähnlichen Gespinnste zu verpuppen. Die Puppe
ist 15—18 ᵐᵐ lang; vorne dunkelbraun, hinten heller,
gedrungen, am Kopfe breit, mit einigen kurzen Haaren;
die Mittelleiste des Halsschildes nur sehr schwach und
kurz; die Flügelgegend stark gerippt; Fühler stark erhaben; Hinterleib mit einem Griffelfortsatz. — Der
Schmetterling erscheint schon im Mai und seine
Flugzeit dauert den ganzen Juni hindurch. Die Flügelspannung beträgt beim ♀ 52 ᵐᵐ, die Länge 23 ᵐᵐ;
die Grundfarbe ist ein mattes Thongrau. Vorderflügel
an der Spitze stark gebogen, etwas bräunelnd, mit
dunkleren Spritzern übersäet, am Rande dunkler gefleckt, über die Mitte mit, gewöhnlich drei, bräunlichen,
unregelmässig gezackten Bindenstreifen, von denen der,
dem Basalrande zunächst stehende, in der Regel am
deutlichsten hervortritt. Unterseite jedes Flügels mit
einem graubraunen Fleckchen. Das Männchen ist
im Ganzen dunkler, stärker besprengt, die Zeichnungen
deutlicher; Fühler schön gekämmt. Im Juni legt das
Weibchen seine circa 100 Eier partienweise ziemlich
tief unten am Stamme an die Rinde ab, aus denen in
der letzten Hälfte Juli die kleinen Räupchen auskriechen. Seiner forstlichen Bedeutung nach
gehört dieser Schmetterling jedenfalls zu den schädlicheren wenn auch nicht zu den sehr schädlichen Laubholzinsekten, besonders wenn wir seine
in jüngster Zeit angerichteten, aus den Jahren 1868,
1871 und 1872 (Insel Rügen) in's Auge fassen. Man
trifft die Raupe fast auf allen Laubhölzern fressen, an
Birken, Eichen, Haseln, Pappeln, Ulmen, Weiden,
Obstbäumen etc., aber ganz besonders schädlich wird
sie der Buche, welche oft durch sie des ganzen
Blätterschmuckes beraubt wird. — Solche Bäume
werden zum mindesten in ihrem Zuwachse bedeutend
zurückgesetzt, sterben aber auch vielseitig ab. Besonders
junge Stämmchen leiden durch den Frass sehr und
kümmern lange. Als Vorbauungsmittel wird die
Erziehung gemischter Bestände (Einsprengung der
Nadelhölzer unter Buche) angerathen; die Vertilgung
geschieht am leichtesten durch Sammeln der Puppen
während des Spätherbstes und Winters und durch
Zerquetschen der Raupen, wenn sie (in Massen) von
den Bäumen herabsteigen um sich zu verpuppen, oder
durch Abprällen derselben.

b) — — mindestens fünf Pinsel: einen Afterpinsel, zwei
nach vorne stehende Pinsel am Kopfe und zwei wagrecht
seitlich abstehende am fünften Ringe, diese letzteren verliert
übrigens auch häufig die Raupe. In der Grösse sowohl wie

Farbe ist die Raupe sehr veränderlich je nach Alter und Häutung. Die Bürsten sind vom Weiss, Gelb und Grau bis Braun; jeder Leibesring mit einer Anzahl hochcarmoisinrother strahlig behaarter Knopfwärzchen; Rücken in der Regel sammtschwarz; der zweite und dritte Ring hinter den Bürsten ein hellzinnoberrothes Fleischwärzchen. Länge bis 37 mm.

Bombyx (*Orgyia*) **antiqua.** Lin. Schlehen-Spinner.

Man findet die Raupe den ganzen Sommer hindurch auf den verschiedensten Laubhölzern insbesondere auf Obstbäumen fressen. Im Juni verpuppt sie sich in einem leichten Gespinnste und erscheint im Juli als Schmetterling. Das ♀ ist ungeflügelt, asselförmig, 14 mm lang, grau behaart; ♂ geflügelt, gegen 13 mm lang, 28 mm Flügelspannung; im Ganzen rostbraun, Vorderflügel mit zwei deutlichen im Winkel gebrochenen, dunklen Querlinien; eine Binde nächst dem Saume und ein Halbmond an der Flügelspitze lichter als die Grundfarbe; steht gegen den rückwärtigen Aussenwinkel ein leuchtend weisser Fleck; Fühler schön lang gefiedert. Die Eier werden in Form von Eierkuchen abgelegt, und überwintern entweder, oder die Räupchen kriechen noch im selben Sommer oder Herbste aus. Aus dem Umstande, dass ich den ganzen Sommer hindurch die Raupen stets in allen Grössenstadien beobachten konnte, möchte ich den Schluss ziehen, dass wir es im vorliegenden Falle mit einer anderthalbfachen Generation zu thun haben. Besonders schädlich sind die zur Zeit der Knospenentfaltung und der Johannitriebe fressenden kleinen Räupchen an Obstbäumen, indem sie vorzugsweise die Knospen und jungen Früchte benagen und bis tief in den Rindenkörper eindringen. — Bei *Prunus*-Arten höhlen sie die in der Entwicklung begriffenen jungen Früchte gänzlich aus, oder bringen sie durch Benagen der Stängel zum abwelken. Selbst Triebe bis zur Stärke von 2 mm nagen sie durch und richten damit grossen Schaden an. Auch an Fichten soll sie schon empfindlich schädlich geworden sein; ebenso wurde sie an Tannen und Kiefern schon betreten; ich fand sie öfter an Lärchen. Gefährlich scheint sie nur den Obstbäumen zu werden. Im Gebirge trifft man sie noch über 800 m Seehöhe.

29. Die Raupe am letzten Leibesringe mit zwei genäherten, feinen, geraden Spitzen; — oder der Kopf ist gross, vorne flach, mit dunkler V-förmiger Zeichnung und stark eingekerbt. (Männliche und weibliche Schmetterlinge geflügelt) . . . . 30.

— — weder am letzten Leibesringe mit zwei Spitzen (sind solche vorhanden, so stehen diese auf dem Rücken des eilften

Ringes) noch der Kopf am Scheitel stark eingekerbt. (Die
weiblichen Schmetterlinge ungeflügelt) · · · · · · · · · ·   **31.**

30. *a)* Die Raupe wird (bis Ende Juni) 26ᵐᵐ lang und ist stets
kenntlich an den zwei genäherten, am letzten Leibesring
befindlichen, feinen geraden Spitzen. Die Farbe variirt ungemein, so dass bald die rothe, bald die grüne vorherrschend ist.

> **Geometra** (*Cabera*) **pusaria.** Lin. Kleiner Birken-
> Spanner.

Obwohl die Raupe auch schon auf anderen Wald-
bäumen (Buchen, Hainbuchen, Eichen, Aspen, Weiden,
Erlen etc.) angetroffen worden ist, so gehört sie doch
eigentlich nur der Birke an. Sie frisst von Mai bis
Ende Juni, lässt sich dann an Fäden von den Bäumen
herab und verpuppt sich innerhalb eines ganz dünnen
Gewebes in der Erde. Als rothbraune, 13ᵐᵐ lange
Puppe überwintert das Insekt und im Mai fliegt der
Schmetterling. Seine Flugweite beträgt 26ᵐᵐ,
Farbe schneeweiss, stark seideglänzend; die Vorderflügel mit drei, die Hinterflügel mit zwei grünen, wenig
bogigen, schmalen Bindenstreifen. Unterseite gleichfalls
schneeweiss, an den Vorderrändern stark bräunlich besprengt. Als Vertilgungsmittel wird das Betreiben
solcher raupenfrässiger Orte mit Schweinen vorge-
schlagen, zur Zeit (am besten vom August an), wo die
Puppen im Boden ruhen.

b) — — — (bis Mitte oder Ende September) bis 54ᵐᵐ lang,
ist durchaus gleichdick und ausgezeichnet durch grossen,
vorne flachen, fast viereckigen, braunen Kopf, und dunklere
V-förmige Zeichnung auf der Stirn. Der Scheitel stark aus-
gekerbt, wodurch beiderseits ein hornähnlicher Höcker entsteht; Körper stark warzig, die grössten Warzen in der Regel
weiss; Luftlöcher braun. In der Farbe variiren sie sehr;
gewöhnlich sind sie grünlichgrau; seltener bräunlich oder
gelblich.

> **Geometra** (*Amphidasis*) **betularia.** Lin. Grosser
> Birken-Spanner; Ast-Spanner.

Die Raupe frisst vom Juli bis Anfang October auf
den verschiedensten Laubhölzern; zieht jedoch immer
die Birke anderen vor und ist den Zweigen, an denen
sie sitzt, sowohl hinsichtlich der Farbe, als auch ihrer
steifen Haltung wegen, täuschend ähnlich. Im October
verpuppt sie sich in der Erde. Die Puppe nahezu

25 mm lang, dunkelbraun, und auch sie zeigt hinter dem Kopfe zwei Höcker. Im Mai oder zu Anfang Juni erscheint der Falter; seine Flügelspannung beträgt bis 54 mm; der Leib kegelförmig zugespitzt; Grundfarbe meist graulich oder gelblichweiss und sowohl die Ober- als Unterseite der Flügel, sowie der Körper mit unzähligen braunen Spritzern überdeckt. Als Vertilgungsmittel dienen das Abschütteln und Tödten der Raupen, wenn sich ihr Vorkommen nur auf wenige Stämme beschränkt; ausserdem das Betreiben solcher Orte mit Schweinen vom October angefangen. Uebrigens wird selten die Nothwendigkeit dazu geboten sein.

31. Die Raupe auf dem Rücken des eilften Ringes ohne Fleischspitzen · 32.

— — zeigt auf dem eilften Ringe zwei Fleischspitzen. Sie wird 20—22 mm lang, ist rothgelb mit einer Mischung von Dunkelbraun und Grün; jeder Leibesring beiderseits des Rückens mit zwei, kaum sichtbaren, gelben (auf den drei ersten und auf dem vorletzten Ringe grösseren) Pünktchen; der fünfte Ring beiderseits mit einem schwärzlichen Schattenstreifen.

Geometra (*Fidonia*) **aurantiaria.** Hbn. Orangenrother Spanner.

Der männliche Schmetterling mit 33 mm Flügelspannung, ist auf den Vorderflügeln röthlichgelb, rostbraun bestäubt mit drei dunkleren Bindenstreifen durchzogen, deren beide kürzesten dicht beieinander an der Basis stehen. Zu jeder Seite der längeren ein dunkler Punkt; Hinterflügel heller mit einer dunkleren, bogenförmigen Wellenlinie und einem Punkte innerhalb derselben. Die Unterseite blassgelb, mit durchscheinenden Zeichnungen. Das braun- und gelbgefleckte Weibchen 12 mm lang, mit kurzen, hellgrauen, etwas bräunlich gefleckten, langbehaarten Flügellappen. — Lebensweise und Vertilgung wie bei *Geometra brumata*. (Vergl. Nr. 33 c.)

32. Die Raupen über dem Rücken mit einer oder mehreren helleren oder dunkleren Längslinien · · · · · · · · · · · 33.

— — sind bis 31 mm lang, in der Mitte des Rückens mit zarten X-förmigen, einen dunklen Augenpunkt im Winkel einschliessenden Figuren; Körper sehr gestreckt, bräunlichgelb, durch röthlichbraune, hellgesäumte und dunkle Streifen sehr bunt gefärbt.

Geometra (*Fidonia*) **progemmaria.** Hbn. W e i d e n -
S p a n n e r.

In Grösse und Gestalt ist der Schmetterling bei-
derlei Geschlechts der *Geom. defoliaria* (vergl. Nr. 33 b)
ähnlich. Die Grundfarbe beim M ä n n c h e n ist jedoch
dumpfer gelb. röthlichbraun bestäubt; letztes Drittheil
der Vorderflügel mit einer röthlichbraunen, von zwei
dunklen, unregelmässig gezackten Bindenstreifen ein-
geschlossenen Binde und mit noch einem Bindenstreifen
weiter gegen die Flügelbasis. In dem Felde ausserhalb
des letzteren ein dunkler, schräger Strich. Die Hinterflügel schmutzigweiss mit verloschenen Flecken und
Wischen und dunklen Punkten vor dem Fransensaume.
Unterseite schmutzigweiss, rothbraun bestäubt, die
Zeichnungen der Oberseite durchschimmernd. Fühler
der Männchen röthlichgelb, doppelt gekämmt. L e b e n s -
w e i s e und V e r t i l g u n g wie bei *Geometra brumata*
(vergl. Nr. 33 c).

33. *a*) Die Raupe wird 20 ᵐᵐ lang, ist weisslichgrün mit sehr
deutlicher, weisser Längslinie zu beiden Seiten des Rückens,
einer anderen mehr verwaschenen oberhalb der Füsse und
vielen anderen, sehr zarten und schwachen über dem Rücken
und in den Seiten.

Geometra (*Fidonia*) **aesoularia.** Trske. R o s s k a -
s t a n i e n - S p a n n e r.

Flügelspannung des M ä n n c h e n s über 31 ᵐᵐ;
Fühler gekämmt. In Farbe ziemlich der *Geom. brumata*
(siehe Nr. 33 c) ähnlich, die Flügel mehr gestreckt,
mit nur zwei, meist sehr undeutlichen, gesägten, nach
aussen weiss eingefassten (ein etwas dunkleres, mit
schwarzbraunen Strichelchen bezeichnetes Mittelfeld
einschliessenden) Strichen. Hinterflügel stark gerundet,
grauweiss, mit deutlichem, dunklem Punkte, und
mehreren solchen, einen Saum bildenden vor den
Fransen. Die blassere Unterseite mit einem gesägten
Bindenstreifen über die Vorder- und Hinterflügel. Das
W e i b c h e n ist gänzlich flügellos, 11 ᵐᵐ lang, braungrau, mit starkem Afterbarte.

b) — — — ebenfalls bis 30 ᵐᵐ lang, ist oberseits röthlichbraun
mit dunkler Mittellinie, unten gelblich. Die Einschnitte der
Ringe bläulichgrau. An beiden Seiten zieht sich der Länge
nach ein breiter, hellgelber, oben meist schwarz gesäumter
(die von einem braunrothen Fleck umflossenen Luftlöcher in
sich aufnehmender) Streifen; die Bauchfüsse röthlich.

Geometra (*Fidonia*) **defoliaria.** Lin. Waldlinden-
Spanner; Hainbuchen-Spanner.

Die 20ᵐᵐ lange (männliche) Puppe ist rothbraun, hat hinter dem Kopfe (ähnlich wie *Geometra
betularia*) zwei Ohrenhöckerchen und einen zweispitzigen
Aftergriffel. Die Flügelspannung des männlichen
Schmetterlings beträgt 38ᵐᵐ; die Fühler doppelt
gekämmt; Vorderflügel etwas gestreckt, abgerundet,
Grundfarbe röthlich-braungelb, an den Hinterflügeln
heller und schmutzig. Vorderflügel mit zwei breiten,
gezackten, dunkelrothbraunen und weisslich eingefassten Querbinden; die eine, schmälere, nahe am Grunde
der Flügel, beinahe halbmondförmig; die andere,
breitere, ziemlich parallel dem Aussenrande. Der Raum
zwischen diesen beiden Binden zeigt einen fast halbmondförmigen Fleck und ist am hellsten gefärbt. Basis
dunkelbraun. Hinterflügel mit einem schwarzen Punkt.
Die Unterseite heller als die Hinterflügel, mit durchschimmernden Zeichnungen. — Das Weibchen
charakterisiren seine langen Beine; ist 10ᵐᵐ lang, ganz
flügellos, schmutzig gelb, schwarz gefleckt und gesprengelt. Flugzeit um einige Tage früher als bei der
folgenden Art. Was seine forstliche Bedeutung
anbelangt, so kann dieser Spanner zu den merklich-
schädlichen Insekten gerechnet werden, indem er
den Obstbäumen, Buchen, Eichen und Birken in manchen
Jahren schon bedeutend zugesetzt haben soll. In seiner
sonstigen Lebensweise stimmt er mit der folgenden
Art fast ganz überein, daher auch seine Vertilgung
wie dort.

c) — — — bis 26ᵐᵐ lang; Grundfarbe hell, gelblichgrün, mit
dunklerer Mittellinie; beiderseits des Rückens drei sehr helle,
grünlichgelbe Längsstreifen, deren mittelster und unterster
häufig unterbrochen, gleichsam geronnen; Luftlochringe braun;
die Haare kurz, am längsten am Kopfe, am ersten und zwölften Ringe. In der ersten Jugend ist das Räupchen grau, dann
wird es hell gelblich, bleichgrün, mit weissen, kaum sichtbaren Linien über dem Rücken; Kopf schwarz.

Geometra (*Acidalia*) **brumata.** Lin. Winter-Spanner;
Spättling; Frühbirn-Spanner.

Diese Raupe nimmt ebenfalls fast alle Laubhölzer
zur Nahrung hin; Obstbäume scheinen ihr aber am
meisten zu behagen; unter den Waldbäumen sind ihr
die liebsten Eichen, Buchen, Hainbuchen und Ulmen.
Ende April schlüpft das Räupchen aus dem Eie und
beginnt seinen Frass, indem es in die Blatt- und Blüthen-

knospen eindringt; hat erst das Laub sich mehr entwickelt, so macht es sich an dieses, nimmt vorläufig
nur die zarteren, jüngsten Blätter, später auch ältere,
und ist bereits Alles verzehrt, so verachtet es selbst
die noch übrig gebliebenen Blattstiele nicht, klebt sie
zu einem Knäuel zusammen und hält sich darin verborgen. Die Verpuppung erfolgt gegen Ende Mai
oder zu Anfang Juni; die Raupen lassen sich an Gespinnstfäden von den Bäumen herabgleiten und begeben
sich 5—8 cm tief in die Erde. Die Puppe liegt in
einer gerundeten Höhlung, ist nur 8 mm lang, gedrungen,
hellbraun, Haare am Kopfe fehlend. Der Aftergriffel
kurz, am Ende zweiarmig. Erst im November oder im
December bei lauen Nächten fliegt der männliche
Schmetterling und begattet sich. Seine Flügelspannung beträgt 26 mm, die Flügel breit, fächerförmig
abgerundet. äusserst dünn und zart; die Farbe dumpf
schmutzig braungrau, auf den Vorderflügeln bedeutend
dunkler, am Vorderrande etwas in's Kupfrige
schillernd. — Die Zeichnungen bestehen in mehreren,
oft verwaschenen, daher gewöhnlich undeutlichen,
welligen dunkleren Linien; die Unterseite heller mit
vier, häufig ganz undeutlichen Punkten und durch
shimmernden Linien, die etwas seidenglänzenden bräunlichgrauen Fransensäume an der Basis mit einzelnen
dunklen Flecken. Das Weibchen etwas über 7 mm
lang; die Grundfarbe graubraun mit vielen weissen
Schüppchen (besonders am Kopf und Halsschild) übersäet; die Fühler und Füsse lang und dünn; Flügellappen ziemlich lang, braun, weiss beschuppt, vor dem
Ende eine Binde und an der Basis meist mehrere
Flecken schwarzbraun. Die kleinen, grünlichgelben
Eierchen werden in Klümpchen von 3—20 Stücken
an die Knospen gelegt, aus denen zur oben angegebenen
Zeit die Räupchen entschlüpfen. Als Obstinsekt gehört
dieser Spanner zu den sehr schädlichen; als
eigentliches Forstinsekt aber immerhin zu den merklich schädlichen. Seine Vertilgung bewirkt
man in Gärten am besten durch Anlegen von Theerbändern um die einzelnen Stämme in den Monaten
October und November, auf welchen die Weibchen
beim Hinaufklettern kleben bleiben. Auch wird noch
empfohlen die Erde um die Bäume herum 30 cm tief
(in der Zeit vom Juni bis September) aufzugraben
und dann festzutreten, wodurch die Puppen so tief
unter die Erde gebracht werden, dass sie sich nicht
mehr entwickeln können. Im Walde ist natürlich dies
Alles nicht thunlich; hier hat man überhaupt nur eine
geringe Auswahl von Mitteln, und man wird wohl stets
zu dem des Raupenklopfens in untergehaltene Schirme
greifen müssen.

34. Der Körper der Larven schleimig, wodurch sie ein schnecken-ähnliches Aussehen bekommen. Der Frass geschieht nur durch Benagen oder Abschaben der Epidermis; die Blätter vertrocknen dadurch und werden braun · · · · · · · · · ·   **35.**

— — — — nicht schleimig; bei manchen Arten werden die Blätter von den Rändern her stückweise ausgefressen · · ·   **36.**

35. *a)* Die Larve ist mit schwarzer, nach Tinte riechender Masse überzogen, wird gegen 9 mm lang, ist (abgewischt) hell lauchgrün mit dunklerem Rückenstreifen; der Kopf schwarz, die Mundtheile gelb, die Luftlöcher und die zwanzig Beine braun. Häufig im September und October auf Kirschen- und Zwetschkenbäumen; auch auf Schlecdorn.

Tenthredo (*Allantus*) **aethiops.** Fb. Schwarze Obst-Blattwespe.

Die Fliege wird 4·5 mm lang, mit Ausnahme der Vorderschienen, Kniegelenke, der Basis der Mittelschienen, theilweise des Mundes und der vorderen Fussglieder (welche genannten Theile gelbbraun sind) tief schwarz, glänzend, schwach behaart; Hinterleib kurz, fast eiförmig; die Fühler neungliedrig, nur wenig kürzer als der Hinterleib; Flügel angeräuchert mit schwarzem Randmale. Im October begibt sich die Larve in die Erde und verpuppt sich in einem tönnchenförmigen Cocon, aus welchem sich im Mai oder Juni des nächsten Jahres die kleine Wespe entwickelt. Das Insekt kann einzelnen Obstbäumen oft beträchtlich schaden und man hat verschiedene Laugen zum Bespritzen solcher Bäume in Vorschlag gebracht.

b) — — — — grünlich weisslichem Schleime überzogen, 11 mm lang; der Darmkanal schimmert dunkelgrün durch. Der Kopf braun, eine von einem Auge bis zum andern über den Scheitel ziehende, halbkreisförmige Linie dunkelbraun (bei jungen Larven fehlend). Die beiden hintersten Brustfusspaare mit schwarzbraunen Schildern und Ringen. Man bemerkt sie zu zwei Zeiten: im Sommer einmal, von Mitte Mai bis zum Juli; dann wiederum von Mitte August bis Mitte September, und zwar ausschliesslich auf Linden.

Tenthredo (*Allantus*) **annulipes.** Kl. Kleine Linden-Blattwespe.

Die männliche Wespe wird 4·5 mm, das Weibchen bis 5·5 mm lang, ist der vorherbeschriebenen sehr ähnlich, auch glänzend schwarz mit Ausnahme der

Basis der Schienen und einzelnen Fussglieder (an den
Fussgliedern der Hinterbeine nur die erste Hälfte des
ersten Gliedes weiss); die Flügel an der Basis am
hellsten, nach der Spitze zu allmählich stärker angeräuchert. Behaarung äusserst fein. In Linden-Alleen
und Parkanlagen kann die Larve öfters sehr unangenehm werden. Anstatt des, bei der vorigen Art angeführten Bespritzens mit Lauge behufs der Vertilgung, räth Ratzeburg, lieber den Boden um den
Fuss der befallenen Bäume umzugraben, wodurch die
schwachen Tönnchen des Insektes verstürzt und die
Wespen an ihrer weiteren Entwicklung verhindert
werden.

36. Larven mit 20 oder 22 Beinen; sie fertigen während ihres
Frasses kein Gespinnst an · · · · · · · · · · · · · · ·   37.

— — 8 Beinen, in Gespinnsten lebend; ihre Länge (gegen
Ende Juli) 20—25 ^{mm}; Kopf schwarz, der übrige Körper hell
dottergelb; Rückenschild auf dem ersten Ringe getheilt, zu
beiden Seiten desselben noch ein grösseres, dreieckiges. Sie
leben gesellig in Familien von 5—20 und noch mehr Stücken,
bewegen sich schnell in ihrem Gespinnste und lassen sich bei
Berührung des Zweiges zur Erde fallen.

Tenthredo (*Lyda*) **olypeata.** Kl. Gesellige Obst-
Blattwespe.

Der Frass dauert vom Juni bis Anfang August.
Um diese Zeit begeben sich die Larven in die Erde,
überwintern da, verpuppen sich im Mai und Ende
Mai erscheint die Wespe. Länge des Weibchens
12 ^{mm}; Flügelspannung bis 23 ^{mm}. Am Hinterleibe ist
sie blauschwarz, die Ränder hell, gesägt; die Unterseite mit helleren Binden; Beine weissgelb mit Ausnahme des grössten Theiles der Vorder- und Mittel-
hüften und eines Fleckes an der Basis der Schenkel
(schwarz). Der Grund der Fühler, ein herzförmiger
Fleck zwischen denselben, und die Mundtheile gelb;
der übrige Körper schwarz. Punktirung am Kopf,
Rumpf und besonders am Schildchen sehr grob und
tief, zum Theil runzelig. Die Vorderflügel mit einer
rauchgrauen, breiten Binde. Das 11 ^{mm} lange und
19 ^{mm} gespannte Männchen unterscheidet sich vom
Weibchen durch ganz gelben Vorderkopf, ganz weiss-
gelbe Beine und bräunlichgelben, nur am Grunde oben
schwärzlichen Hinterleib. An Obstbäumen wird die
Larve zuweilen merklich schädlich, kann aber
leicht durch Sammeln der Raupen in den Gespinnsten
vertilgt werden.

39. a) Die Larve wird über 26 mm lang, ist dunkelgelb auf dem
ersten und zwölften Ringe mit zwei, auf jedem der übrigen
mit vier querreihig gestellten, schwarzen Flecken; die Behaarung lang, Kopf schwarz. Man findet sie im Herbste an
Pappeln, besonders an der Pyramidenpappel häufig.

Tenthredo (*Cladius*) **viminalis.** Fall. Gelbe Pappel-
Blattwespe.

Im Herbste verpuppt sich die Larve in der
Erde und im Mai des nächsten Jahres fliegt die
Wespe. Sie ist 9 mm lang, 19·5 mm gespannt, von vorherrschend hell-bräunlichgelber Farbe; der Kopf und
ein Theil des Rumpfes schwarz. Beim Männchen
sind die Fühler braun, an der Innenseite lang behaart
und beinahe so lang als der Leib. Als Vertilgungsmittel: das Abklopfen der Larven von den Bäumen.

b) — — — nur 13 mm lang, ist am Rücken grünlich-graubraun,
am Bauche und an den Seiten grünlichweiss; Kopf bräunlich-
weiss, an den Augen, am Scheitel und an der Stirn mit einem
grossen, schwarzbraunen Fleck und ausserdem noch punktirt,
Die Behaarung ziemlich lang und hell. Während des Mai
und Juni sieht man sie, vorzüglich an Kirschbäumen, die
Blätter an der Unterseite benagen.

Tenthredo (*Cladius*) **albipes.** Kl. Weissbeinige
Kirschen-Blattwespe.

Gegen Ende Juni begeben sich die Larven in die
Erde, machen sich einen Cocon und verpuppen sich
entweder gleich (dann erscheint im Juli die Wespe
und im August frisst die zweite Raupenbrut); oder sie
überwintern, um sich erst im nächsten Frühjahre zu
verpuppen (dann fliegt die Wespe im Mai). Ihre
Länge beträgt bis 6 mm, ist ganz schwarz, nur die
Taster und die Beine bräunlich weiss. Den Kirschbäumen kann dieses Insekt sehr schädlich werden.
Behufs seiner Vertilgung wendet man das Um-
graben der Erde unter den Bäumen an, zur Zeit,
wo Raupen oder Puppen in der Erde liegen und

dadurch verstürzt werden. Bespritzen der Bäume mit
Kalkwassser oder Laugen.

40. Die Larven sind grün, mehr oder weniger bläuelnd, am
vordern und hintern Ende schön hellgelb oder orangenfärbig;
der Kopf schwarz. . . . .   41.

— — — am ganzen Körper hellgrün, oder mit einem dottergelben Streifen über den Luftlöchern; nie an den beiden
Enden gelb gefärbt. . . . .   42.

41. a) Die Larve wird über 26 mm lang, ist bläulichgrün, nach dem
vorderen und hinteren Ende ist ein schönes citrongelb verlaufend; der erste Ring ganz gelb. Der Kopf, sechs Reihen
Rückenflecken, eine Reihe am Bauche und ein Fleck auf
dem letzten Ringe tief schwarz. Am liebsten frisst sie auf
jungen Birken, ist aber auch schon auf Lorbeerweiden, Eber-
eschen, Erlen, Balsampappeln, Haseln beobachtet worden
und von mir auch dann und wann an Johannisbeersträuchen
und Stachelbeeren etc., welche ganz kahl gefressen wurden.
Sie schleudert beim Fressen den Hinterleib oft und schnell in
die Höhe, so dass das hintere Ende beinahe den Kopf
berührt.

Tenthredo (*Nematus*) **septentrionalis.** Lin. Breit-
füssige Birken-Blattwespe.

Der Frass dauert von Mitte Mai bis gegen die
Mitte des Septembers. Da begeben sich die Larven
von den Bäumen herab, verpuppen sich am Boden in
einem rauhen, tönnchenförmigen Cocon, und im Juli
oder August erscheint die Wespe. Ihre Länge beträgt
9—10 mm, über die Flügel 22—25 mm; Fühler neungliedrig; erstes Fussglied breit schaufelförmig; das
Schildchen sehr deutlich, die Mittelbrust sehr dicht
und deutlich punktirt, matt. Beim Weibchen ist der
Kopf, Rumpf (mit Ausnahme der weisslichen Rückenkörnchen) und am (röthlich-gelbbraunen) Hinterleibe
die Basis und Spitze schwarz. Mund bräunlichschwarz;
Schienen und Füsse der Vorder- und Mittelbeine ganz
licht, bräunlich; die ersteren an der Basis mit einem
weissen Riegel. Fussglieder der Hinterbeine, sowie die
Enden der gleichfalls weiss geringelten Schienen,
schwarz; die Schienendornen röthlichbraun. Ueber die
Flügel eine breite, am Randmale beginnende, bräunlich-
graue Binde. Die Eier, zuweilen gegen 150 an einem
Blatte, werden in die Blattrippen der Birkenblätter
eingeschoben und aus ihnen schlüpft binnen weniger
Tage das Lärvchen aus. Die forstliche Bedeutung

dieser Wespe ist zwar nur gering; sie konnte aber doch, da ihre Raupe mitunter ziemlich zahlreich erscheint und so auffallend in ihrem Aeusseren ist, nicht gut unerwähnt bleiben.

b) — — — ebenfalls über 26 ᵐᵐ lang, ist der eben beschriebenen sehr ähnlich, doch hat sie sieben, aus schwarzen Warzen zusammengesetzte Längsstreifen über den Rücken und die gelbe oder Orangefarbe ist nur auf den drei ersten und den beiden letzten Ringen, u. z. scharf abgegrenzt, vorhanden. Der Kopf und ein grosser Fleck am letzten Leibesring schwarz. Die Larve kommt mitunter häufig auf Weidenarten, besonders der Bruch-, Silber- und Bandweide vor und hat ähnliche Gewohnheiten in ihrer Bewegung, wie die vorher beschriebene.

Tenthredo (*Nematus*) **Salicis.** Lin. Gemeine Weiden-Blattwespe.

Frasszeit, Verpuppung und Flugzeit der Wespe wie bei *Tenth. septentrionalis* (vergl. oben). Die Wespe ist 8—10 ᵐᵐ lang, fast durchaus hellbräunlichgelb; der grösste Theil des Rückens mit dem Schildchen, z. Th. der Oberkopf und meist ein Brustfleck schwarz. Den obenangeführten Holzarten soll sie oft sehr schädlich werden. Vertilgung: durch Abschütteln und Tödten der nur sehr locker sitzenden Larven.

42. a) Die Larve wird 23—25 ᵐᵐ lang, am After mit zwei Spitzen und einem schwärzlichen Fleck; sonst hellgrün, über den Luftlöchern mit einem schönen, aus dottergelben Flecken gebildeten Längsstreifen und mehreren dunkleren Punktreihen. Sie charakterisirt auch noch ausserdem ihr eigenthümlicher Geruch. — Auf Weiden, Pappeln und Ulmen.

Tenthredo (*Nematus*) **perspicillaris.** Kl. Gelbe Rüstern-Blattwespe.

Die Wespe fliegt Ende Mai und im Juni, ist der *Tenth. Salicis* zum Verwechseln ähnlich, Länge 10 ᵐᵐ, Flugweite 21 ᵐᵐ und hauptsächlich durch gelbes Schildchen (bei jener schwarz) und stets deutlichen, grossen, schwarzen Brustfleck verschieden. — Vertilgung: wie oben.

b) — — — nur gegen 17 ᵐᵐ lang, ist durchaus von grüner Farbe, mit sechs, z. Th. unterbrochen, abwechselnd helleren und dunkleren Längsstreifen. Sie lebt auf Eschen.

Tenthredo (*Allantus*) **nigerrima.** Kl. Schwarze
Eschen-Blattwespe.

Anfangs Juni geht die Larve in die Erde, um
sich zu verpuppen. — Die 8 mm lange und 18 mm
spannende Wespe ist leicht kenntlich an ihrer fast
durchaus glänzend schwarzen Farbe, nur die Schenkel-
spitzen und beim Männchen die Vorderschienen theilweise bräunlich. Dieses Insekt gehört zu den merklich schädlichen, denn es soll Eschenbestände schon
einige Male bedeutend gelichtet und im Wuchse zurück-
gebracht haben. Vertilgung wie bei *Tenth. Salicis*
(Nr. 41 *b*.)

43. Die Larve ist blassgrün, weiss gepudert und 17 mm lang; die
Mittellinie des Rückens mit abgekürztem, dunklem Streifen,
der Kopf am Scheitel und an den Augen schwarz gezeichnet.
Man findet sie häufig im Vor- und Nachsommer mit dem
Skeletiren der Erlenblätter beschäftigt.

Tenthredo (*Allantus*) **ovata.** Lin. Rothfleckige
Erlen-Blattwespe.

Die Wespe wird bis 7·5 mm lang, 16 mm gespannt;
Mittelbruststück und der Rand der vorderen braunroth; ein Ring an der Basis der Hinterschienen und
die Rückenkörnchen weisslich. Im Uebrigen schwarz,
der Kopf, das Schildchen und z. Th. der Rumpf äusserst
grob und weitläufig punktirt. Forstliche Bedeutung:
gering.

— — — ohne weisse Bepuderung; der Körper heller oder
dunkler grün; der Kopf meist gross, kugelig gewölbt. · · ·   **44.**

44.   Die Larve ohne dunklen Rückenstreifen. · · · · · · · ·   **45.**

— — wird bis Ende August über 40 mm lang; ist grasgrün,
zu beiden Seiten des dunklen, schwärzlichen Rückenstreifens
gelbgrün; der Kopf heller und der Leib mit vielen gries-
artigen, helleren Wärzchen übersäet; die Luftlöcher fast
herzförmig und wie die Augen schwärzlich. In der Ruhe
rollt sie sich, bloss mit den Brustfüssen auf der Blattfläche
sich haltend, schneckenförmig zusammen. Vorkommen: auf
Birken.

Tenthredo (*Cimbex*) **variabilis.** Kl. Grosse Birken-
Blattwespe.

Die Verpuppung erfolgt im September, entweder
am Baume oder auch am Boden, in einem meist

braunen Cocon. Gewöhnlich im Mai oder Juni des
nächsten Jahres (selten des zweiten) erscheint die
Wespe. Sie ist 20—26 mm lang, bei 45—50 mm Flügelbreite, Fühler sechsgliedrig, die drei letzten Glieder
stets hell gefärbt. In der Farbe ausserordentlich
variirend, so dass rein schwarze und ganz bunte, rothbraun, gelb und schwarz gezeichnete nicht selten vorkommen. Ihre forstliche Bedeutung ist bis jetzt
(abgesehen von Bechstein's Berichten) noch gering
zu nennen. Sollten sich Vertilgungsmittel nöthig
machen, so würde das Abklopfen, Sammeln und Tödten
der Larven keine Schwierigkeiten bieten.

45. *a)* Die Larve ist der vorigen ähnlich, aber schlanker und kleiner,
das Grün dunkler und matter, die Luftlöcherflecken kleiner
und elliptisch; Wärzchen am Körper fehlen. Vorkommen:
auf Weiden.

Tenthredo (*Cimbex*) **lucorum.** Ratz. Grosse Pelz-
Blattwespe.

Die Wespe wird 20—26 mm lang; die Fühler
sechsgliedrig; am ganzen Körper braungrau behaart:
Fussglieder und Schienen braungelb. Forstliche Bedeutung: gering.

b) — — der eben beschriebenen ähnlich, jedoch sind die,
die Luftlöcher umgebenden Flecken herzförmig. Sie lebt
auf Weiden und hat die Eigenthümlichkeit, aus Drüsen, die
über den Luftlöchern stehen, eine übelriechende Feuchtigkeit
bei der Berührung auszuspritzen.

Tenthredo (*Cimbex*) **Amerinae.** Fb. Grosse Weiden-
Blattwespe.

Im Juli oder August verpuppen sich die Larven
ie einem maschig durchlöcherten Cocon, in welchem
die Puppen bis zum Frühjahre ruhen. Die Wespe
ist 18—22 mm lang; die Fühler fünfgliedrig mit rothbraunem Endknopfe, Körper schwarz, stark behaart,
Bauch und After rothbraun, Lefze und z. Th. das
Kopfschild, und beim Weibchen die Ränder der
Bauchringe weiss; die Füsse und Schienen bräunlich.
Forstliche Bedeutung ebenfalls gering.

46. Die Larven sind mindestens viermal so lang als breit. · · · **47.**

— — — kaum dreimal so lang als breit. · · · · · · · · **48.**

47. Die Larve lebt im Mai bis August auf Erlen; sie ist 12 mm
lang, von oben beschen, an den Seiten gezähnt; jeder Körper-

ring mit einer Querfurche und hinter und vor dieser mit zwei
behaarten, glänzenden Querleistchen; am After grün. Sonst
schwarz mit einem Strich in's Grüne; ziemlich stark behaart
und glänzend. Sie werden durch Zerfressen der Blätter den
Erlen oft sehr schädlich.

Chrysomela (*Agelastica*) **Alni**. Lin.

Beschreibung des Käfers und Vertilgungsmittel
(siehe Nr. 105).

48. *a*) Die Larven werden 9—11 ᵐᵐ lang und nahezu 4 ᵐᵐ breit.
Die Grundfarbe ist schmutzigweiss, zweiter und dritter Ring
mit zwei schneeweissen Seitenhöckern. Kopf, Beine, ein
Rückenfleck auf dem ersten Ringe und eine Reihe Höcker
beiderseits des ganzen Leibes glänzend schwarz. Verpuppung
an den Blättern. Die Puppe am After befestigt, hängend, bis
11 ᵐᵐ lang, bräunlich gelb, mit sehr vielen eckigen regelmässig gestellten, schwarzen Punkten und Flecken. Der Frass
dauert vom Mai bis in den August und beschränkt sich fast
ausschliesslich auf Aspen und Pappeln, welchen Holzarten das
Insekt sehr schädlich werden kann.

Chrysomela (*Lina*) **Populi**. Lin. und **Chrysomela**
(*Lina*) **Tremulae**. Fabr.*)

Beschreibung der Käfer und Vertilgungsmittel
(siehe Nr. 98 *a* und *b*).

b) — Larve der vorherbeschriebenen ähnlich, jedoch breiter,
mehr eiförmig, Beine kürzer, die Rückenpunkte kleiner, weiter
von einander entfernt, auf dem neunten Ringe noch
nicht ganz in einem Fleck verschmelzend. Auf
Birken und Saalweiden, an welchen sie am häufigsten getroffen wird, oft schädlich.

Chrysomela (*Adimonia*) **Capreae**. Lin.

Beschreibung des Käfers und Vertilgung (siehe
Nr. 103).

_____

*) Da die Larven dieser beiden Arten so grosse Aehnlichkeit mit einander
haben, und fast immer zusammen angetroffen werden, wurden sie hier unter einer
Nummer zusammengefasst.

49. Der Käfer hat an allen Beinen eine gleiche Anzahl Fussglieder.*) 50

— — ist schön smaragdgrün mit oder ohne Gold- oder Kupferglanz, 12—20 mm lang. Die Fussgliederzahl ungleich: an den Hinterbeinen drei, an den Vorder- und Mittelbeinen fünf. Fühler und Augen schwarz, erstere fadenförmig, etwas länger als Kopf- und Halsschild zusammengenommen. Der Kopf gross, dreieckig, wie an einem Stiele am (schmäleren fünfeckigen) Halsschilde hängend; der Scheitel mit einer tiefen Mittellinie. Die Flügeldecken weich, etwas eingerollt, jede mit zwei deutlichen Längsrippen zunächst der Flügelscheide. An der Brust mit wenigen, weissen, seidenartigen Haaren.

Lytta vesicatoria. Fb. Spanische Fliege; Spanische Mücke; Pflasterkäfer.

Am gewöhnlichsten findet man ihn auf Eschen und zwar oft in solcher Menge, dass sich buchstäblich die Aeste biegen. An Ahorne und Pappeln geht er weniger gern, hingegen liebt er unter den Gartengewächsen besonders den spanischen Holler oder Flieder (*Syringa*). Im Monate Juni sind sie am häufigsten, sind im Stande die Eschen ganz zu entblättern und können in Folge dessen dieser Holzart sehr schädlich werden. Während der warmen Tageszeit sind sie sehr flüchtig und nicht leicht durch Schüttel zur Erde zu werfen. Ihre Vertilgung geschieht daher am besten in den frühen Morgenstunden. Da sie in den Apotheken oft gut bezahlt werden, so dürfte durch diesen Erlös wenigstens ein Theil der Sammlerlöhnung zu decken sein. Vorsicht beim Sammeln derselben, da sie die Eigenthümlichkeit besitzen, auf der blossen Haut Blasen zu erzeugen.

50. Käfer mit fünf Fussgliedern. Körper entweder ziemlich schmal, lang gestreckt oder breit und flachgedrückt: dann sind die Fühler faden- oder schnurförmig, und mehr oder weniger deutlich gesägt (*Buprestiden*); oder der Käfer mehr gedrungen, der Leib dick: dann sind die Fühler im Verhältniss zum Körper sehr kurz, und am Ende in breite Blätter erweitert, wie beim gemeinen Maikäfer (*Lamellicornidae*) . . . . 51.

---

*) Sollte dies wegen der Kleinheit des Insektes schwer zu entscheiden sein, so vergleiche man nur die nächstfolgende Art, und man wird sogleich in den Stand gesetzt sein, zu bestimmen, in welche Gruppe der fragliche Käfer gehöre, falls er überhaupt ein forstlicher ist.

— — vier Fussgliedern. Körper e n t w e d e r schlank, gestreckt, gewöhnlich sehr gross, mit langen, borstenförmigen Fühlern (*Cerambycinae*); o d e r der Körper ist mehr oder weniger eiförmig, der Kopf häufig rüsselförmig verlängert mit keulenförmig verdickten Fühlern (*Curculionidae*); o d e r letzterer nicht rüsselförmig verlängert, Fühler schnurförmig, nur selten schwach gegen die Spitze verdickt (*Chrysomelidae*) · · · · **63.**

51. Die Fühler am Ende in breite Blätter erweitert. · · · · · **52.**

— — — — nicht blattförmig erweitert, sondern faden- oder schnurförmig, häufig schwach gesägt · · · · · · · · · · · **58.** *)

52. Die Fühler am Ende mit m e h r, als drei Blättern; die Käfer 25—29 mm lang. · · · · · · · · · · *I. Abth. Tab. II.* Nr. **26.** **)

— — — — mit drei Blättern. · · · · · · · · · · · · · · **53.**

53. Der Käfer ist, besonders an der Brust, häufig auch auf dem Halsschilde, am Kopf und Hinterleib, lang zottig behaart. · **54.**

— — — ganz glatt, nur an der Unterseite kaum sichtbar, grau behaart. Länge 12—14 mm; die Fühler bräunlichgelb mit

---

*) Einiger, durch ihre Farbenpracht auffallender hierher gehöriger Arten sei noch Erwähnung gethan:

1. *Acmacodera octodecim guttata*, Lap. 10 mm lang; walzlich, Brustschild hoch gewölbt, stellenweis mit wolligem Flaume bedeckt, das Schildchen sichtbar; Flügeldecken dunkel-stahlblau, jede mit neun gelben Punkten. Larve in Buchenästen. Prof. Altum.

2. *Bupr.* (*Ptosima*) *flavomaculata*, Ill. 10 mm lang, von ähnlicher Gestalt wie der Vorige, ohne feine Behaarung, Schildchen rund, klein; schwarz mit blauem Scheine; Flügeldecken mit je drei gelben, die Naht (nicht den Aussenrand) berührenden Querflecken. Larve im Stamme und in den starken Aesten der Weichselkirsche. Prof. Altum.

3. *Bupr.* (*Chalcophora*) *mariana*, L. Die grösste bei uns einheimische Art; 30 mm lang; gestreckt, elliptisch, Schildchen ein eingesenkter viereckiger Punkt; grau, erzfarben; Flügeldecken grobrunzelig, mit je zwei kupferfarbnen, grösseren Vertiefungen, welche von schwärzlichen, glänzend erhabenen Streifen unterbrochen werden. Vorkommen an Kiefern.

4. *Bupr.* (*Dicerca*) *berolinensis*, F. 20 mm lang, gewölbt, gestreckt, nach hinten stark verengt; die Spitzen der Flügeldecken gabelförmig auseinandergehend; kupferig broncefarbig mit dunklen glänzenden Flecken. Vorkommen an starken Buchen. Prof. Altum.

5. *Bupr.* (*Lampra*) *rutilans*, F. 12—14 mm lang, flach gewölbt; prachtvoll goldgrün; Schildchen auffallend quer und in der Mitte nach hinten in eine feine Spitze ausgezogen; Flügeldecken mit sehr feinen schwarzen Flecken besäet und neben dem Aussenrande röthlich golden. Vorkommen an Linden; nach Taschenberg auch an Ulmen und Erlen.

6. *Bupr.* (*Ancylocheira*) *rustica*, 16 mm lang, dunkelgrün oder blau; selten an Stirne, den Vorderecken des Halsschildes und letztem Bauchringe gelbfleckig. Körper mässig gewölbt, spitzt sich von der Mitte an allmählig zu; jede Flügeldecke hinten abgerundet; Schildchen klein, rund. Nach Prof. Altum die Larve in Weisstannen.

7. *Bupr.* (*Ancylocheira*) *flavomaculata*, F. etwas kleiner, schmutziggrün oder metallisch bräunlich mit drei sehr veränderlichen gelben Flecken auf jeder Flügeldecke. Vorkommen in Kiefern.

**) Man fahre unter dieser Nummer weiter in der Bestimmung fort.

schwarzen Endgliedern; Körper eiförmig, ziemlich hoch gewölbt,*) Kopf und Halsschild dicht punktirt, letzteres stark gewölbt. Schildchen abgerundet, dreieckig, beinahe halbkreisförmig. In Farbe variirt dieser Käfer sehr: gewöhnlich ist die Unterseite grünschwarz oder blauschwarz; Kopf und Halsschild mit Ausnahme der gelben Seitenränder grün oder blaugrün; die Flügeldecken braungelb mit grünem Schimmer. Mitunter jedoch ist der ganze Käfer grün, blaugrün oder schwarz; oder es sind blos die Flügeldecken so gefärbt; alle diese Färbungen metallisch.

Melolontha (*Anomala*) **Frisohii.** Fbr. Frisch'scher Laubkäfer.

Im Juni und Juli, vorzüglich auf Weidenarten.

54. Kopf, Halsschild, Beine und Schildchen (letzteres öfter dicht weiss behaart) stets mehr oder weniger grün, mit, oder ohne Metall- oder Kupferglanz. Brust und Hinterleib ebenso, aber stets etwas dunkler, gefärbt, meist durch dichten Haarüberzug gelblichweiss erscheinend. Länge 9—13 ᵐᵐ. . . . . **55.**

— — — — häufig der ganze Körper ziemlich gleichfärbig mit den Flügeldecken; diese mehr oder weniger wachstaffetgelb; die ganze Oberfläche besonders das Halsschild entweder lang und zottig, oder ganz kurz und anliegend behaart, in letzterem Falle die Behaarung nur bei schiefer Richtung deutlich erkennbar und der Käfer wie bestäubt erscheinend. Länge 13—18 ᵐᵐ. . . . . **57.**

55. Die Flügeldecken schmutzig braungelb, mässig glänzend, wenigstens beim Weibchen um das Schildchen herum schwärzlich; die Naht derselben stets schwärzlichgrün. . . . . . . **56.**

— — gewöhnlich hell rothbraun, ziemlich stark glänzend (selten an der Naht oder an den Rändern dunkler; oder ganz pechbraun; oder bläulichschwarz); Kopf, Halsschild und das Schildchen grün oder blaugrün, erzfärbig glänzend, erstere mit langen abstehenden Haaren besetzt. Die Unterseite

---

*) Von den *Cetonien* (Goldkäfern) mit denen er, seiner Farbe wegen, von dem Ungeübten verwechselt werden könnte, dadurch schon hinlänglich unterschieden; von anderen in diese Abtheilung gehörigen Arten durch den gänzlichen Mangel von Behaarung oder Beschuppung der Oberseite und durch seine Färbung; es könnte also nur mit den drei übrigen, aber fast immer seltenen *Anomala*-Arten eine Verwechslung vorkommen.

dunkler, beinahe schwarz, metallisch und ebenfalls zottig, aber dichter behaart. Länge 8—11 mm.

Melolontha (*Phyllopertha*) **hortiola.** Lin. Garten-Laubkäfer.

Im Juni findet man den Käfer am häufigsten; und zu der Zeit sind die Bäume oft über und über mit ihm beladen. Er ist an allen Gewächsen, sowohl holz- als krautartigen sehr schädlich, indem er sie nicht selten ganz kahl frisst. Dazu kommt noch, dass seine Larve (sie ist heller, kleiner, länger behaart, der letzte sackförmige Leibesring heller gefärbt und weniger erweitert als beim gemeinen Engerling) gleich jener des Maikäfers, die Wurzeln der Gewächse benagt und so noch mehr schadet als das Insekt selbst. Seinem ganzen **Verhalten** nach gehört er also zu den **sehr schädlichen,** nur trifft der Schaden in der Regel mehr den Landwirth und Gärtner als den Forstmann. Ueber **Vorbauung** und **Vertilgung:** (siehe *Melolontha vulgaris, I. Abth. pag. 17*).

56. *a*) Kopf und Halsschild mit ziemlich dichter, abstehender Behaarung; Brust zottig, Schildchen, der ganze Hinterleib und der unbedeckte Theil des letzten Ringes etwas dichter, grau behaart; die Flügeldecken grau bestäubt, nur beim Weibchen der äusserste Rand derselben, sowie die Gegend um das Schildchen herum schwärzlich. Länge 10—12 mm.

Melolontha (*Anisoplia*) **fruticola.** Fabr. Getreide-Laubkäfer.

Der Käfer ist oft eben so häufig wie der vorige, erscheint Mitte Juni, wird aber mehr an Getreide als an Laubhölzern angetroffen.

b) Der breite Seitenrand der Flügeldecken, ein grosser, viereckiger, das Schildchen umschliessender Fleck an der Basis und ein Querfleck über die Mitte (alle diese Zeichnungen durch die Nahtlinie und den Seitenrand mehr oder weniger unter einander verbunden) schwarz, metallisch. Bald verschwinden mehr die gelbe Grundfarbe, bald mehr diese Zeichnungen; in der Regel sind aber die letzteren deutlich. Behaarung ähnlich wie bei der vorigen Art; die Flügeldecken fast kahl. Länge 10—12 mm.

Melolontha (*Anisoplia*) **agricola.** Fbr. Acker-Laubkäfer.

Der Käfer vorzüglich auf Getreide.

57. *a*) Der Käfer mit neungliedrigen Fühlhörnern; Länge 15—17ᵐᵐ; besonders am Halsschilde und an der Unterseite lang und zottig behaart; der obere Theil des Kopfes und der Bauch gewöhnlich etwas dunkler gefärbt.

Melolontha (*Rhizotrogus*) **solstitialis.** Lin. Grosser zottiger Maikäfer.*)

Flugzeit um Johanni; der Käfer liebt mehr die Sandgegenden, und macht sich, obwohl er nicht zu den besonders schädlichen zu rechnen ist, doch nicht selten durch Benagen der Johannitriebe bemerklich. Ueber Vertilgung: (siehe *Melolontha vulgaris, I. Abth. pag. 17*).

b) — — — zehngliedrigen Fühlern; Länge 13—16ᵐᵐ. Halsschild nach vorne und rückwärts gleichstark verengt, an den Spitzen gerundet, durchaus röthlich-braungelb behaart; die Brust zottig; die Flügeldecken bestäubt erscheinend.

Melolontha (*Rhizotrogus*) **aequinootialis.** Fbr. Kleiner, zottiger Maikäfer.

Ueber Vertilgung: (siehe *Melolontha vulgaris, I. Abth. pag. 17*).

58. Käfer schmal, lang gestreckt; die Flügeldecken ohne reifartig schimmernde Behaarung. (Das erste Glied der Hinterfüsse so lang als die folgenden zusammengenommen; der Fortsatz der Vorderbrust gegen die Mittelbrust mässig breit, hinter den Vorderhüften nicht eckig erweitert. Der Kopf bis zu den Augen in das Halsschild eingezogen; der Hinterrand der Augen gewöhnlich vom Vorderrande des Halsschildes berührt. Schildchen dreieckig, an der Wurzel breit, nach rückwärts scharf zugespitzt; Halsschild beiderseits am Hinterrande zur Aufnahme der gerundet erweiterten Wurzel jeder Flügeldecke ausgerandet). . . . . 60.

— ziemlich breit und flach. . . . . 59.

59. *a*) (Das Schildchen rund; der Hinterrand des Halsschildes zweimal gebuchtet, in der Mitte am breitesten, nach rückwärts

*) *Melolontha (Rhizotrogus) aestivus,* Ol., ist unbedeutend kleiner, länglich eiförmig, röthlich gelbbraun, oben nicht behaart, Beine blassgelb, Decken mit sehr schwachen Längsrippen; Fühler zehngliedrig. Flugzeit: April und Mai.

etwas verengt; Spitze der Flügeldecken abgerundet, der
Aussenrand fein gekerbt oder gesägt; erstes Fussglied der
Hinterfüsse bedeutend länger als das zweite und so wie dieses,
nicht gelappt.) Käfer dunkel-erzfärbig, die Flügeldecken
dicht und fein punktirt, jede mit drei bis vier erhabenen
Längslinien und sechs grösseren, gelben Tupfen, welche mit
jenen der anderen Flügeldecke zwei Kreise bilden, von denen
der hintere der grössere ist. Länge 10—11 mm.

Buprestis (*Melanophila*) **decastigma.** Fbr. Zwölfpunktiger Pappel-Prachtkäfer.

Die Larve lebt in den Wurzeln der Pyramiden-
und Schwarzpappel und schadet dadurch dieser Holzart ziemlich beträchtlich. (Vergl. Nr. 162 a.)

b) (— — klein, dreieckig; Halsschild beiderseits am Hinterrande ziemlich stark — zur Aufnahme der gerundet erweiterten Wurzel jeder Flügeldecke — ausgerandet. Kopf
nicht bis zu den Augen in das Halsschild zurückgezogen,
diese ziemlich weit von dem Halsschildrande entfernt. Vorderbrust mit breitem, beiderseits hinter den Vorderhüften stark
eckig erweitertem, dann wieder schnell und scharf zugespitztem Fortsatz). Flügeldecken mit drei kupfrig glänzenden
Grübchen und eben so vielen erhabenen Längslinien; der
Zwischenraum zwischen der ersten derselben und der Naht
eben. Fühler und Unterseite des Käfers kupferfarbig oder
goldglänzend, die Ränder grün. Länge 10—16 mm.

Buprestis (*Chrysobothris*) **affinis.** Fbr. Sechspunk-
tiger Eichen-Prachtkäfer.

Vorkommen an Eichen und Buchen, die Larve in
denselben, ohne jedoch, da sie nur in ganz alten
Stämmen lebt, schädlich zu sein.

60. Letzter Bauchring ausgerandet oder schwach bogig ausgeschnitten, mit einer seichten Mittelfurche. (Das Männchen mit
zwei kleinen Höckerchen auf der Mitte des Spitzenrandes des
ersten Bauchringes) · · · · · · · · · · · · · · · · 61.

— — nicht ausgeschnitten, sondern ganzrandig und abgerundet. · · · · · · · · · · · · · · · · · 62.

61. *a*) Der Käfer ist 6 5—8 mm lang, blau, grün oder erzfarbig; der
Scheitel gewölbt; die Stirne eben; Fühler schwach gesägt, so

lang als Kopf und Halsschild zusammen; letzteres breiter als
lang, nach rückwärts verengt, quer gerunzelt mit einer Mittelrinne und einem erhabenen Leistchen in den Hinterwinkeln.

Buprestis (*Agrilus*) **tenuis.** Ratzb. Dünner Prachtkäfer.

Vorkommen: vorherrschend in 1·5--3 ᵐ hohen
Eichenheistern; selten in solchen von Buchen. Lebens-
weise, Schädlichkeit und Vertilgung: wie bei
Bup. viridis (siehe 62 *b*).

b) — nur 5—6 ᵐᵐ lang; gewöhnlich heller oder dunkler erz-
farbig, seltener blaugrün; die Fühler sind tief gesägt, beim
Männchen fast gekämmt-gesägt; der Scheitel des Kopfes seicht
gefurcht; Halsschild mit einem sehr deutlichen, beinahe die
Mitte desselben erreichenden Leistchen beiderseits in den
Hinterecken.

Buprestis (*Agrilus*) **angustulus.** Ratzb. Schmale
Prachtkäfer.

Vorkommen: sicher in älteren Eichenpflanzen und
an diesen die schädlichste Art. Lebensweise und
Vertilgung wie bei *Bupr. viridis* (siehe Nr. 62 *b*).

62. *a*) Käfer 10—12 ᵐᵐ lang ohne erhabene Linie in den Hinterecken des Halsschildes; Körper sehr schlank, die Flügeldecken nach rückwärts stark verschmälert, grün, jede mit
einer deutlichen weissen Makel hinter der Mitte neben der
Naht und gewöhnlich mit zwei solchen am Seitenrande.

Buprestis (*Agrilus*) **biguttatus.** Fab. Zweipunktiger
Prachtkäfer.

Vorkommen: an alten Eichen und Buchen; Schaden nur scheinbar.

b) — 5—8 ᵐᵐ lang, blau, grün, erzfarbig oder schwarz-
metallisch; Halsschild überall gleichmässig, dicht querrunzelig, mit sehr flacher, undeutlicher Mittelfurche und einem
kleinen erhabenen Leistchen in den Hinterecken; die Flügeldecken hinter den Schultern verengt, hinter der Mitte etwas
erweitert, die abgerundeten, fein gezähnten Spitzen schwach
divergirend, die Fühler kürzer als Kopf und Halsschild, mit
nur mässig erweiterten, dreieckigen Gliedern; Scheitel mässig
gewölbt; Vorderrand der Vorderbrust ausgerandet. Das Hals-

schild viel breiter als lang; die Vertiefung längs des Seitenrandes glatt.

Buprestis (*Agrilus*) **viridis.** L. Grüner Laubholz-
Prachtkäfer.[*])

Vorkommen: vorzüglich in schwachen Buchenstangen und frischverpflanzten Buchenheistern. Der
Käfer fliegt, wie die meisten *Buprestiden* nur in den
heissesten Monaten (Juni und Juli) begattet sich, und
das Weibchen legt seine Eier entweder einzeln oder
in Partien von 3—5 Stücken an der Rinde der
schwachen Stämmchen ab. Die Larve wird bis 10^{mm}
lang und ist kaum 2^{mm} breit; am hinteren Ende mit
zwei Afterzangen; der Kopf sehr klein und beinahe
gänzlich im ersten (sehr grossen) Leibesring versteckt;
Körper im Ganzen flach. Bald nach dem Ausschlüpfen
aus dem Eie bohrt sie sich durch die Rinde bis auf
den Splint und frisst da in geschlängelten, flachen,
allmählich mit dem Fortwachsen der Larve sich erweiternden Gängen fort bis zu der, im zweiten Jahre
erfolgenden Verpuppung, übersteht diese entweder
unmittelbar unter der Rinde, oder senkt das Ende des
Ganges zu diesem Behufe mehr oder weniger tief in
das Holz ein. Je nachdem der Gang mehr die gerade
aufsteigende Richtung beibehält oder mehr spiralig sich
um das Stämmchen herumzieht, sind die Folgen für
das Wachsthum desselben grösser oder geringer. Im
letzteren Falle übersteht die Pflanze selten die Verletzungen. Diese, sowie jene unter Nr. 61 aufgeführten
Arten gehören unbedingt zu den mehr schädlichen
Buchen- und Eichen-Insekten und können nur durch
Aushauen der mit der Brut dieser Insekten besetzten
und an ihrem kränklichen Aussehen erkennbaren
Pflanzen, vertilgt werden.

63. Der Kopf des Käfers ist in einen mehr oder weniger langen,
spitzigen oder breiten, runden oder eckigen Rüssel ver-

---

*) Dr. L. Redtenbacher stellt die *Bupr. Fagi* Rtz. und *Bupr. nociva* als
Varietäten der *Bupr. viridis* Fbr. auf und behält für diese drei Arten den Fab-
ricius'schen Namen *viridis* bei. Ich bin über die Identität dieser drei Arten um
so mehr im Zweifel, als die in Ratzeburg's „Forstinsekten" (Bd. I, 1839; Taf. 3,
Fig. 7c und 8c) für *Bupr. Fagi* und *nociva* abgebildeten Larven so auffallend von
einander verschieden sind, dass, wenn nicht eine Täuschung unterlaufen ist, *nociva*
und *Fagi* wohl mit Recht als selbstständige Arten betrachtet werden könnten.
Uebrigens accommodirt auch Ratzeburg sich der neuen Ansicht in seiner „Waldverderbniss" und der neuen Auflage seiner „Waldverderber", und das veranlasst
auch mich, diese beiden Arten als blosse Varietäten zu behandeln. — Einer, von
Ratzeburg beschriebenen Art wäre an dieser Stelle noch Erwähnung zu thun:
Bupr. (Agrilus) betuleti, Rtz., deren Larve in Birken lebt. — Der Käfer ist 5^{mm}
lang, tief broncebraun oder broncegrün; die Fühler von der Länge des Halsschildes und dieses an der Mitte seines Seitenrandes stumpfwinkelig abgerundet;
die Flügeldecken schuppenförmig gerunzelt, hinter den Schultern kaum verengt,
in der Mitte kaum erweitert, Spitzen abgerundet, auseinandergehend, Schildchen,
wie Unterseite schwarz. Prof. Dr. Altum.

längert; die Fühler mit einem geringelten oder ungegliederten
Endknopf. . . . . 64.

— — — — — nicht rüsselförmig verlängert; die Fühler
borsten-, faden- oder schnurförmig, nur selten nach der Spitze
zu kaum bemerklich verdickt. . . . . 77.

64. Die Fühler (oft im rechten Winkel) geknickt; ihr erstes
Glied (der Schaft) bedeutend länger als die übrigen. · · · 66.

— — gerade oder leicht gekrümmt; die Flügeldecken den
After freilassend; vorletztes Fussglied zweilappig, an der
Unterseite filzig behaart. · · · · · · · · · · · · · · · · 65.

65. a) Der Kopf ist hinter den Augen bedeutend halsförmig verengt,
wie an einem Stiele hängend; die Augen stark vorspringend;
der Rüssel kurz und dick. Die Oberseite korallenroth; Kopf,
Fühler, Schildchen und die Unterseite schwarz; die Beine
entweder ganz röthlich oder nur die Schenkel in der Mitte
roth gefärbt. Länge 7 mm. *)

Curculio (*Apoderes*) **Coryli.** Lin. Dickköpfiger
Hasel-Rüsselkäfer.

Er kommt am häufigsten auf Haseln vor, findet
sich jedoch auch dann und wann häufig auf Buchen,
Hainbuchen, Erlen etc. Um seine Eier abzulegen, nagt
das Weibchen die eine seitliche Hälfte des Blattes quer
durch, beisst die Mittelrippe ab, durchschneidet auch
noch einen Theil der anderen Blatthälfte und wickelt
diesen, so losgetrennten Theil des Blattes der Art zusammen, dass er oben und unten geschlossen ist,
während der untere losgetrennte Lappen unter einem
bestimmten Winkel (unzusammengerollt) seitwärts ab-
steht. Im Juli oder August ist die darin befindliche
dottergelbe Larve erwachsen und die Blatttüte mit
einer Menge ihres schwarzen, fadenförmigen Kothes angefüllt. Zur angegebenen Zeit findet man häufig auch
schon Puppen oder Käfer. Letztere bohren sich
seitlich heraus und rollen neue Blätter zusammen,
welche mit der darin befindlichen Larve im Herbste
abfallen. Das Insekt ist zwar nur unmerklich schädlich, verdiente aber hier wegen der merkwürdigen
Gestalt, welche es den Blättern zu geben vermag, angeführt zu werden.

---

*) Curc. (Attelabus) curculionoides, L., 6 mm lang, stark gewölbt, Halsschild
und Flügeldecken lebhaft blutroth, sonst schwarz; fertiget ganz ähnliche Blattrollen an, aber nur an Eichengebüsch und Eichenstockausschlag.

b) — — — hinter den Augen nicht oder nur wenig verengt; die
Vorderschienen ohne sägeförmige Zahnung;*) die Flügeldecken mit mehr oder weniger regelmässigen Punktstreifen,
fast viereckig, nur wenig länger als zusammen breit; das
Weibchen am Vorderrande des Halsschildes beiderseits mit
einem spitzigen, nach vorwärts gerichteten Dorn; Oberseite
fast gar nicht behaart, gleichfarbig mit der Unterseite, diese
blau oder grün mit Goldglanz. Länge 6 mm.

Curculio (*Rhynchites*) Betuleti. Fbr. Metallischer Birken-Rüsselkäfer.**)

---

*) In diese Abtheilung der *Rhynchites* gehören viele Arten, die fast gleich
häufig vorkommen und hier wenigstens kurz charakterisirt werden sollen.

I. *Rhynchites* mit rothen oder braunen Flügeldecken.
   1. *Rh. aequatus.* Lin. Länge 3·5 mm dunkel erzfärbig, äusserst
   dicht punktirt und braun behaart; Flügeldecken tief punktirt gestreift,
   roth, die Naht schwärzlich; Wurzel der Fühler und die Beine öfters
   rothbraun.
II. *Rhynchites* mit schwarzen Flügeldecken.
   2. *Rh. Betulae.* Lin. Länge 4 mm; schwarz, glänzend, äusserst
   zart behaart; Rüssel kaum länger als der Kopf, an der Spitze etwas
   erweitert; Kopf sehr gross; die Flügeldecken punktirt-gestreift,
   Zwischenräume der Streifen mit einer mehr oder minder regelmässigen
   Punktreihe. Beim Männchen sind die Hinterschenkel sehr stark verdickt. (Die Blattrollen dieses Käfers haben an der Basis zwei, seitlich abstehende Lappen. Der Käfer durchnagt nämlich beide Blatt-
   hälften bis auf die Mittelrippe, jedoch so, dass beide Schnitte über-
   einander in einiger Entfernung auf die Blattrippe treffen. Der obere,
   so abgetrennte Blatttheil wird zusammen gewickelt und die Rolle mit
   der Blattspitze geschlossen. Vorzügli h an Birken.
III. *Rhynchites* mit blauen, grünen, kupfer- oder goldglänzen-
den Flügeldecken.
   a) Flugeldecken verworren, nicht gestreift punktirt.
   3 *Rh. auratus.* Scopoli. Länge 6 mm; Käfer grünlich oder purpurroth, glänzend, lang behaart; die Spitze des Rüssels, die Fühler und
   Füsse schwarzblau; Halsschild beim Männchen am Vorderrande beiderseits mit einem, nach vorne gerichteten Dorn.
   4. *Rh. Bachus.* L Länge 4 mm; purpurroth goldglänzend; dünner
   und kürzer behaart; Rüssel länger als das Halsschild und, sowie die
   Fühler und Füsse ganz blau; Halsschild bei beiden Geschlechtern
   ohne Dornen. An den Früchten der Obstbäume mitunter sehr
   schädlich.
   b) Flügeldecken mehr oder weniger regelmässig gestreift-punktirt; Oberseite deutlich behaart; Rüssel lang, fadenförmig, stielrund; die
   Zwischenräume der Punktstreifen auf den Flügeldecken mit einer
   mehr oder minder regelmässigen Punktreihe.
   5. *Rh. cupreus.* Lin. Länge 4 mm; Oberseite des Käfers braun,
   metallisch oder kupferglänzend, fein und sparsam, weissgrau behaart;
   die Flügeldecken tief punktirt-gestreift.
   6. *Rh. interpunctatus.* Stph. Länge 2 5 mm; Oberseite blau oder
   blaugrün; Halsschild so lang als breit, an den Seiten etwas gerundet
   erweitert; die Flügeldecken fast um die Hälfte länger als zusammen
   breit. Dieser Käfer kann an den jungen Obstbäumen, besonders an
   den Trieben der Birnen-Pfropfreiser dadurch, dass er sie durchbohrt,
   um seine Eier hineinzulegen, bedeutend schädlich werden. Oft erscheinen diese Triebe wie mit der Gartenscheere abgeschnitten, indem
   der obere Theil häufig abbricht und zur Erde fällt.
**) *Rhynchites Populi* Lin. stimmt in Allem mit dieser Art überein,
der Unterschied liegt nur in der Färbung: die Oberseite grün, erzfärbig, kupfer-
oder goldglänzend; die Unterseite aber, sowie der Rüssel und die Beine blau.
Länge 4 5—6 mm; Vorkommen an Pappeln, Birken etc.

Er kommt auf den Blättern fast aller Laubhölzer vor und zwar einmal im Mai, dann wieder im September. Dieser Käfer wickelt ebenfalls die Blätter rollenförmig zusammen um seine Eier unterzubringen, nur bestehen diese Rollen stets aus mehreren, meist vier bis sechs Blättern eines Triebes. An den fünflappigen Blättern des Weinstockes wickelt er zwei Lappen von der rechten nach der linken, und zwei in entgegengesetzter Richtung, während er den fünften Lappen zum Schliessen der Rolle verwendet.

66. Der Rüssel wird vom Käfer in der Ruhe unter die Brust, zwischen die Vorderhüften gelegt. . . . . 76.

— — ist vorgestreckt; kann nicht unter die Brust gelegt werden. . . . . 67.

67. Der Rüssel kurz; die Fühler näher der Spitze, als der Mitte desselben stehend. . . . . 68.

— — lang, d. h. die Fühler näher der Mitte, als der Spitze desselben stehend; die Fühlerfurche nicht unter die Augen gekrümmt. 75.

68. Der Rüssel zu beiden Seiten mit einer Furche zur Aufnahme der Fühler. 69.

— — — — — — — Grube, in welcher die Fühler am Grunde befestiget sind; der Körper länglich, fast immer grün oder graugrün beschuppt. . . . . 72.

69. Körper des Käfers länglich; fast stets zweimal so lang als breit. . . . . 70.

— — — fast kugelig, nicht viel länger als breit, sehr stark gewölbt; der Rüssel breit, durch eine vertiefte Querlinie von der Stirne getrennt; die Flügeldecken mit bräunlichen Schuppen dicht und etwas fleckig besetzt, in den Zwischenräumen der Punktstreifen mit aufstehenden, steifen sparsamen Börstchen; an der Basis der Naht unbeschuppt, schwarz; die Fühler und Beine rostroth. Länge 4·5—5·5 ᵐᵐ.

Curculio (*Strophosomus*) **Coryli.** Fbr. Hasel-Rüsselkäfer.*)

*) Diesem verwandt, äusserst ähnlich und gleich schädlich ist *Curculio (Strophosomus) obesus* Marsh. mit grauen Beinen und ohne schwarze Nahtbasis der Flügeldecken. Mit *Curc. coryli* zusammen findet man auch häufig (besonders beim Frass an jungen Eichen) den *Curc. (Otiochynchus) picipes* I. Der Käfer ist 6—7 ᵐᵐ lang; pechbraun, Füsse und Beine lebhafter, dicht braun und weissgrau beschuppt, die ovalen Decken scheckig, indem die breiten Furchen mit weissen Schüppchen gekernte Augenpunkte zeigen; die schmalen Zwischenräume erhaben; die Schenkel schwach gezähnt. (Prof. Altum.)

Er kommt auf sehr verschiedenen Laubhölzern
(auch auf Nadelbäumen) vor und schadet ganz ausserordentlich durch Benagen der jungen Triebe, insbesondere den noch zarten Birken-, Buchen- und Eichenpflanzen. Eben so gefährlich ist er Knospen und
Blättern. Die Vertilgung geschieht durch Sammeln
der Käfer in Schirmen. Anlage kleiner, mit passendem
grünem Reisig gefüllter Fanglöcher.

70. Der Rüssel ist länger als breit, gerade; der Körper metallisch
grün oder blau beschuppt oder behaart. · · · · · · · ·   71.

— — — sehr kurz, gerade, breit, der Länge nach schwach
vertieft; die Fühler rothbraun, lang und dünn, so lang wie
der halbe Körper; ihr erstes Glied sehr lang, nach der
Spitze zu etwas verdickt; die Flügeldecken fast viermal
länger als das Halsschild, pechbraun, bei abgeriebenen (überwinterten) Exemplaren weniger, bei frischen stärker mit
braunen und grauen, hie und da metallisch glänzenden
Schuppenhärchen bekleidet. Länge 7—8 mm.

Curculio (*Brachyderes*) **incanus.** Lin. Bestäubter
Rüsselkäfer.

Vorkommen: ebenso häufig an Kiefern wie an
Laubhölzern; den letzteren jedoch vorzüglich schädlich,
besonders den jungen Birken, deren Triebe er benagt
und zum Absterben bringt, auch den Eichelsaaten und
Pflanzungen durch Benagen der Wurzel. Sammeln der
Käfer.

71. *a)* Das erste, lange Glied der Fühler reicht über die Augen
hinaus; die Schenkel mit einem kleinen, stumpfen Zahne; die
Fühler sehr lang, dünn; die Flügeldecken braunfleckig, röthlich oder grünlich beschuppt, lang eiförmig, hinter der Mitte
am breitesten; das Halsschild breiter als lang; die Fühler
und Füsse röthlich gelbbraun; Länge 4·5—5·5 mm.

Curculio (*Polydrusus*) **cervinus.** Lin. Behaarter
Rüsselkäfer.

Ebenfalls schädlich durch Benagen der Triebe und
Blätter verschiedener Laubhölzer.

b) — — — — — — erreicht höchstens den Hinterrand der
Augen; Oberseite des Käfers mit haarförmigen, gold- oder
kupferartig glänzenden Schuppen bekleidet, an der Brust
weisslich; Fühler und Beine bräunlichroth; Halsschild viel
breiter als lang; die Flügeldecken doppelt so breit als das

Halsschild, nach rückwärts stark bauchig erweitert; die Schenkel nicht gezähnt; Länge 8—9 mm.

Curculio (*Polydrusus*) **micans.** Fabr. Glänzender Laubholz-Rüsselkäfer.

Schaden wie bei vorhergehender Art.

72. Das vierte bis achte Glied der Fühler kurz-kegelförmig;*) die Schenkel mit einem deutlichen Zahne. . . . . **73.**

— — — — — — — — fast knopfförmig.**) . . . . . . **74.**

73. *a*) Der Käfer ist oberseits grau behaart, sonst schwarz und nur die Fühler und Beine gelb oder röthlich gelbbraun; Länge 4·5—5 mm.

Curculio (*Phyllobius*) **oblongus.** Lin. Länglicher Rüsselkäfer.

Vorkommen: vorzüglich auf Buchen.

b) — — — gewöhnlich grau oder graugelb, selten grünlich oder kupferglänzend, dicht haarförmig beschuppt; die Fühler und Beine röthlichgelb; das Schildchen halboval mit gerundeter Spitze; die Schenkel stark gezähnt; Länge 8—9 mm.

Curculio (*Phyllobius*) **calcaratus.** Fab. Gesporuter Rüsselkäfer.

Vorkommen: besonders an jungen Eichen; nach Mittheilungen aus Böhmen auch den exotischen Arten bedeutend schädlich.

c) — — — dicht mit runden, grünen, schön metallisch glänzenden Schuppen bedeckt; die Fühlergruben etwas auf die Oberseite des Rüssels gerückt und nur durch einen schmalen Raum von einander getrennt; das Halsschild mehr als um die Hälfte breiter als lang, wie die Stirne ohne erhabene Mittel-

---

*) In diese Gruppe gehört auch der auf Weiden häufig vorkommende 3—3·5 mm lange *Phyllobius mus.* Fb. Er ist oben dicht graubraun beschuppt, an den Seiten und unten grauweiss; Fühler, Schienen und Füsse oder die ganzen Beine röthlich gelbbraun; die Schenkel ohne Zahn.

**) Hier wäre noch der an Eichengebüsch häufig fressende *Phyllobius ruficornis* Dej. zu erwähnen. Schenkel mit einem kleinen spitzigen Zähnchen; Kopf und Unterseite sparsam; Halsschild und Flügeldecken dicht mit weissgelben hie und da etwas glänzenden Schüppchen bedeckt; Fühler und zum grössten Theile die Beine rostroth; Rüssel nicht gefurcht; Halsschild mehr als um die Hälfte breiter als lang, schwach gewölbt, an den Seiten gerundet erweitert; Flügeldecken hinter der Mitte am breitesten, tief punktirt gestreift, die Zwischenräume flach. Länge 3—3·5 mm.

linie; an der Spitze eingeschnürt; Vorderbeine ohne Zotten-
haare; der Rüssel kürzer als der Kopf; die Beine bräunlichgelb; Länge 5 mm.

Curoulio (*Phyllobius*) **argentatus.** Lin. Silber-
glänzender Laubholz-Rüsselkäfer.

Vorkommen: auf allen Laubhölzern; doch vorzüglich an Buchen.

d) — — — nur 4·5 — 5·5 mm lang; unten und oben äusserst
dicht blaugrün oder grün beschuppt; die Beine schwarz, die
Füsse, sowie die Geisel der Fühler rothbraun.

Curoulio (*Phyllobius*) **maoulioornis.** Germ. Blau-
grüner Laubholz-Rüsselkäfer.

Vorkommen: wie oben.

74. *a)* Die Schenkel deutlich gezähnt; der Käfer ist auf den Flügeldecken mit länglichen, hier und da haarförmigen Schuppen
ziemlich dicht bedeckt; diese kupfer- oder goldglänzend oder
grünlich, auf den abwechselnden Zwischenräumen gewöhnlich
heller gefärbt, so dass die Flügeldecken gestreift erscheinen;
die Fühler und Beine röthlichgelb, selten die Schenkel oder
Schienen schwärzlich; Länge 6—7 mm.

Curoulio (*Phyllobius*) **Pyri.** Lin. Gestreifter Obst-
Rüsselkäfer.

Vorkommen und Schaden: an Obstbäumen (Birn-
und Apfelbäumen).

b) — — nicht gezähnt; der Käfer glänzend glatt, schwarz und
nur die Seiten des Halsschildes und die Brust grün beschuppt;
die Fühler und die Beine braungelb; häufig sind Kopf und
Halsschild, oder selbst auch die Flügeldecken braun (bei
unreifen Exemplaren); Länge 4 — 4·5 mm.

Curoulio (*Phyllobius*) **viridioollis.** Fbr. Grünhals-
iger Laubholz-Rüsselkäfer.

Vorkommen: besonders an jungen Buchen und
ihnen oft nicht unbedeutend schädlich.

75. *a)* Der Rüssel fadenförmig, sehr dünn und lang, öfter so lang
als der ganze Körper, mehr oder weniger gebogen; die
Fühler lang und dünn, achtgliedrig, ihr erstes Glied bis zu

den Augen reichend; die Augen gross, an den Seiten des
Kopfes nicht vorspringend; das Halsschild breiter als lang,
nach vorne etwas verengt; das Schildchen klein, rund und
erhaben; die Flügeldecken meist dicht behaart, zusammen
länglich herzförmig, an der Spitze einzeln abgerundet; die
Afterdecke mehr oder weniger vorragend; die Schenkel gegen
die Spitze keulenförmig verdickt, vor derselben gezähnt.
Länge 6—8 mm.

Curoulio (*Balalinus*). Lang-Rüssler.*)

b) — — niemals so lang als der Körper, dünn, fast gerade;
die Fühler etwas vor der Mitte des Rüssels eingefügt, achtgliedrig; zweites und drittes Glied derselben länglich, die
folgenden sehr kurz und von ziemlich gleicher Grösse; die
Augen an den Seiten des Kopfes stark vorspringend; das
Halsschild breiter als lang, vorne stark verengt; das Schildchen länglich, erhaben; die Flügeldecken breiter als das
Halsschild mit stumpfwinkelig vorragenden Schultern, gegen
die Spitze gewöhnlich etwas bauchig erweitert, den Hinterleib fast immer ganz bedeckend; die Vorderbeine länger und

---

*) Die hierher gehörigen, für uns wichtigeren Arten schaden hauptsächlich
durch das Verderben der Eicheln und Haselnüsse, in welche sie ihre Eier legen,
so dass diese Früchte von den später daraus sich entwickelnden Larven oft gänzlich ausgefressen werden. (Im September verlassen die Larven ihren Aufenthalt
und begeben sich in die Erde, wo sie ein bis zwei Jahre in diesem Zustande ver-
bleiben. Sie sind gelb, fusslos, bis 13 mm lang, mit ziemlich grossem braunem Kopfe
und getheilter Gabellinie.) Ausserdem schaden die Käfer noch durch Anstechen
und Benagen der Blatt- und Blüthenknospen. Die Vertilgung kann nur geschehen durch Sammeln der, mit Brut besetzten Früchte, welche gewöhnlich früher
von den Bäumen fallen als die gesunden, und daher nicht schwer zu erkennen
sind. Die drei wichtigeren Arten sind:
  1. *Balaninus nucum.* Der Käfer ist 7—8 mm lang; die Schenkel vor der
Spitze mit einem grossen dreieckigen Zahne; das Schildchen weiss beschuppt; die
letzten Glieder der Fühler kurz, das letzte fast knopfförmig, kaum länger als dick;
Käfer eiförmig, mit grauen oder gelbgrauen haarförmigen Schuppen bedeckt; die
Schultern und unregelmässige, hie und da bindenförmig zusammenfliessende
Makeln auf den Flügeldecken heller beschuppt; der Rüssel rothbraun, gegen die
Spitze zu etwas verdickt, an der Wurzel gestreift und punktirt, beim Männchen
schwach, beim Weibchen stark gebogen.
  2. *Balaninus venosus.* Germ. Der Käfer ist 7 mm lang; die Schenkel
vor der Spitze mit einem grossen, dreieckigen Zahne; das Schildchen weiss beschuppt, alle Glieder der Fühler länglich; das letzte wenigstens doppelt so lang
als dick; die Mittellinie und die Seiten des Halsschildes heller beschuppt; Flügeldecken sowie der übrige Körper graugelb beschuppt, mit einigen unbestimmten,
dunkleren Binden; die Behaarung auf der hinteren Hälfte der Naht dicht an
einander gedrängt und bürstenartig aufgerichtet; Rüssel wie bei der vorigen Art.
  3. *Balaninus turbatus.* Schönh. Der Käfer ist 4·5—6 mm lang; die
Schenkel vor der Spitze mit einem grossen dreieckigen Zahne; das Schildchen
weiss beschuppt; alle Fühlerglieder länglich, das letzte wenigstens doppelt so lang
als dick; das Halsschild ohne heller beschuppte Längslinie, die Naht der Flügeldecken der ganzen Länge nach gleichmässig erhaben; Körper eiförmig, dicht grau
oder graugelb, scheckig beschuppt; der Rüssel des Weibchens länger als der
Körper, der des Männchens kürzer, glatt, nur an der Wurzel fein punktirt, mässig
gebogen.

stärker als die anderen, ihre Schenkel stets (häufig sogar
sehr stark) gezähnt. Die wichtigsten Arten mit einer, oder
zwei Querbinden über die Flügeldecken; Länge bis 4·5 mm.

Curculio (*Anthonomus*) **Obst-Rüsselkäfer.** *)

76. *a*) Die Beine mit stark verdickten Schenkeln, zum Springen eingerichtet; der Käfer ist 2·75 mm lang; der Rüssel fast doppelt
so lang als der Kopf, etwas gekrümmt, die kurzen dicken
Fühler auf der Mitte tragend; die Augen sehr gross; das
Halsschild klein, vorne stark eingeschnürt; Schildchen deutlich;
die Flügeldecken reihig punktirt, die Zwischenräume fast
glatt; der ganze Körper mit bräunlichgrauen Haaren bedeckt; die Fühler und Füsse röthlichbraun; die Schenkel
gedornt.

Curculio (*Orchestes*) **) **Fagi.** Gyll. Schwarzer
Buchen-Rüsselkäfer.

---

*) Die hierher gehörigen drei wichtigeren Arten sind besonders den Obst-
bäumen schädlich und zwar einestheils durch Anstechen der Blüthenknospen,
welche von den darin sich entwickelnden Larven ausgefressen werden; anderen-
theils durch Anstechen der jungen Früchte, wodurch diese verderben. Die Entwicklung des Käfers aus dem Eie erfolgt ungemein rasch (in 4 bis 5 Wochen);
die Larve wird bis 6·5 mm lang, ist fusslos, mit grossem, schwarzem Kopfe. Die
gemeinsten Arten sind:
1. *Anthonomus druparum.* Lin. Pfirsich-Rüsselkäfer. Länge
4—4·5 mm; der Käfer ganz rothbraun, ziemlich dicht graugelb behaart; die Flügeldecken fein punktirt-gestreift mit zwei wenig behaarten (daher dunklen) gewöhnlich ziemlich schwachen, unregelmässigen Binden; alle Schenkel mit einem
grossen, spitzigen, dreieckigen Zahne und mit einem kleineren vor diesem. Den
Pfirsichbäumen sehr schädlich.
2. *Anthonomus pomorum.* Lin. Apfel-Rüsselkäfer. Länge 4·5 mm;
Kopf, Brust und Hinterleib schwärzlich, fein grau behaart; Beine und Fühler rostroth; die Fühlerkeule und der verdickte Theil der Schenkel dunkel; das Halsschild und die Flügeldecken röthlichbraun, etwas ungleich grau behaart; ersteres
mit dichter, weissgrauer Mittellinie; die Flügeldecken mit einer hellen, schief
nach rückwärts gerichteten, nach aussen zu breiteren Binde, welche an den
Rändern schwärzlich gefärbt, und von kleinen, erhabenen, weisslichen Haarbüscheln begrenzt ist. Der Rüssel lang, dünn, wenig gebogen; Schildchen weiss.
Den Apfelbäumen schädlich.
3. *Anthonomus Pyri.* Kollar. Birn-Rüsselkäfer. Länge 4·5 mm, dem
vorigen äusserst ähnlich jedoch schmäler, die Flügeldecken nach vorne mehr verengt; ihr Rücken von der Wurzel bis zur Binde stets dunkler, pechbraun, die
Binde nur wenig heller gefärbt und nicht scharf begrenzt; die Schenkel dünner
als bei der vorigen Art, ihre Spitze nur wenig dunkler gefärbt. Den Birnbäumen
schädlich.
**) Als nennenswerthe Arten und mit gleicher Lebensweise erscheinen
noch: 1. *Orch. Quercus,* L. 3·5—4 mm lang, Hinterschenkel sägeartig gezähnt; Käfer
ganz röthlich-gelbbraun, und nur Augen und Brust schwarz; Flügeldecken am
Grunde mit einer grossen, nach rückwärts zugespitzten, dichter behaarten Mackel.
(Auf Eichen.) — 2. *Orch. scutellaris,* Fb. 3·5 mm lang, Hinterschenkel nur mit
einem deutlichen Zahne und einigen kleinen undeutlichen Zähnchen. Käfer etwas
dunkler als der vorige gefärbt und an der Unterseite bis auf die Vorderbrust
ganz schwarz, Schildchen dicht weiss behaart. (Auf Weiss-Erlen.) — 3. *Orch. Ilicis,*
Fbr. 3·5 mm lang, schwarz mit weisslichen, grauen und röthlichen Haaren dicht
scheckig besetzt; Fühler und Füsse gelb; Hinterschenkel auf der Unterseite gesägt-
gezähnt. (Auf Eichen.) — 4. *Orch. rufus,* Ol., kaum 3 mm lang, roth, glänzend, am
Kopfe nur die Augen schwarz. (Auf Ulmen.) — 5. *Orch. Rusci,* Hbst, so gross wie

Im ersten Frühjahre, sowie die Buchenblätter aus-
zubrechen beginnen, sieht man den Käfer schon damit
beschäftigt diese, sowie die Fruchtknoten der weiblichen Blüthen zu zerstechen. Die Blätter bekommen
dadurch, dass sie an den Rändern verschrumpfen und
braun werden, das Aussehen, als hätten sie vom Froste
gelitten. Im Mai legt das Weibchen seine Eier an
die Blätter. Das ganz kleine Lärvchen bohrt sich
unter die Oberhaut des Blattes und frisst die innere
Blattsubstanz in Form eines geschlängelten, allmählich
sich erweiternden Ganges aus, welcher als weisse
Zeichnung auf der Oberfläche des Blattes erscheint.
Die Larve wird 4.₅ mm lang, ist über 1 mm breit,
gelblich weiss. Oft finden sich bis fünf und noch mehr
Larven in einem Blatte, leben als solche drei Wochen
lang, verpuppen sich dann in einem kleinen
kugeligen Cocon und kommen nach 8 oder 14 Tagen
als Käfer zum Vorschein. — Die forstliche Bedeutung ist in der Regel gering; in manchen Jahren
jedoch erscheinen die Käfer in solcher Menge auch
auf jungen Buchenanwüchsen, dass sie denselben doch
einen merklichen Schaden zufügen können. An alten
Bäumen beeinträchtigen sie durch das Verderben der
weiblichen Blüthen nicht selten die Buchenmast. Zu ihrer
Vertilgung lässt sich gar nichts thun; denn das Ab-
pflücken und Sammeln der, mit Larven besetzten
Blätter, wäre doch wohl etwas zu mühsam, besonders
da die alten Bäume in der Regel am meisten heimgesucht werden.

b) Die Schenkel nicht mehr als gewöhnlich verdickt, nicht zum
Springen eingerichtet. Der Käfer 9 mm lang und 4·5 mm breit;
der Rüssel sehr stark gebogen, so lang als Kopf und Halsschild zusammen; Farbe schwarz oder pechbraun, die Seiten
des Halsschildes, die Vorderbrust, sowie der hintere dritte
Theil der Flügeldecken und die Schenkel in der Mitte dicht
weiss beschuppt; Halsschild und Flügeldecken mit einzelnen
Büscheln schwarzer, aufstehender Schuppen; die Schenkel der
Hinterbeine erreichen die Spitze des Hinterleibes nicht.

Curculio (*Cryptorrhynchus*) **Lapathi.** Lin. Bunter
Erlen-Rüsselkäfer.

Man findet ihn hauptsächlich auf Erlen und Weiden. Seine Larve findet sich schon vom Juni an unter
der Rinde 2—4jähriger Lohden, frisst im ersten Jahre

der Vorige, Hinterschenkel ungezähnt; Käfer schwarz, Fühler und Füsse röthlichgelb; Flügeldecken tief punktirt gestreift, die Naht an der Wurzel und zwei quer
über die Mitte des Rückens ziehende, aus kleinen Flecken zusammengesetzte
Binden grauweiss behaart. (Auf Birken.)

unregelmässig zwischen Rinde und Holz, und senkt
nach ihrer Ueberwinterung den Gang, gerade aufsteigend, in den Holzkörper ein. Die Verpuppung
erfolgt im Nachsommer des zweiten Jahres, und entweder schon im Herbste, oder erst im Frühjahre verlässt der Käfer seine Geburtsstätte um im Mai das Begattungsgeschäft zu betreiben. Viele Erlenstangen gehen
in Folge dieses Frasses ein, und sehen an der Rinde, wenn
sie bereits der Käfer verlassen hat, in Folge der vielen,
etwas ovalen Fluglöcher wie mit Fuchsschrotten beschossen, aus. Auch während des Frasses sind die
befallenen Lohden abgesehen von dem ohnedies kränklichen Aussehen, auch am Wurmmehle, welches in
kleinen Quantitäten an den Bohrstellen sichtbar ist,
kenntlich. Fast überall wo die Erle in grösserer Ausdehnung vorkommt ist dieser Käfer sehr gemein und
sein Schaden oft gross. Vertilgungsmittel: Aus-
hieb der von Larven besetzten Stämme und Sammeln
der Käfer.

77. Käfer gestreckt, mässig gewölbt, meist gross, mit stärken vorragenden Oberkiefern und langen, oft die Körperlänge weit
übertreffenden nie nach der Spitze verdickten, 11gliedrigen
borsten- oder fadenförmigen oder gesägten Fühlern; Beine
schlank und lang, an den Seiten des Körpers weit vorragend;
Füsse viergliedrig (Bockkäfer). Die Larven weiss oder gelb,
fusslos oder die Füsse nur sehr klein und dünn. *) · · · ·　78.

— meist kurz, ziemlich gedrungen, häufig eiförmig oder läng-
lich eiförmig, mehr oder weniger stark gewölbt. nie sehr
gross, höchstens bis 12 mm lang, meistens kleiner; die
Fühler nicht lang, oft nach der Spitze zu etwas verdickt
(Die Larven dunkel oder bunt gefärbt mit starken langen
Beinen.) *Chrysomelen* oder Blattkäfer. · · · · · · ·　94.

78. Das Halsschild an den Seiten ohne spitzige Dornen. · · · ·　79.

— — mit spitzigen Dornen und Höckern an der Seite · ·　86.

79. Das Halsschild walzig; die Fühler 11gliederig, wenigstens so
lang als der Körper (sind sie kürzer, so ist der Käfer schwarz
mit wachsgelben Beinen); der Kopf so breit als das Hals-

---

*) Die Bockkäfer als solche, nehmen in der Regel eigentlich gar keine
Nahrung mehr zu sich, oder wenn dies ausnahmsweise geschieht, nur indem sie
die Rinde der Triebe benagen und den Saft einsaugen; in Folge dessen hätten
sie hier wegbleiben müssen. Sie fanden aber ihre Stelle, eines theils weil man sie
häufig auf Blättern sitzend findet (*Oberea, Saperda*); anderntheils weil dadurch
eine unnöthige Zersplitterung der Ordnung der *Coleopteren* umgangen werden
konnte.

schild; die Augen stark ausgerandet, nicht vorragend; das
Halsschild etwas breiter als lang, an den Seiten wenig er-
weitert, vorne und hinten beinahe gerade abgestutzt; die
Flügeldecken fast immer merklich breiter als das Halsschild;
Schultern vorragend; Beine einfach; die Schenkel in der Mitte
am dicksten, nach der Spitze zu nicht keulig verdickt; Hinter-
schenkel wenigstens den vorletzten Bauchring, selten seine
Spitze erreichend. · · · · · · · · · · · · · · · · · · 80.

— — nicht walzig, entweder gedrückt, an den Seiten erweitert
oder kugelig. · · · · · · · · · · · · · · · · · · 82.

80. Der Käfer walzig. · 81.

—· — nach rückwärts stark verschmälert, dicht graugelb filzig
behaart und mit feinen schwarzen Punkten, besonders auf den
Flügeldecken dicht besetzt; Länge 24--31 mm.

Cerambyx (*Saperda*) **Carcharias.** Lin. Grosser
Pappel-Bockkäfer.

Vorzüglich auf Pappelarten, am häufigsten an der
Zitter- und Schwarzpappel. Im Juni legt der Käfer
seine Eier in Rindenspalten 8- bis 20jähriger Stämme
und von da dringt die Larve in den Holzkörper ein.
Gewöhnlich findet man sie in den unteren Stammtheilen, oft dicht über der Erde. Die vollwüchsige
Larve misst (ausgestreckt) bis 40 mm, ist ganz walzig,
rosenkranzförmig, fusslos; der Kopf sehr klein, flach,
fast viereckig. Der erste Ring abgerundet-viereckig,
vorne etwas breiter, mit warzig-hornigem Schilde; die
Behaarung ziemlich stark; diese, der Schild, nebst
einigen Flecken des ersten Ringes und der grösste Theil
des Kopfes röthlichbraun. Die Puppe über 27 mm lang,
dick, mit bis zum Kopfe zurückkehrenden Fühlern.
Den obengenannten Holzarten ist die Larve sehr
schädlich; die Stämme werden häufig der Art von ihr
durchwühlt, dass sie vom Winde gebrochen werden.
Da die Käfer von bedeutender Grösse und leicht ab-
zuschütteln sind, so wird die Vertilgung am ein-
fachsten durch Sammeln derselben bewirkt werden
können.

81. a) Der Käfer ist ganz schwarz, etwas in's Bleigraue; die Beine
wachsgelb; Länge 13 mm und nur 2 mm breit.

Cerambyx (*Oberea*) **linearis.** Lin. Schmaler Hasel-
Bockkäfer.

Sein Vorkommen beschränkt sich auf Haseln,
deren Triebe durch die 26 mm lange, fusslose hell
dottergelbe, sehr schmale L a r v e ausgefressen werden.
Erster Leibesring derselben sehr gross, mit viereckigem
Schilde; der Hinterrand des letzten Ringes mit grossen
Wärzchen. Die V e r t i l g u n g geschieht durch Ausschneiden der befallenen Triebe.

b) — Die Flügeldecken walzig mit gelblichgrauer Behaarung;
ein breiter Streifen beiderseits auf dem Halsschilde, sowie
dessen Mittellinie, vier bis fünf runde, in eine Reihe gestellte
Mackeln auf jeder Flügeldecke, und ein Theil jedes Fühler-
gliedes heller behaart; Länge 12—13 mm.

Cerambyx (*Saperda*) **populneus.** Lin. G e l b s t r e i-
~~l i g e r A s p e n - B o c k k ä f e r.~~

Vorkommen: an den Zweigen und Blättern der
Aspen findet man diesen Käfer oft in sehr grosser
Menge. Seine L a r v e wird bis 24 mm lang, ist gelb,
jener der *Sap. Carcharias* sehr ähnlich, aber noch
walziger. Sie lebt im Holze 2—12jähriger Stämmchen
(auch wohl in Aesten) wodurch eine ziemlich starke
Auftreibung an den befallenen Theilen des Stammes
entsteht. Nach Verlauf von zwei Jahren erscheint der
Käfer und hinterlässt in der Rinde (wie mit groben
Fuchsschrotten geschossene) Fluglöcher. Der Schaden
ist an dieser Holzart oft merklich gross. Die V e r-
t i l g u n g geschieht durch Sammeln der Käfer und
Ausschneiden der von Larven bewohnten Stämme und
Zweige.

c) Der Körper des langwalzigen Käfers sowie sein Halsschild
röthlichgelb; der Kopf sammt den Fühlern und zwei augen-
ähnliche Punkte in der Mitte des Halsschildes schwarz,
Flügeldecken mit kurzem, dichtem, silbergrauem Filze. 15 bis
20 mm lang.

Cerambyx (*Oberea*) **oooulata.** L. Z w e i p u n k t i g e r
s c h m a l e r   W e i d e n - B o c k k ä f e r.

Den Käfer findet man den Sommer über häufig
auf den verschiedenen Weidenarten. Die L a r v e entwickelt sich in der Markröhre der 2—3jährigen Weidentriebe; der Larvengang wird bis 10 cm lang und macht
sich äusserlich an der Einbohrstelle durch Benagen
der Rinde bemerkbar. Die Puppe ruht in gestürzter
Lage am unteren Ende des Ganges.

82.   Das Halsschild oben mehr oder weniger flach gedrückt, die
Fühler eilfgliedrig, faden- oder borstenförmig, kürzer oder

selten etwas länger als der Körper; das dritte Glied fast dreimal so lang als das zweite; die Flügeldecken ziemlich breit
und flach; die Schenkel an der Spitze keulenförmig verdickt. **83.**

— — mehr oder weniger kugelig gewölbt, seltener quer oval,
an den Seiten stark gerundet erweitert, nie oben flach gedrückt; die Fühler eilfgliedrig, faden- oder borstenförmig,
selten etwas länger als der halbe Leib, häufig kürzer, ihr
zweites Glied sehr kurz und klein; die Beine schlank; die
Schenkel selten schwach keulenförmig verdickt. Oberseite des
Käfers stets mit behaarten Zeichnungen. · · · · · · · · **84.**

83. *a*) Die Flügeldecken zinnoberroth und so wie das schwarze Halsschild mit blutrothem, sammtartigem Haarkleide; Länge 11 ᵐᵐ.

Cerambyx (*Callidium*) **sanguineum.** Lin. Blut-
rother Bockkäfer.

Die Larven unter Eichen- und Buchenrinde.

b) — Das Halsschild ohne glänzende, höckerartige Erhabenheiten; die Oberseite des Käfers dunkelblau, glänzend, fein
und nicht dicht punktirt, mit abstehenden Härchen; Unterseite bläulichschwarz; die Wurzel der Fühler und der Schenkel,
die Schienen und Füsse röthlichgelb; Länge 6—11 ᵐᵐ.

Cerambyx (*Callidium*) **rufipes.** Fab. Rothbeiniger
Bockkäfer.

Vorkommen: wie bei voriger Art.

c) — — viel breiter als lang, auf seiner Scheibe mit mehreren
glatten Erhabenheiten; der Käfer entweder ganz schwarz und
nur die Flügeldecken blau; oder die Fühler, das Halsschild
(oder nur ein Theil von diesem) und ein grösserer oder
kleinerer Theil der Beine sind röthlichgelb; oder der Käfer
ist gelbroth, die Flügeldecken gelbbraun, ihre Spitze und die
Brust schwarz; Länge 11—17 ᵐᵐ.

Cerambyx (*Callidium*) **variabile.** Lin. Veränder-
licher Bockkäfer.

Vorkommen: wie bei *Cal. sanguineum* (Nr. 83 *a*).

d) — — — — — — ohne glänzend glatte Erhabenheiten, an
den Seiten sehr dicht punktirt, auf der Scheibe glatt, glänzend,
nur sparsam punktirt; Flügeldecken metallisch-grün, an der

Spitze bedeutend erweitert, auf der vorderen Hälfte grob gerunzelt, punktirt, mit Spuren von erhabenen Linien; die
Runzeln gegen die Spitze allmälig feiner. 25—30 mm lang.

Cerambyx (*Rhopalopus*) **insubricus.** Germ. Grüner
Ahorn-Bockkäfer.

Vorkommen: Der Käfer entwickelt sich im Berg-
ahorn und verlieren die durch ihn befallenen Stämme
bedeutend an technischer Brauchbarkeit. Die Generation ist zweijährig. Im Juni oder Juli findet sich der
Käfer, belegt die Ahornstämme und die junge Larve
frisst bis zum Winter erst eine mehr oder minder
grosse, breite Stelle unter der Rinde aus. Nach Ueberwinterung nagt sie dann den für sie charakteristischen
⌐förmigen Gang, der anfänglich quer durch die Jahresringe sanft aufsteigt und dann sich in ziemlich scharfen
Hacken abwärts wendet. Im Herbste des zweiten Jahres
ist der Hackengang vollendet und die Larve erwachsen. Diese ist gelblich, walzlich, die Ringe nur
mässig eingeschnürt; Fühler sehr klein, dreigliedrig;
Beine sehr kurz. An der blassgelben Puppe fällt am
meisten der breite Brustschild auf. Die Normalzeit der
Verpuppung scheint der Anfang des nächsten Frühlings
zu sein; mit dem nächsten (zweiten) Sommer erscheint
der Käfer. (Prof. Altum, Forstzoologie, Bd. III,
pag. 279.)

84.   Die Flügeldecken mit gelben Zeichnungen; das Halsschild
quer-oval, viel breiter als lang, an den Seiten stark gerundet
erweitert . . . .   **85.**

— — schwarz, ziemlich dicht, scheckig grau behaart; das
Halsschild weniger breit als lang, kugelig mit vier dichter
behaarten, mackelförmig unterbrochenen Längsstreifen; die
Flügeldecken an der Spitze abgerundet; einige mehr oder
minder deutliche, zackige Binden auf denselben dichter behaart; Länge 11—20 mm.

Cerambyx (*Clytus*) **rusticus.** Lin. Grauschecki-
ger Pappel-Bockkäfer.

Vorkommen: An Pappelarten (besonders Aspen)
und Buchen.

85. a) Die Flügeldecken schwarz oder braun, mit vier bis fünf
gelben, ziemlich geraden Binden; die hinteren fliessen mehr
oder weniger zusammen, so dass die Spitze der Decken öfters
ganz gelb ist; das Halsschild gewöhnlich dicht gelb behaart,

eine Binde über die Mitte und der Hinterrand desselben
schwarz; Länge 15—20 mm.

Cerambyx *Clytus*) **dedritus.** Liu. Wespenartiger
Bockkäfer.

Vorkommen; an und in alten Eichen.

b) — Flügeldecken schwarz; goldgelb sind: ihre Spitze, zwei
Binden hinter der Mitte, eine dritte (gewöhnlich in vier
Mackeln getheilte) vor der Mitte; ferner eine Mackel am
Schulterrande, eine solche in der Mitte an der Wurzel der
Flügeldecken, eine gemeinschaftliche hinter dem Schildchen
und endlich dieses selbst; Länge 10—20 mm.

Cerambyx (*Clytus*) **arouatus.** Lin. Bogenbindiger
Bockkäfer.

Vorkommen: wie bei voriger Art.

86. Das Halsschild an den Seiten abgerundet · · · · · · · ·   87.

— — doppelt so breit als lang, mit scharfem dreizäh-
nigen Seitenrande; der mittlere Zahn am grössten,
etwas nach rückwärts gebogen; Fühler des Männchens deutlich zwölfgliedrig, nach innen gesägt, beim Weibchen nur
eilfgliederig; Kopf viel schmäler als das Halsschild; das
Schildchen dreieckig mit abgerundeter Spitze; die Flügeldecken viel breiter als das Halsschild, doppelt so lang als
zusammen breit, runzelig punktirt, mit undeutlich erhabenen
Längslinien; der Käfer pechschwarz; an der Brust dicht
grau behaart; Länge 26—40 mm.

Cerambyx (*Prionus*) **coriarius.** Fabr. Lederar-
tiger Bockkäfer.

Vorkommen: vorzüglich an Buchen.

87. Der Käfer zeigt auf den Flügeldecken und häufig auch auf
dem Halsschilde deutliche Zeichnungen · · · · · · · 91.

— — hat solche Zeichnungen nicht · · · · · · · · 88.

88. Käfer schwarz oder grauschwarz oder pechbraun · · · · · 89.

— grün oder kupfrig metallglänzend; die Flügeldecken schön
grün oder blaugrün, öfter mit Bronceglanz, äusserst dicht
und fein runzelig punktirt. etwas matt, mit einigen schwach
erhabenen Längslinien; die Fühler gewöhnlich stahlblau.

Wegen seines starken Moschusgeruches mit einer anderen
Art nicht leicht zu verwechseln. Länge 20—30 mm.
Cerambyx (*Aromia*) **moschata.** L. Moschus-Bock-
käfer.

Vorkommen: an Weiden; seine Larven in denselben, gleichzeitig mit *Cossus ligniperda*.

89. Käfer pechschwarz oder pechbraun, Fühler länger oder mindestens so lang wie der ganze Leib · · · · · · · · · ·   90.

— mattschwarz oder dunkel-bleigrau (frische Exemplare mit
gelblichen Härchen fleckenweise, lückig und schwach besetzt);
Fühler die Spitze des Hinterleibes nicht erreichend; Körperform robust; Stirne senkrecht. Länge 20—30 mm.

Cerambyx (*Lamia*) **textor.** Lin. Weber-Bock-
käfer.

Vorkommen: wie vorhergehende Art.

90. *a*) Käfer pechschwarz; Flügeldecken nach rückwärts nicht
verengt, besonders auf der vorderen Hälfte grob-runzelig,
das Halsschild querfaltig, Füsse und Fühlhörner mit graulicher, seidenartiger, äusserst feiner Behaarung; Länge
20—30 mm.

Cerambyx (*Hammaticherus*) **cerdo.** Gyll. Kleiner.
schwarzer Eichen-Bockkäfer.

Vorkommen: Die Larve soll sich unter der Rinde
von Eichen-, Buchen-, Aepfel- und Kirschbäumen entwickeln. Den Käfer findet man häufig im Juli, besonders auf Blüthen.

b) — 40—57 mm lang (ganz kleine, bis nur 25 mm Länge gehören zu den seltenen Ausnahmen), glänzend schwarz; die
Spitze der Fühler und die Unterseite fein grau behaart; die
Flügeldecken runzelig punktirt, gegen die Spitze stark verengt, und hier bis gegen die Mitte zu sich verlierend rothbraun gefärbt.

Cerambyx (*Hammaticherus*) **heros.** Fabr. Grosser
Eichen-Bockkäfer.

Sein Vorkommen beschränkt sich lediglich auf
Eichen, an denen das Weibchen seine Eier ablegt.
Die Larve wird bis 80 mm lang; der Kopf klein, flach,

wenig vorragend, mit dreigliederigen kurzen Fühlern;
erster Leibesring abgerundet-viereckig, flach. Die Beine
sehr klein; die Farbe gelblichweiss. der Vorder- und
Seitenrand des ersten Ringes. die Luftlöcher. Beine,
der Mund und die Kehle röthlichbraun; Behaarung
(besonders am Kopfe und der Unterseite) schwach.
Sie durchwühlt den ganzen Holzkörper in Form von
geschlängelten, ovalen. am Ende bis 40ᵐᵐ breiten
Gängen und schadet dadurch sehr. Die Verpuppung
erfolgt im Herbste oder Frühjahre des dritten oder
vielleicht sogar erst vierten Jahres und im Juli erscheint der Käfer. Dieser kommt oft so massenhaft
vor, dass das Wurmmehl am Fusse mancher Stämme
bis einen Fuss · hoch angehäuft ist und die Bäume
das Aussehen haben, als seien sie mit unzähligen
Kugeln beschossen worden; auch nicht selten gehen
sie in Folge des Frasses ganz ein. Der Käfer gehört
jedenfalls zu den merklich schädlichen, in Gegenden, wo fast nur Eichen die Bestände bilden,
sogar zu den sehr schädlichen Insekten. Seine
Vertilgung ist abgesehen vom Sammeln der Käfer,
schwer zu bewerkstelligen.

91. Die Fühlhörner so lang oder länger als der Körper · · · · **92.**
— — kürzer als der Körper, erreichen kaum die halbe
Körperlänge · · · · · · · · · · · · · · · · · · **93.**

92. *a*) Flügeldecken hoch-carminroth mit grossem, länglichem matt-
schwarzem Sattelfleck; sonst der ganze Käfer tiefschwarz;
Länge 15—20ᵐᵐ.

> **Cerambyx** (*Purpuricenus*) **Köhleri.** Lin. Purpur-
> Bockkäfer.

> Vorkommen: In Deutschland selten, überhaupt
> mehr dem Süden angehörend. In Ungarn mancher
> Orts sehr häufig; entwickelt sich in Aspen.

b) — sowie der ganze Käfer zart bläulichgrau oft mit violettem
Strich; ein Fleck am Vorderrande des Halsschildes, ein
solcher hinter der Schulter, sowie an der Spitze jeder Flügeldecke und eine breite, mittlere zacklge Querbinde tief sammt-
braun mit feiner weisslicher Einfassung; Fühler blau. Spitzen
und Behaarung der Glieder schwarz; Beine blau und schwarz;
Länge 20—30ᵐᵐ.

> **Cerambyx** (*Rosalia*) **alpina.** Lin. Alpen-Bock-
> käfer.

> Vorkommen: in anbrüchigen Buchen und Berg-
> ahornen.

c) — Der Käfer ist nur 8—10 mm lang, dicht und verschieden
grau behaart; Fühler borstenförmig, viel länger als der Leib,
das vierte und fünfte Glied wenig an Länge verschieden;
Flügeldecken auf dem Rücken gewölbt, fast doppelt so lang
als zusammen breit, mit zwei unterbrochenen, nackten,
dunkleren Binden und ähnlichen, kleineren, punktförmigen
Mackeln; ihre Spitze abgerundet; Unterseite dicht grau behaart und schwarz punktirt; Schenkel an der Wurzel rostroth, an der Spitze schwarz.

Cerambyx (*Leiopus*) **nebulosus.** Lin. Gewölkter
Laubholz-Bockkäfer.

Vorkommen: an und in Buchen und Hainbuchen
deren Splint von den Larven oft ganz in Wurmmehl
umgewandelt wird.

93. a) Der Käfer ist 18—22 mm lang, ockergelb, filzig, fein behaart
mit schwarzen Sprenkeln (die jedoch querbindenförmig am
Ende des ersten und zweiten Drittels der Decken fehlen)
besetzt. Decken mit zwei erhabenen Längslinien.

Cerambyx (*Rhagium*) **modax.** Fab. Beissender
Eichen-Bockkäfer.

Vorkommen: unter der Rinde gefällter Eichen.

b) — Wie der vorhergehende, jedoch um 2—3 mm kleiner; die
Deckenbinden näher zusammenstehend, röthlicher und zwischen
beiden gegen den Aussenrand ein grosser schwarzer Fleck.

Cerambyx (*Rhagium*) **inquisitor.** Fab. Doppel-
bindiger Laubholz-Bockkäfer.

Vorkommen: an verschiedenen harten Laubhölzern

94. Die Fühler fadenförmig, dicht beisammen stehend, zwischen
den Augen eingefügt; die Beine mitunter zum Springen eingerichtet, in diesem Falle ist der Käfer sehr klein. (Der
Kopf vorragend oder nur in das vorne abgestutzte Halsschild
eingezogen, geneigt, mit schief nach vorn oder abwärts ge-
richteter oder senkrechter Stirn; erster Bauchring nicht auffallend lang; Halsschild breiter als lang, nicht herzförmig.) **102.**

— — fadenförmig oder etwas nach der Spitze zu verdickt,
oder schwach gesägt, an den Seiten des Kopfes in einem
kleinen Grübchen vor den Augen eingefügt; die Beine nie
zum Springen eingerichtet · · · · · · · · · · · · · · · **95.**

95. Die Fühler gesägt, kurz, das Halsschild kaum überragend; der Körper ziemlich walzig, schwarz, die Unterseite und die Beine schwach seidenartig grau behaart; die Flügeldecken ziegelroth, jede mit einem grossen, schwarzen Fleck in der Mitte und einem kleineren an der Schulter; Länge 11—12 mm.

Chrysomela (*Clytra*) **quadri-punotata.** Lin. Vierpunktiger Pappel-Blattkäfer.

Vorkommen: an Pappeln und Weiden.

— — nicht gesägt, allmälig gegen die Spitze verdickt; der Körper länglich- oder rundlich eiförmig; die Flügeldecken entweder grün, blau, erz- oder messingfarbig und mit dem Halsschilde ziemlich gleich gefärbt; oder sie sind roth und das Halsschild dunkel. (Vorderhüften durch eine deutliche oft sehr breite Hornleiste getrennt, an der Spitze sich nicht berührend: die Hinterhüften von einander entfernt.) · · · 96.

96. Der Käfer breit, eiförmig; die Flügeldecken hinter der Mitte mehr oder weniger erweitert; Länge 6.₅—10.₅ mm · · · · · 97.

— — länglich-eiförmig; dunkel bläulich oder grünlich-erzfarben; Länge nur bis 6 mm · · · · · · · · · · · · · 101.

97. Käfer mit rothen Flügeldecken · · · · · · · · · · · 98.

— — messing-bronzefarbigen, grünen oder violetten Flügeldecken und diesen gleich gefärbtem Halsschilde · · · · · · 99.

98. *a*) Das Halsschild an den Seiten sanft gerundet, diese schwach wulstig verdickt und so wie der Kopf, die Beine und die ganze Unterseite schwarz mit blauem oder grünem Schimmer; die Flügeldecken an der äussersten Spitze schwarz; Länge 10—11 mm.

Chrysomela (*Lina*) **Populi.** Lin. Rother Pappel-Blattkäfer.

Vorkommen: an Pappeln, besonders Aspen, denen sie durch Skelettiren der Blätter oft recht schädlich werden. Vertilgung: Sammeln der Käfer und Larven *).

---

*) Wegen der Larve vergleiche man Nr. 48a, unter welcher Nummer (ihrer schweren Unterscheidung und des häufigen Zusammenlebens wegen) diese und die folgende Art zusammengefasst worden sind.

b) Der Käfer ist dem vorigen zum Verwechseln ähnlich, jedoch
stets etwas kleiner, und die Flügeldecken **ohne schwarze
Spitze.**

Chrysomela *(Lina)* **Tremulae.** Fbr. Kleiner rother
Pappel-Blattkäfer.

Vorkommen und Vertilgung: wie bei vorhergehender Art.

100. *a)* Das Halsschild beiderseits mit einem tiefen, stark punktirten
Längseindrucke, so dass sich die Seitenränder stark wulstig
erheben; länglich eiförmig; die Flügeldecken stark nach
rückwärts erweitert; neben dem glatten Seitenrande nicht
vertieft; Oberseite braun-erzfarbig, die Flügeldecken häufig
kupfer- oder purpurglänzend; die Unterseite schwarzgrün;
der Hinterleib ziemlich breit gelbroth gesäumt.

Chrysomela *(Lina)* **cuprea.** Fabr. Kupferfärbiger
Weiden-Blattkäfer.

Vorkommen: auf Weiden.

b) — am Seitenrande ohne Eindrücke, auf der Scheibe fein und
zerstreut, an den Seiten tiefer und. gröber punktirt; am häufigsten ist der Käfer ganz grün, goldgrün oder messingglän-
zend, seltener ganz blau; die Wurzel der Fühler und der
äusserste Saum des Hinterleibes röthlich; Länge 7 ^{mm}.

Chrysomela *(Lina)* **aenea.** Lin. Erzfarbiger Erlen-
Blattkäfer.

Vorkommen: auf Erlen oft in ungeheuren Massen.

101. *a)* Der Käfer ist nur 4 ^{mm} lang, länglich-eiförmig. etwas mehr
als um die Hälfte länger als breit; erzfarbig oder grün. der
After gewöhnlich roth; (zweites und drittes Fühlerglied einander an Länge gleich: Kopf und Halsschild fein und zerstreut punktirt, die Flügeldecken regelmässig punktirt gestreift, die Streifen gegen die Spitze zu verworren).

Chrysomela *(Phratora)* **vitellinae.** Lin. Kleiner
Weiden-Blattkäfer.

Vorkommen: auf Weiden.

b) — — — 4.₅—5.₅ ^{mm} lang, gestreckt, so lang als breit;
metallisch blau oder grün, seltener schwarz; der After röth-

lich; zweites und drittes Fühlerglied an Länge gleich, oder
das zweite ist etwas kürzer; Kopf und Halsschild ungleichmässig punktirt; die Punktirung der Flügeldecken auf dem
Rücken regelmässig, an den Seiten und der Spitze etwas
verworren.

Chrysomela (*Phratora*) **vulgatissima.** Lin. Gemein-
ster Weiden-Blattkäfer.

Vorkommen: auf Weiden.

102. Hinterschenkel des Käfers nicht auffallend verdickt; die
Käfer ohne Sprungvermögen · · · · · · · · · · · · · · · 103.

Hinterschenkel des Käfers keulig verdickt; die Käfer mit ähn-
lichem Sprungvermögen wie der gemeine Floh. Länge 2 bis
4 mm. (Der Körper ist ei- oder länglich-eiförmig, die Füsse
an der Spitze der Schienen eingefügt; diese am Ende mit
einem einfachen Dorn; Kopf vorgestreckt; das erste Fussglied kürzer als die Schiene; die Hinterschienen nur mit
schwach vertiefter Längsrinne; ihr Aussenrand ohne Zahn.)

Chrysomela (*Haltica*). Spring-Blattkäfer. Erdflöhe.*)

103. Die Flügeldecken schmutzig gelb oder gelbbraun, mit
schwarzer Längslinie oder ohne dieselbe; der umgeschlagene
Seitenrand der Flügeldecken verlauft, sich allmälig ver-
schmälernd, deutlich bis gegen die Spitze; (die Fussklauen

---

*) Die Erdflöhe schaden, wie die übrigen Chrysomelen, als Larven und
als vollkommene Insekten durch Benagen der Blätter verschiedener Holz- und
Gartengewächse. Junge Samenpflanzen verwüsten sie oft total und sind daher
wenigstens merklich schädlich zu nennen. Der Frass der Larven fällt in
die Monate Mai und Juni, sie geben zur Verpuppung in die Erde und nach
10—14 Tagen erscheinen die Käfer. Im Forste lässt sich wenig zur Vertilgung
des Insektes, oder zur Verhütung des Frasses thun; in Gärten jedoch ist es
gut, in Jahren, wo diese Ungeziefer häufig ist, die, vom Morgenthau befeuchteten
Pflanzen oder Beete mit einem beliebigen Staube (am besten Asche oder Kalk)
zu bestreuen, wodurch die Käfer von ihnen abgehalten werden. Die wichtigeren
hierher gehörigen Arten sind folgende:
I. *Halticae* mit einem tiefen Quereindrucke vor dem Hinterrande des Halsschildes:
a) mit verworren-punktirten Flügeldecken.
1. *Haltica oleracea.* Fbr. Grosser Spring-Blattkäfer.
Körper länglich eiförmig, die Querfurche auf dem Halsschilde verliert
sich allmälig am Seitenrande, ohne in eine tiefe Grube zu enden;
Käfer grün, selten bläulich-grün; die Flügeldecken fein, aber deutlich
punktirt; Länge 4 mm. Wohl die schädlichste Art.
b) Mit gestreift-punktirten Flügeldecken; diese einfärbig, blau oder grün, mit dem Halsschilde entweder
gleich gefärbt oder letzteres kupfer- oder goldglän-

an der Wurzel nicht in einen breiten, dreieckigen Zahn erweitert.) Länge 5— 6.$_5$^{mm} . . . .   **104.**

— — sind blau, grün oder blaugrün; drittes Glied der Fühler
viel länger als das zweite; der Käfer geflügelt, d. h. unter
den Flügeldecken befindet sich noch ein Paar häutiger Flügel;
Vorderhüften an einander stehend, durch keine Leiste der
Vorderbrust getrennt; Länge 4.$_5$—8^{mm} . . . .   **106.**

104. Die Flügeldecken kaum, oder nur wenig länger als breit,
gegen die Spitze bauchig erweitert; der Hinterrand des Halsschildes in der Mitte gerade, beiderseits aber in schiefer
Richtung gegen die Hinterecken verlaufend; Körper ziemlich
stark gewölbt; Käfer schwarz, tief punktirt, die Wurzel der
Fühler, das Halsschild, die Flügeldecken und die Schienen
grau gelbbraun; das Halsschild in der Mitte mit zwei, und
jedes von diesen mit einem, gewöhnlich schwarz gefärbten
Grübchen; Flügeldecken an der Spitze fast gemeinschaftlich
abgerundet; Länge 5.$_5$—6^{mm}.

Chrysomela (*Adimonia*) **Capreae.** Lin. Gelbbrauner
Birken-Blattkäfer.

Vorkommen: auf Birken und Saalweiden, aber
den ersteren ganz besonders schädlich. Wegen der
Larve vergl. Nr. 48 *b.* Vertilgung: durch Sammeln
der Käfer.

— — wenigstens um die Hälfte länger als zusammen breit,
deutlich punktirt mit geraden Seitenrändern und stumpfer
oder abgerundeter Spitze . . . .   **105.**

---

zond; die Oberseite des Käfers kahl; wenigstens die
Vorder- und Mittelbeine ganz rothgelb.
2. *Halt. Helxinis* Fabr. Weiden-Spring-Blattkäfer.
Flügeldecken mit regelmässigen tiefen Punktstreifen, von denen der
erste an der Naht die Mitte kaum erreicht; das Halsschild gewöhnlich
mit grossen, zerstreuten Punkten, seltener feiner und dichter punktirt,
manchmal die Scheibe beinahe glatt. In Grösse und Farbe sehr veränderlich: goldglänzende Individuen mit ganz gelben Fühlern: und
goldgrüne mit beinahe glattem Halsschilde sind die gewöhnlichen
Varietäten; Länge 3—4 ^{mm}.
3. *Halt. nitidula* Fabr. Pappel-Spring-Blattkäfer,
Flügeldecken mit feinen Punktreihen, die inneren Reihen an der Naht
verworren; Halsschild fein, zerstreut punktirt; Kopf und Halsschild
goldglänzend; die Flügeldecken blau oder blaugrün; Länge 3.$_5$^{mm}.
II. *Halticae* ohne Quereindruck vor dem Hinterrande des
Halsschildes.
4. *Halt. flexuosa* Pz. Liniirter Spring-Blattkäfer.
Flügeldecken schwarz, verworren punktirt, jede mit einem schmutzig
gelben, aussen stark ausgeschnittenen, selten in zwei Makeln getheilten
Längsstreifen; Körper elförmig, schwarz, glänzend, die Wurzel der
Fühler, selten auch die Schienen, hellbraun; Länge 2 ^{mm}.

105. *a)* Die Stirne mit einer feinen Mittelrinne, und oberhalb der Fühlerwurzel mit einer doppelten, glänzendschwarzen Erhabenheit. Die Oberseite blassgelb oder gelbbraun, eine Mackel auf dem Scheitel, drei solche auf dem Halsschilde, ein breiter Streifen neben dem Seitenrande jeder Flügeldecke und ein kurzer Strich neben dem Schildchen sind schwarz. Unterseite schwarz, die Ränder der Bauchringe und die Beine gelbbraun; die Schenkel an der Spitze mit einem schwarzen Fleck; Länge $5._5$—$6._5$mm.

Chrysomela (*Galleruca*) **xanthomelaena.** Schrank.
Liniirter Ulmen-Blattkäfer.

Vorkommen: auf Ulmen und diesen durch Benagen der Triebe und durch Skelletiren der Blätter schädlich. Vertilgung: wie oben.

b) — — nur mit einer feinen Mittelrinne ohne Erhabenheiten; Oberseite heller oder dunkler gelbbraun; das Halsschild gelblich; eine längliche Makel in dessen Mitte, dann der Scheitel und das Schildchen, sowie die Schulterhöcker schwarz. Unterseite ebenfalls schwarz; die Spitze des Hinterleibes und die Beine sind gelbbraun; Länge 5—$5._5$mm.

Chrysomela (*Galleruca*) **lineola.** Fabr. Liniirter Weiden-Blattkäfer.

Vorkommen: auf Weiden.

106. Der Vorderrand des Halsschildes gerade, die Ecken nicht vorragend; Flügeldecken fast gleich breit, wenigstens um die Hälfte länger als zusammen breit; ihr umgeschlagener Seitenrand ist deutlich abgesetzt und von zwei feinen erhabenen, sich hinter der Mitte vereinigenden Linien begrenzt. **107.**

— — — — deutlich ausgerandet, mit vorragenden Ecken; der Hinterrand abgerundet, ebenso die Hinterecken; auf der Oberfläche ohne Eindrücke. Die Flügeldecken sind nach hinten etwas bauchig erweitert, kaum um ein Viertel länger als hinter der Mitte breit. Das Schildchen spitzig dreieckig. Der Käfer unten schwarzblau, oben blau oder violett; die Fühler, das Schildchen und die Füsse schwarz; Länge $5._5$—6mm.

Chrysomela (*Agelastica*) **Alni.** Lin. Blauer Erlen-Blattkäfer.

Vorkommen: auf Erlen. Wegen der Larve vergl. Nr. 47. Vertilgung: wie oben.

107. *a*) Die Oberseite des Käfers ist einfärbig schwarz und glänzend; die ersten Glieder der Fühler und die Beine sind röthlich gelb; das Halsschild ist überall fein gerandet; die Hinterecken nur schwach angedeutet; die Scheibe nicht punktirt; die Flügeldecken mit sehr feinen, kaum sichtbaren Pünktchen; Länge 4.₅—5.₅ᵐᵐ.

Chrysomela (*Luperus*) **rufipes.** Fabr. Rothbeiniger Weiden-Blattkäfer.

Vorkommen: am häufigsten auf Weiden.

b) Der Käfer ist schwarz, glänzend; die Wurzelglieder der Fühler, das Halsschild und die Beine sind röthlich-gelb; die Flügeldecken fein punktirt; das Halsschild glatt; Länge 4—4.₅ᵐᵐ.

Chrysomela (*Luperus*) **flavipes.** Lin. Gelbbeiniger Erlen-Blattkäfer.

Vorkommen: auf Erlen, Weiden und Pappeln.

108. Der Frass geschieht in den Blättern · · · · · · · · · · **109.**

— — — in den Knospen oder Blüthen · · · · · · · · · **111.**

109. Der Frass geschieht in Eichen- oder Buchen-Blättern; *) die Minirgänge erscheinen als weisse oder gelbliche Zeichnungen auf der Blattscheibe · · · · · · · · · · · · · · · · · **110.**

— — — in den Blättern der Kirsch-, Birn-, Apfel- oder Zwetschkenbäume und zeigt sich in Form von rundlichen, braunen Flecken auf der Oberseite derselben, welche später bis zum August häufig zusammenfliessen. Das darin lebende Räupchen ist nur wenig über 7 ᵐᵐ lang, grün, und am Kopfe und an dem letzten Leibesringe braun.

Tinea (*Elachista*) **Clerkella.** Lin. Pflaumenlaub-Motte.

110. *a*) Die Eichenblätter werden im Innern von einem kleinen, 6.₅ᵐᵐ langen, gelben Räupchen ausgefressen, bekommen da-

---

*) Bezüglich anderer Holzarten vergl. man Nr. 76 a, die Anmerkung.

durch weissliche, blasige Stellen u. zw. oft in solcher Menge, dass sie dadurch ganz scheckig erscheinen.

Tinea (*Elachista*) **complanella.** Hbn. Eichen-Minirmotte.

Flügelspannung des Falters bis 9.₅mm; seine Länge 4 mm. Er ist eintönig röthlich-gelbbraun; die Fransensäume sehr breit, grau; die Hinterflügel ebenfalls grau, sehr schmal-lanzettförmig.

b) Der Frass geschieht in den Blättern der Rothbuche. (Vergl. *Orchestes Fagi*) . . . . 76 *a*.

111. *a*) Man bemerkt den Frass in den Knospen (vorzüglich der Eichen.)*) Das Räupchen, von welchem er herrührt, ist 16-beinig, bis über 14 mm lang und schmutzig-gelblich-grün. Der Leib trägt behaarte, schwarze Würzchen und ist nach rückwärts etwas verschmälert; der Kopf, die Brustfüsse, die Ränder des Nackenschildes und ein Fleck am letzten Leibesringe sind schwarz. Bei dem noch ganz jungen, gelblichgrünen Räupchen ist das ganze Nackenschild glänzend schwarz.

Tortrix viridana. Lin. Grüner Eichen-Wickler.

Sein Vorkommen beschränkt sich fast ausschliesslich auf die beiden deutschen Eichenarten. Im Mai, zur Entfaltungszeit der Knospen beginnt der Frass des kleinen Räupchens, indem es bis ins Innere der Knospen eindringt und die zarten Blättchen derselben zernagt. Gegen Ende Mai oder Anfang Juni ist die Raupe erwachsen, verlässt ihren seitherigen Aufenthalt und bereitet sich zur Verpuppung vor. Diese geschieht entweder an der Erde, indem sie sich mittelst Gespinnstfäden von den Bäumen herablässt; oder auch in Rindenritzen, zwischen versponnenen Blättern und dgl. Die Puppe ist 10.₅mm lang, gestreckt, von schwarzer,

---

*) Eine zweite, in den Blüthen und Blattknospen der Eiche sich entwickelnde Art ist die *Tinea* (*Coleophora*) *lutipenella*. Zell. Eichenknospen-Motte. Das Räupchen wird nur 3 mm lang, gehört mithin zu den kleinsten, ist unbehaart, grau, mit kleinem schwarzen Kopfe. Sie frisst die Knospe aus, das Innere mit schwarzen Kothkrümelchen ausfüllend, fertigt sich zur Zeit der Verpuppung ausserhalb der Knospe einen Sack an, mit dem sie noch kurze Zeit herumkriecht, spinnt sich dann an und verpuppt sich gegen Ende Mai. Im Juli erscheint der kleine Schmetterling. Körperlänge 3.₃/₄mm, Flügelspannung 11 mm Vorderflügel lichtgelb, zum Theil ins Strohgelbe, Hinterflügel weiss; Fransensaum sehr breit und wie der Hinterleib graulich; Vorderleib strohgelb. Die Eier werden wahrscheinlich im Sommer auf die, unter den Blattschuppen schon vorbereiteten Knospen abgelegt, aus welchen sich dann im Frühjahre das Räupchen entwickelt. (Taschenberg.)

hic und da ins Rothe übergehender Grundfarbe. Im
Juni erscheint der Schmetterling, welcher leicht
an der schönen apfelgrünen Färbung des Kopfes,
Halsschildes und der Vorderflügel zu erkennen ist.
Seine Flugweite beträgt 19—21 mm; die Hinterflügel
sind hellgrau mit etwas dunkleren Fransensäumen.
Die Eier werden gewöhnlich einzeln, selten 3 oder 4
zusammen an die Knospen abgelegt und im Frühjahre
mit Eintritt der Vegetation schlupft das Räupchen
aus. Der Schaden an Eichen ist oft beträchtlich und
kann das Insekt jedenfalls auf die Stufe der **merklich schädlichen** Insekten stellen. Zu seiner **Vertilgung** lässt sich nur wenig thun und selbst das in
Vorschlag gebrachte Zerdrücken und Abkehren der
Raupen mittelst stumpfer Besen dürfte nur wenig zum
erwünschten Ziele führen.

b) — — — — in den Knospen der Weiden von einem kleinen
16-füssigen, schmutzig - weissen Räupchen herrührend; der
Kopf und das weissgetheilte Nackenschild glänzend braun
oder schwarz. April und Mai.

     Tinea (*Argyresthia*) **pygmaeella.** Hüb. Weiden-
knospen-Motte.

Im Juni erscheint der zierliche Schmetterling, wo
man ihn häufig, geschäftig auf den Blättern herum-
suchend, antrifft. Vorderflügel lanzettförmig, metallisch
messinggelb mit weissen Rändern und im Hinterrande
mit drei Goldpunkten. Hinterflügel hell aschgrau, sehr
schmal, linienförmig; Fransen dieser, sowie der Vorderflügel gelbgrau; Unterseite der Flügel im Ganzen
glänzend aschgrau. Länge 4, Flügelspannung 12.₅mm.
(Taschenberg.)

c) — — — — in den Blüthen oder Blüthenknospen der Apfel-
und Birnbäume.*) Das Lärvchen ist nur 6.₅mm lang und
1.₇₅mm breit, gelblich; der Kopf schwarz, ziemlich gross; der
letzte Leibesring nach unten etwas kugelig erweitert.

     Curculio (*Anthonomus*) **pomorum.** Lin. Apfel-
Rüsselkäfer.

     (Wegen Beschreibung des Käfers vergl. Nr. 75 *b*
Anmerkung.) Da der Käfer seine Eier erst im Früh-

---

*) An Kirsch- und Pflaumenbäumen frisst in gleicher Weise *Anth. dru-
parum*; an Birnbäumen *Anth. pyri* (wegen Beschreibung der Käfer vergl. Nr. 75 *b*
Anmerkung). Sollten die Beschädigungen von einer stark behaarten Raupe her-
vorgebracht werden, so vergl. Nr. 28.

jahre, meist im April, absetzt und zu dem Zwecke den
Baum erklettern muss, so hat sich das Anlegen von
Theerbändern um die einzelnen Stämme (im Monate
März oder zu Anfang April) als vortreffliches Mittel
zur Abhaltung dieses lästigen Gastes bewährt.

112. Der Frass geschieht an oder in den Früchten eigentlicher
Waldbäume (Bucheln, Eicheln und Haselnüssen) oder
Schoten der Akazie*) · · · · · · · · · · · · · · · · · · 113.

— — — in oder an den Früchten der Obstbäume   114.

113. a) Der Frass geschieht an den Eicheln oder Haselnüssen von
Käfern; oder in denselben von Larven. (Vergleiche die Anmerkung.) · 75 a.

b) Die Bucheckern werden, so lange die Kapseln noch ziemlich
weich sind, besonders am unteren Theile derselben durch
Stichwunden von einem kleinen, grauen, mit Springbeinen
versehenen Rüsselkäferchen beschädiget, dadurch welken die
Fruchtstiele, und die Früchte fallen ab · · · · · · · · · 76 a.

c) — — — innerlich von einem 12 – 13 mm langen, ganz fleisch-
rothen, 16-füssigen Räupchen zerfressen. Um Mitte oder Ende
September verlässt dasselbe die Nüsse, um sich zur Verpuppung an die Erde zu begeben, oder als Raupe zu überwintern (?).

Tortrix (*Carpocapsa*) **grossana.** Hw. Bucheln-
Wickler.**)

Der durch dieses Räupchen angerichtete Schaden
ist oft ziemlich beträchtlich.

114. Die unreifen Früchte werden äusserlich, u. zw. von Rüsselkäfern, mittelst Stichwunden beschädiget. · · · · · · · 64.

Man bemerkt im Innern der Früchte kleine Larven
oder Räupchen · 115.

115. Die Larven oder Räupchen bemerkt man in den Aepfeln
oder Birnen. · 116.

---

*) Von der Larve des *Bruchus villosus*. Fbr. Zottiger Samenkäfer,
welche oft in ungeheurer Zahl in diesen, sowie in jenen der Besenprieme angetroffen werden. Der Käfer ist sehr klein, nur 2 mm lang, elförmig, grau behaart,
Fühler gegen die Spitze allmälig verdickt, kürzer als der halbe Leib.
**) *Tortrix grossana* Hw. ist identisch mit der *splendana* Rtzbg. und ent-
wickelt sich in den Bucheln. Jene in den Eicheln lebende Raupe gehört *Tortrix
splendana* Hüb. (nicht Rtzb.) an.

— — bemerkt man in den Kernen der Kirschen.

Curoulio (*Anthonomus*) **druparum.** Lin. Pfirsich-
Rüsselkäfer.

(Wegen Beschreibung des Käfers vergl. Nr. 75 *b*,
Anmerkung.)

116. *a*) Das Räupchen ist gelblichroth, 16-beinig und wird bis 10ᵐᵐ
lang.

Tortrix (*Carpocapsa*) **pomonana.** Lin. Apfel-
Wickler.

Das Räupchen überwintert in den Aepfeln, und
verpuppt sich erst im nächsten Frühjahre. Der
Schmetterling hat bis 19.₅ᵐᵐ Flügelspannung und
9.₅ᵐᵐ Länge. Die Vorderflügel sind bläulich-grau, mit
vielen schwarzen Stricheln und mit einem grossen,
sammtschwarzen, ovalen Fleck, in dessen Mitte ein
fast vollkommen geschlossenes, kupferrothes Auge
steht. Dieser Wickler ist für Gärtner und Landwirthe
eines der unangenehmsten Insekten, und kann ihre
Obsternte mitunter bedeutend reduziren. Der weiteren
Vermehrung kann man nur dadurch begegnen, dass
man das wurmstichige, sogenannte Fall-Obst sammelt
und möglichst bald verwendet.

b) Das Lärvchen ist fusslos.

Curoulio (*Rhynchites*) **Bachus.** Lin.

(Wegen des Käfers vergl. Nr. 65 *b*, Anmerkung.)

117. Die Verletzungen geschehen äusserlich an den Stämmchen,
Zweigen oder Trieben durch Benagen der Rinde. · · · · · **118.**

— — — — im Innern der Stämme, Zweige oder Triebe,
u. zw. entweder vorzugsweise zwischen Rinde und Holz
oder im eigentlichen Holzkörper. · · · · · · · · · · **120.**

118. Die Verletzungen geschehen durch Käfer.*) · · · · **50.**

---

*) An den Eichentrieben, durch Anstechen derselben, wird mitunter
der kleine 2.₅ᵐᵐ lange *Rhynchites pauxillus*, Germ. schädlich. Der Rüssel ist lang,
fadenförmig, rund; Käfer blau, mit ziemlich langen braunen Haaren, Halsschild
mit einer kurzen, seichten, nicht punktirten Mittelrinne; Flügeldecken tief punktirt-gestreift, beinahe gefurcht.

— — — durch Rinden- oder Schildläuse;*) die letzteren zeigen sich gewöhnlich in Form von braunen oder
schwärzlichen, erhabenen Blasen an der Rinde . . . . . · **119.**

— — — von einer Wespe; sie ist über 30 mm lang. bei
50 mm Flügelspannung; die Fühler 11—12-gliedrig; diese,
das Schildchen, der Kopf, die Beine, z. Th das Brustschild
und die Basis des Hinterleibes sind braun-röthlich-gelb. Die
letzten Hinterleibsringe gelb, an den Vorderrändern schwarz,
mit zwei bis drei (mit den schwarzen Rändern zusammen-
fliessenden) Tropfen.

Vespa Crabro. Lin. Gemeine Hornisse.

Dadurch, dass die Wespe die Rinde von den jungen Obstbäumchen oder von den Zweigen in Form
breiter Ringe abschält. bringt sie dieselben nicht selten
zum Absterben. Auf ähnliche Weise beschädigt sie
auch junge Waldbäume. In den Gärten bewirkt man
ihre Vertilgung z. Th. dadurch, dass man in den
Kronen der Obstbäume Flaschen mit etwas weitem
Halse aufhängt und da hinein ein wenig verdünnten
Honig gibt.

119. *a*) An den Weidentrieben bemerkt man eirunde, flache,
gelbe Blasen, oft von der Grösse einer kleinen Erbse.

Coccus (*Aspidiotus*) **Salicis.** Bé. Weiden-Schild-
laus.

b) An Birkentrieben bemerkt man eine kleine, 1.₅—2 mm
lange, dunkelgrüne, durch eine weisse Rückenlinie und mehrere
weisse Querstreifen gekennzeichnete Blattlaus; der Körper
ist sehr flach; die Fühler sind fünfgliedrig.

Aphis (*Vacuna*) **Betulae.** Klt. Birkenzweigspitzen-
Blattlaus.**)

---

*) Die Coccus-Arten sind gewöhnlich nach der Holzart, auf welcher sie
leben, benannt und daher leicht auszusprechen. So kommt an den Eichen Coc.
Quercus; an Ulmen Coc. *Ulmi*; an Birken Coc. *Betulae*; an Haseln Coc. *Coryli*;
an Hainbuchen Coc. *Carpini* etc.; an Pappeln und Linden *Coccus populi*; an
Pfirsich und Pflaumen Coc. *persicae*; am Weinstock Coc. *vitis*; in Gewächshäusern
Coc. *hesperidum* vor. Eine sehr schädliche Art fand ich in Böhmen an den Zweigen
der Zwetschkenbäume; diese letzteren wurden von ihr so ausgesaugt, dass sie
gar nicht zur Blattbildung gelangen konnten. Die Blase ist von Grösse und Form
der Coc. *Salicis*, aber dunkel-sepia-braun; ich will diese Art mit „Coc. *Pruni*,
Zwetschken-Schildlaus" bezeichnen.

**) Die Blattläuse haben für den Forstmann nur eine sehr geringe Bedeu-
tung, wesshalb ich sie unter denen, an Blättern fressenden Insekten gar nicht
weiter erörtert habe. Für den Gärtner dagegen sind sie viel wichtiger. Da jedoch
die Vertilgungsmittel Einer Art für fast alle Arten gelten, so mag es ge-

120. Der Frass geschieht entweder ausschliesslich, oder doch vorzugsweise z w i s c h e n Rinde und Holz. · · · · · · · · · · **121.**

— — — — — — — im II o l z e selbst oder im Innern der Triebe und Zweige · · · · · · · · · · · · · · · **134.**

121. Man bemerkt unter der Rinde mehr oder minder deutlich einen b r e i t e r e n (Mutter-) Frassgang, von welchem zu beiden Seiten unter einem gewissen Winkel die, allmählig sich erweiternden Larvengänge auslaufen. · · · · · · · · · · · **122.**

— — — — — keinen Muttergang, sondern nur einen, oft schön geschlängelten, flachen. fadenförmig beginnenden, und allmählig weiter werdenden Larvengang, welcher sich an seinem breiteren Ende häufig in das Holz einsenkt.*) · · · **133.**

122. Man bemerkt diesen Frass an O b s t b ä u m e n. · · · · · · **123.**

— — — — an eigentlichen W a l d b ä u m e n. · · · · · · **125.**

123. Der Muttergang ist ein Lothgang, d. h. er lauft ziemlich mit der Längs-Achse des Stammes oder Zweiges parallel. · **124.**

— — ist ein Wagegang, (d. h. er durchschneidet seiner Richtung nach die Längsfaser der Pflanze in einem mehr oder weniger rechten Winkel) und bis 55ᵐᵐ lang; die Larvengänge sind sehr gedrängt und an ihren Endigungen (besonders die Puppenwiegen) sehr stark in das Holz eingeschnitten. An Apfel-. Birn- und Zwetschken-Bäumen.

Eoooptogaster**) **Pyrl.** Ratz. A p f e l - S p l i n t k ä f e r.

Der K ä f e r ist 4ᵐᵐ lang; die Bauchringe o h n e Höckerchen oder Zähnchen; schwarzbraun, das Halsschild etwas länger als breit, nach vorne allmälig ver-

---

nügen zu erwähnen, dass man das Bespritzen mit einer Tabak- oder Wermuth-Abkochung, oder das Bestreuen der Pflanzen mit Kalk- oder Gypsmehl, oder endlich das Abkehren der Triebe und Stämmchen, sowie das Ausbrechen der von Blattläusen besetzten Blätter als sehr vortheilhafte Vertilgungsmittel erkannt hat.

   *) Unter der Rinde von Ahorn entwickelt sich im e r s t e n Sommer (von Juni und Juli angefangen) die Larve des *Cerambyx insubricum* und frisst mehr oder weniger grosse und breite Plätze daselbst aus, bevor sie im nächsten Frühjahre ihren eigentlichen Gang ins Holz einsenkt; daher ihrer hier Erwähnung geschieht. Vergl. Nr. 83 d.

   **) Die in die Gattung *Eccoptogaster* gehörigen Arten werden durch Folgendes charakterisirt: die Fühler geknict, mit geringeltem, fast die halbe Länge einnehmendem Endknopf; der Kopf etwas nach vorne verlängert; das dritte Fussglied zweilappig erweitert; die Unterseite des Bauches, vom zweiten Ringe an, aufsteigend; die Flügeldecken mehr oder weniger flach ausgebreitet und an ihrer Spitze weder stark abschüssig gewölbt, noch gezahnt.

schmälert; die Naht der Flügeldecken am Schildchen
eingedrückt; die Flügeldecken reihig punktirt, in den
Zwischenräumen mit einer, den Hauptpunktreihen an
Stärke fast gleichkommenden, ebenfalls reihigen Punktirung. In der letzten Hälfte des Monates Mai bemerkt
man das Einbohren des Käfers. Das Weibchen dringt
zuerst schräg bis auf den Splint ein, und ihm folgt
das Männchen, ohne sich jedoch in der Regel an der
Anlage des Ganges zu betheiligen. Nach einiger Zeit
erscheinen beide Käfer wieder am Eingange, indem
das Männchen von dem rückwärts gehenden Weibchen
vor sich hergeschoben wird, und nun erst erfolgt die
Begattung halb versteckt. Das Weibchen *in copula*
mit dem Männchen dringt wieder bis zum Splintkörper
ein, indem es das Männchen hinter sich herzieht,
streift es jedoch unterwegs bald ab, und setzt nun
die Anlage des Muttergauges in Verbindung mit dem
Eierablegen gleichmässig fort. Hier stirbt gewöhnlich
das Weibchen, während das Männchen noch bis an
die Eingangsöffnung zurückkehrt und da die Beute
der Meisen und anderer Insektenfresser wird. Schon
nach Verlauf von 14 Tagen brechen die kleinen
Lärvchen aus den Eiern hervor und fressen in der
oben angedeuteten Weise bis zu der, im September
erfolgenden Verpuppung, und im April erscheint
der Käfer. Seine Schädlichkeit an den Obstbäumen
ist sehr gross, indem er selbst die wüchsigsten und
kräftigsten Stämme nicht verschont. In Oberösterreich,
wo ich Gelegenheit hatte ihn genau zu beobachten,
ist dieser, sowie seine gewöhnlichsten Begleiter, *Ecc.*
Pruni, Ecc. rugulosus und *Bost. dispar*, eine wahre
Plage für Gärtner und Landwirthe. Bei Zwetschken-
bäumen, welche hauptsächlich von *Ecc. Pruni* und
rugulosus (u. zw. in den stärkeren Aesten zuerst) befallen werden, wird man die Käfer durch jährliches,
sorgfältiges Untersuchen der Bäume und durch Ausschneiden der befallenen Aeste (es muss dies aber
längstens in der zweiten Hälfte des April, am besten
zu Anfang dieses Monates geschehen) und durch so-
fortiges Verbrennen derselben ziemlich in Schranken
halten können. Bei *Ecc. Pyri* und *Bost. dispar* hingegen, welche den Baum vorzugsweise am Stamme
und an den unteren Partien der Hauptäste befallen,
hat man nebst Verschmieren der Bohrlöcher mit Theer
(was aber keineswegs zuverlässig hilft, und erfolgreicher
mit Baumwachs bewirkt werden kann) noch ein anderes,
freilich etwas zeitraubendes, aber bei jüngeren Bäumen
sehr gut ausführbares Mittel als bewährt befunden:
Im Mai nämlich werden alle Bäume, Stamm für Stamm,
untersucht; der Betreffende hat sich mit einem Draht
oder Pfeifenräumer zu versehen, und wo er eine Bohrstelle am Stamme entdeckt (dies unterliegt bei der

glatten Rinde junger Birn- und Aepfelbäume keiner
grossen Schwierigkeit), verfolgt er mit dem Drahte
den Rinden- oder Holzgang, bohrt in demselben etwas
herum (dadurch wird der, noch nicht weit vorgedrun-
gene, eierlegende Käfer zerstossen) und verschlagt die
Bohrstelle mit kleinen, in der Tasche bei sich führenden Holzstiften. (Herr Gutsbesitzer Math. Herndl in
Grein.) — Fangbäume helfen hier wenig, da der Käfer,
wie schon bemerkt, selbst die schönsten, jungen Stämme
nicht verschont.

124. *a*) Der Muttergang ist meistens kaum 2 mm breit, 25—50 mm
lang und so, wie die Larvengänge, stark ins Holz eingeschnitten. Diese letzteren sehr zahlreich und dicht gedrängt,
sich häufig netzförmig durchschneidend; die Puppenwiegen
sehr tief ins Holz eingesenkt, woher der entrindete Theil,
ein Aussehen, wie mit Vogeldunst beschossen, erhält Häufig
kreuzen sich zwei Muttergänge. Vorzüglich an Zwetschken-
und Pflaumen-, seltener an Aepfel- und Birn-Bäumen und
mehr auf die Aeste beschränkt.

Eooptogaster rugulosus. Koch. R a u h e r Z w e t-
s c h k e n - S p l i n t k ä f e r.

(Wegen Gattungscharakter vergl. Nr. 123, Anmerkung.) Der K ä f e r ist 2.₅—3 mm lang; die Bauchringe o h n e Höcker oder Zahnung; schwarz, wenig
glänzend; die Spitze der Flügeldecken, die Fühler
und Beine sind röthlich-braun; das Halsschild mit
tiefen, länglichen Punkten äusserst dicht besetzt, an
den Seiten gerunzelt; die Flügeldecken sind ebenfalls
äusserst dicht punktirt-gestreift, die Reihen der Zwischenräume mit ziemlich ebenso grossen Punkten, wie
die Hauptreihen. (Wegen S c h ä d l i c h k e i t und V e r-
t i l g u n g vergleiche die vorhergehende Art)

b) — — ist in der Regel nicht viel über 25 mm lang, etwas
breiter als der eben beschriebene und so, wie die zierlich
geschlängelten, strahlig abgehenden Larvengänge und Puppenwiegen, nur seicht auf den Spint eingedrückt. Vorkommen
wie oben.

Eooptogaster Pruni. Ratz. G l ä n z e n d e r Z w e t s c h-
k e n - S p l i n t k ä f e r.

(Wegen Gattungscharakter vergl. Nr. 123, Anmerkung.) Der K ä f e r wird 4—4.₂₅ mm lang; die Bauchringe o h n e Höcker oder Zahnung; schwarz, glänzend;
der Vorder- und Hinter-Rand des Halsschildes und

die Flügeldecken sind braun; die Fühler und Beine
rothbraun; das Halsschild ist fast so lang als breit,
hinten etwas eingeschnürt, nach vorne verengt, fast
abgerundet-viereckig, äusserst fein und weitläufig punktirt; die Flügeldecken nach rückwärts ziemlich stark
verschmälert, fein punktirt-gestreift, mit einer noch
feineren Punktreihe in den breiten Zwischenräumen der
Hauptstreifen. (Wegen Schädlichkeit und Vertilgung siehe bei *Ecc. Pyri.*)

125. Der Muttergang ist ein Lothgang, d. h. er lauft ziemlich
mit der Längsachse des Stammes oder Zweiges parallel. · ·   **126.**

— — ist ein Wagegang (er durchschneidet unter einem
mehr oder minder rechten Winkel die Längsachse des
Stammes oder Zweiges). · · · . . . .   **130.**

— — ist sehr undeutlich und in seiner Richtung sehr veränderlich; in den meisten Fällen jedoch der Hauptrichtung
nach lothrecht oder diagonal, seltener eine Art Stern bildend.
Nur unter Buchenrinde. In Länge variiren diese Gänge
von 10—90 mm und beschränken sich fast ausschliesslich nur
auf den Rindenkörper. Die Larvengänge sind sehr fein,
fadenförmig, unregelmässig geschlängelt, häufig nach dem
Muttergang zurückkehrend. und am besten mit den Fluss-
zeichnungen einer Landkarte zu vergleichen.

Bostrychus bicolor. Hbst. Kleiner Buchen-Bor-
kenkäfer.

Der Käfer ist 2 mm lang, ziemlich gedrungen;
die Fühler sind gekniet, mit grossem Endknopfe; die
Fussglieder nicht gelappt, zusammengenommen kürzer
als die Schienen; das Halsschild ohne glatte Mittellinie, vorne höckerig, hinten dicht punktirt; die Flügeldecken mit sehr grossen dichten Punkten reihig durchzogen; die Zwischenräume dieser Reihen hie und da
gerunzelt, mit einer etwas feineren Punktreihe; hinten
sehr stark und plötzlich abschüssig, rund, fein punktirt, mit scharf begrenztem Aussenrande und einer
seichten Furche neben der Naht. Der Körper ist pechschwarz oder braun, lang weissgrau behaart; die
Fühler und Beine gelbbraun. Die Stirne des Männchens vorne eingedrückt, mit starker, graugelber
Haarbürste; die des Weibchens nur mit einzelnen
langen Haaren. Da der Käfer nur solche Bäume befällt, welche bereits im Absterben begriffen oder schon
eingegangen sind, so ist sein Schaden nur sehr
gering. Das Vorkommen an Hainbuchen gehört zu
den seltenen Ausnahmen.

—　—　— wenigstens 2.₅ᵐᵐ breit, häufig sogar breiter, und
in der Regel ebenfalls nicht viel über 25 ᵐᵐ (selten bis 50 ᵐᵐ)
lang. Gewöhnlich ist nur Ein Bohrloch vorhanden, ausnahmsweise deren 2, und laufen meistens in schiefer Richtung
durch die Rinde. Die Larvengänge sind oft sehr zahlreich
(bei regelmässigen Frassstellen), bis 10 ᶜᵐ lang, anfangs gerade abgehend, sich dann strahlig theilend äusserst (selten
berührend oder durchkreuzend) und an ihren Enden so breit,
oder breiter, als der Muttergang. Die Puppenwiegen nur
selten etwas in den Splint eingesenkt; die Fluglöcher wie
mit starken Hühnerschroten geschossen.

Ecooptogaster Scolytus. Hb. Grosser Rüstern-
Splintkäfer.

(Wegen Gattungscharakter vergl. Nr. 123, Anmerkung.) Der Käfer ist 5—6 ᵐᵐ lang; am Hinterleibe stark eingedrückt; der dritte und vierte Bauchring (bei beiden Geschlechtern) in der Mitte des Hinterrandes mit einem Wärzchen, und so wie der zweite,
an den Seiten gezähnt. Mit Ausnahme der, gewöhnlich
helleren (röthlichbraun gefärbten) Beine und Flügeldecken, ist der ganze Käfer schwarz. Stirne und Rüssel
ohne Leiste; das Halsschild ist merklich breiter als
lang, fein und ungleichmässig (in der Mitte fast ver-
schwindend) punktirt. Die Flügeldecken sehr wenig
länger als das Halsschild, hinten merklich verschmälert,
mit etwas vorgezogener Spitze; die Punktreihen ziemlich vertieft; die Zwischenräume derselben sehr breit,
mit zahlreichen feinen, (gewöhnlich nur zwei, häufig
auch drei Reihen bildenden) Punkten. Dieser Käfer
gehört in Bezug auf Ulmen, sicherlich zu den schädlichsten Insekten. Er bohrt sich allerdings, wenn
er die Auswahl hat (so wie sein Begleiter *Ecc. multistriatus*) lieber in kränkliche Bäume ein, als in vollkommen gesunde; doch wären der Fälle unzählige
anzuführen, wo ganz gesunde, sogar ziemlich junge

---

*) *Bostrychus Alni* Georg. Erlen-Borkenkäfer. 2 ᵐᵐ lang, ziemlich
schlank, beinahe schwarz, Halsschild dicht punktirt. Hat im Jahre 1862 im Forst-
botanischen Garten zu Mariabrunn die Weisserlen zum Absterben gebracht, von
woher ich meine Exemplare erhalten habe.

Stämme durch diese beiden Arten zum Absterben gebracht worden sind. An Eschen hat man sie einige Male beobachtet, jedoch sind sie an dieser Holzart von der untergeordnetsten Bedeutung. Da sich die Käfer sehr gern in frisch gefälltes Holz einbohren, so würden Fangbäume jedenfalls nicht wirkungslos sein. In Flugzeit und wahrscheinlich auch in der sonstigen Lebensweise stimmt *Scolytus* ziemlich mit *Ecc. Pyri* überein. (Vergl. Nr. 123.)

128. Die Muttergänge sind gewöhnlich nahezu 2^{mm} breit etc. (vergl. *Ecc. Pruni*) · · · · · · · · · · · · · · · · 124 *b.*

— — sind selten etwas über 1.$_5$^{mm} breit, gewöhnlich sogar schmäler, und in der Regel auch nicht viel über 40^{mm} lang, (die kleinsten mir vorgekommenen: mit 10^{mm}, die grössten von 85^{mm} Länge). Sie greifen. sowie die Larvengänge und Puppenwiegen, nur schwach in den Splint ein und haben nur Ein Bohrloch. Die Larvengänge sind sehr zahlreich, an ihren Anfängen fein, und ähnlich wie jene des *Ecc. Scolytus* angelegt. Die Fluglöcher wie mit Vogeldunst geschossen.

Ecooptogaster multistriatus. Marsh. Kleiner Rüstern-Splintkäfer.

(Wegen Gattungscharakter vergl. Nr. 123, Anmerkung.) Der Käfer ist 3.$_3$—3.$_4$^{mm} lang; der Hinterleib stark eingedrückt; der zweite Ring mit einem grossen, wagrechten Zapfen; die Flügeldecken sind sehr dicht punktirt-gestreift, die abwechselnden Punktstreifen an Stärke wenig von einander verschieden; der Käfer ist schwarz; die Flügeldecken sind braun; ihre Spitze und die Beine heller rothbraun; die erstere sehr verworren punktirt; die Fühler gelbbraun. (Ueber Schädlichkeit, Vertilgung etc. vergl. vorhergehende Art.)

129. *a*) Der Muttergang ist über 2.$_5$^{mm} breit und in der Regel nicht unter 80^{mm} lang, häufig sogar länger, mit einer Menge von (in eine Reihe gestellten) Luftlöchern. Oft ist der Muttergang so angelegt, dass er erst die lothrechte Richtung verfolgt, und dann hackenförmig mit dem oberen Ende einen weiten Bogen beschreibt. Die Larvengänge sind sehr zahlreich, aber nie so regelmässig wie bei *Ecc. Scolytus*. Die Puppenwiegen in der Rinde.

Ecooptogaster destructor. Ol. Grosser Birken-Splintkäfer.

(Wegen Gattungscharakter vergl. Nr. 123, Anmerkung.) Der Käfer ist 5.₅—6.₇ᵐᵐ lang und glänzend
schwarz; der Hinterleib fast rechtwinklig eingedrückt,
beim Männchen der dritte Ring mit einer starken
Warze, und der vierte mit stark vortretendem, in der
Mitte gebuchtetem Hinterrande; der Rüssel mit einer
kurzen Längsleiste; das Halsschild ist kaum länger
als breit, vorne gebuchtet und ziemlich fein punktirt;
die Flügeldecken sind gestreift punktirt, in den Zwischenräumen der Hauptstreifen nur mit Einer feinen
Punktreihe; die Naht bis zur Spitze vertieft. Dieser
Käfer kommt nur an kränklichen Birken vor; daher
ist auch seine forstliche Bedeutung gering.

b) — — ist meist über 2.₃ᵐᵐ breit, selten über 50ᵐᵐ lang mit
Einem, höchstens zwei Bohrlöchern etc. (Vergl. Ecc. Scolytus) 127.

130. Der Frass geschieht an Eichen.· · · · · · · · · · · · 131.

— — — — Eschen oder Ulmen.· · · · · · · · · · · 132.

— — — — Hainbuchen (Weissbuchen), u. zw. stets am
Stamme. Der Muttergang ist meistens nicht viel über 50ᵐᵐ
lang, auf dem Splinte wenig sichtbar; die Larvengänge nicht
zahlreich, weit ausstreichend, vor den Puppenwiegen etwas
stärker in den Splint eingreifend, und sehr stark und unregelmässig geschlängelt. Die Puppenwiegen ziemlich stark
in den Splint eingesenkt.

Ecooptogaster Carpini. Er. Hainbuchen-Splint-
käfer.

(Wegen Gattungscharakter vergl. Nr. 123, Anmerkung.) Der Käfer ist 3—3.ᵐᵐ lang; der Hinterleib eingedrückt, ohne Höckerchen oder Zähnchen;
schwarz, glänzend; die Flügeldecken häufig etwas
röthelnd; die Beine und Fühler röthlich-gelbbraun.
Das Halsschild ist fast etwas breiter als lang, ziemlich
stark punktirt; die Flügeldecken hinten kaum verschmälert; die abwechselnden Punktreihen derselben
an Stärke wenig verschieden, öfters in einander laufend,
und nicht überall ganz parallel. Vorkommen: meist
nur an alten, eingängigen Stämmen, daher seine forstliche Bedeutung gering.

131. a) Der Muttergang ist höchstens 25—30ᵐᵐ lang und 2ᵐᵐ
breit; Larvengänge selten mehr als 30—40; sie laufen theils
nach oben, theils nach unten und werden an ihren Enden
bis 8ᵐᵐ breit; die Puppenwiegen nur sehr oberflächlich im

Splinte sichtbar; die Fluglöcher wie mit Vogeldunst geschossen, wegen der Rauheit der Rinde aber von aussen gewöhnlich schwer sichtbar.

Eoooptogaster intricatus, Koch. Eichen-Splintkäfer.

(Wegen Gattungscharakter vergl Nr. 123, Anmerkung.) Der Käfer ist $2._{75}$--3 mm lang; der Hinterleib ohne Höckerchen oder Zähnchen; die Zwischenräume der Punktstreifen auf den Flügeldecken mit einer Reihe nur wenig kleinerer Punkte und überdies noch mit feinen Runzeln; daher fast glanzlos; die Naht dicht hinter dem Schildchen vertieft, ohne Spur von einer begleitenden, vertieften Rinne; das Halsschild ist fast breiter als lang, ziemlich stark und dicht (in der Mitte schwächer, an den Seiten dichter) und fast runzelig punktirt Dieser Käfer ist als eines der gefährlichsten Eicheninsekten zu betrachten. Er geht ohne Unterschied des Alters und Wuchses sowohl exotische, als inländische Eichen an, und bringt sie, besonders jüngere Stämme, zum Absterben. Da man ihn sehr häufig, hauptsächlich zur Schwärmzeit, auf Klafterhölzern findet, so dürfte bei ihm das Einlocken in Fangbäume nicht schwer halten. Die einzigen Vorbauungsmittel sind das Reinhalten der Wälder durch Entfernung alles abständigen, oder kranken Holzes; und Sorgfalt bei Ausführung der Kulturen, besonders da, wo viele Heisterpflanzungen gemacht werden.

b) — — ist 50—80 mm lang; die Larvengänge sind sehr gedrängt, auf- und abwärts laufend: die Puppenwiegen nur im Baste. Man findet die ganze Rinde auf der Innenseite oft so zernagt, dass dadurch die Art des Frasses häufig nicht mehr deutlich zu erkennen ist.

Bostrychus villosus. Fbr. Langhaariger Eichen-Borkenkäfer.

Der Käfer ist $2._{2}$—$2._{5}$ mm lang, rothgelb. Die Fühler sind gekniet mit grossem Endknopfe, die Fussglieder nicht gelappt, zusammengenommen kürzer als die Schienen; der Körper ist lang, abstehend und zottig, goldgelb behaart; das Halsschild sehr dicht und stark, körnig punktirt, nach rückwärts nicht verschmälert; die Punkte in den Hauptreihen der Flügeldecken sehr gross, nach rückwärts an Grösse zunehmend; die der Zwischenräume sind sehr fein; die abschüssige Stelle nicht gezähnt, neben der Naht stark eingedrückt und letztere mit kleinen, erhabenen Körnchen besetzt. Auch

dieser Käfer gehört mit zu den gefährlichen Feinden
der Eiche und kommt wohl an Schädlichkeit der vorher
beschriebenen Art ziemlich gleich. Wegen Vertilgung
und Verbauung siehe dort.

132. *a*) Der Muttergang stellt einen einarmigen, kurzen, dicken,
stets etwas gekrümmten, höchstens 25 ᵐᵐ langen, aber bis gegen
5 ᵐᵐ breiten Wagegang dar; die Puppenwiegen sind in der
Rinde; die Fluglöcher wie mit schwachen Hasenschrotten
geschossen. — Esche.

Hylesinus crenatus. Fabr. Schwarzer Eschen-Bastkäfer.

Der Käfer ist 5—5.₅ᵐᵐ lang; die Fühler gekniet
mit zugespitztem, geringeltem Endknopfe; das dritte
Fussglied zweilappig erweitert; die Unterseite des
Bauches kaum merklich aufsteigend; die Flügeldecken
hinten abschüssig gewölbt. Der ganze Körper ist
schwarz oder pechbraun, fast ganz kahl; das Halsschild nach vorne verengt, etwas breiter als lang, dicht
und ziemlich grob punktirt; die Flügeldecken sind
tief gestreift, die Zwischenräume mit scharfen Höckerchen
und kurzen, schwärzlichen Börstchen (diese letzteren
jedoch öfter abgerieben) reihenweise besetzt. Dieser
Käfer sowie die folgende Art ist nächst der spanischen Fliege das schädlichste Escheninsekt. Während
Hyl. crenatus hauptsächlich die älteren Stämme
bewohnt und sie tödtet, zieht *Hyl. Fraxini* (siehe
unten) mehr die Aeste und jüngeren Stämme vor. In
einigen Gegenden Russlands wurde der Käfer massenhaft an Eichen getroffen. In dem raueren Gebirgs-
klima wird man am meisten von diesen beiden Arten
zu fürchten haben. Die Zeit des Einbohrens fällt
meistens in die letzte Hälfte des April, seltener in den
Mai. Beide werden durch Fangbäume angelockt;
doch müssen diese etwas starke Rinde haben, um nicht
so bald auszutrocknen

b) — — ist ein schöner, meist 50ᵐᵐ langer doppelarmiger,
‿‿ förmiger Wagegang*) mit kurzem Eingange. Die

---

*) Ganz ähnliche Gänge aber an der Ulme macht *Hylesinus vittatus*
Schindler, Bunter Ulmen-Bastkäfer. Sollen sich jedoch von jenen des
fraxini dadurch unterscheiden, dass auf der Rindenfläche nur die beiden Arme
des Ganges sichtbar und durch ein kurzes Bruststück getrennt sind, indem die
Rammelkammer gänzlich in der Rinde liegt. Auch der Käfer ist dem eben genannten ähnlich, jedoch kleiner, kaum 2ᵐᵐ lang; Flügeldecken sowie das
Halsschild ausser der braunen und gelben Beschuppung noch mit weissen Schup-
penmackeln, welche auf jeder Flügeldecke eine von der Schulter bis zur Mitte
der Naht ziehende, eckige Binde bilden und an ihrer Vereinigungsstelle an der
Naht gewöhnlich ein dunkles Fleckchen einschliessen; Beine röthlich-gelbbraun.
Soll an jungen Ulmen schon ziemlich schädlich geworden sein.

Larvengänge sehr kurz, zahlreich und gedrängt; diese, sowie
der Muttergang, stark in den Splint eingeschnitten; die Puppenwiegen oft sogar bis 8 mm tief in das Holz eingesenkt.
Die Fluglöcher wie mit Wachteldunst geschossen. — Esche.

Hylesinus Fraxini. Fabr. Bunter Eschen-Bast-
käfer.

(Fühler, Fussglieder, Hinterleib und Flügeldecken
wie bei vorhergehender Art gebildet.) Der Käfer ist
3.,—3.,mm lang, gedrungen; Körper schwarz; die
Flügeldecken sind pechschwarz oder braun, mit
braunen Schüppchen und graugelben Härchen
scheckig besetzt und an der Basis erhaben gerandet; die Fühler rothbraun; die Beine mit Ausnahme
der Fussglieder, dunkel gefärbt. (Ueber Schädlichkeit etc. vergl. vorhergehende Art.)

133. *a*) Man bemerkt den Frass an jungen Buchenstangen; die
Larven sind gegen 10 mm lang und kaum 2 mm breit, flach,
der erste Leibesring ausserordentlich gross, etc. etc.

Buprestis (*Agrilus*) **viridis.** L. Grüner Laubholz-
Prachtkäfer.*)

(Beschreibung des Käfers siehe Nr. 62 *b*.)

b) — — — — — — Eichen;**) die Larven sind im Allgemeinen von der oben angegebenen Körperbildung.

Buprestis (*Agrilus*) **angustulus.** Ratz. Schmaler
Prachtkäfer. (Siehe vorhergehende Art, Anmerkung.)

(Beschreibung des Käfers siehe Nr. 61 *b*.)

134. Man bemerkt den Frass an Obstbäumen. . . . . . . **135.**

---

*) Diese Spezies ist die schädlichste an der genannten Holzart und
man wird sie daher meist auch vorherrschend antreffen. Die verwandten
Arten sind nach ihren Larven grossentheils noch nicht sicher festgestellt, eine
genauere Untersuchung aber, nach Frassart ist sehr schwierig.
**) Zwischen Rinde und Holz der Eichenstümpfe in den Eichenschälwald-
schlägen kommt nach Taschenberg die Raupe der *Sesia asiliformis*. Rott. Raub-
fliegenschwärmer vor. Sie ist jener der *S. apiformis* (Nr. 162 *b*) ähnlich nur
etwas kleiner, überwintert nur einmal in einem leichten Gewebe, das sie im April
meist verlässt, um sich in den Fugen der Rinde in einem festen Gespinnste zu
verpuppen; entschieden trägt sie ihren wesentlichen Theil mit bei, dass die alten
Stöcke zu kräftiger Ausschlagbildung bald untauglich werden. (Taschenberg.) Der
Schmetterling schwärmt von Mitte Juni bis Ende Juli, ist 14 mm lang und
25 mm gespannt. Körper schön stahlblau, mit reichlicher goldgelber Zeichnung;
die Füsse mit Ausnahme eines schwarzen Ringels um die Schienen sind ganz
goldgelb. Fransen der Flügel braun; Hinterflügel fast ganz glashell, die Vorderflügel schön stahlblau, die Beschuppung ockerbraun mit gelber Untermischung
und blauem Schimmer.

Die Verletzungen geschehen an forstlichen Laubhölzern. . . . . **138.**

135. Die jungen Reiser, besonders die Pfropfreiser, der Birn- und
Apfelbäume, werden von einem fusslosen, ganz kleinen
Lärvchen ausgefressen, brechen meistens an der Stelle, wo
sie vom Käfer behufs des Eierablegens angebohrt wurden, ab
und fallen mit der darin befindlichen Larve zur Erde.

> **Curculio interpunctatus.** (Vergl. Nr. 65 *b*, An-
> merkung.)

In dem Stamme oder in den stärkeren Zweigen und Aesten
geschieht der Frass. . . . . **136.**

136. Der Frass geschieht von grossen 16-beinigen Raupen. · · **137.**

— — — von einem kleinen 2—3 mm langen, gedrungenen,
ganz schwarzen Käferchen mit röthlich-gelbbraunen Fühlern
und Beinen. Die Flügeldecken sind an der abschüssigen Stelle
nicht gezähnt, punktirt-gestreift, mit breiten Zwischenräumen
und in diesen mit einer bedeutend feineren Punktreihe. Beim
2 mm langen Männchen sind die Flügeldecken fast kugelig
gewölbt, zusammen so breit als lang und breiter als das
Halsschild; beim 3 mm langen Weibchen sind sie kurz-
walzenförmig und etwa um ein Viertel länger als zusammen
breit. (Die Fühler sind gekniet, sehr kurz, mit grossem Endknopfe; die Fussglieder nicht gelappt, zusammen kürzer als
die Schienen.) Die Frassgänge sind schwarz und dringen oft,
nach oben und unten Seitenäste absendend, bis auf den Kern
ein. Apfelbäume zieht der Käfer allen anderen Holzarten vor,
geht jedoch auch junge Eichenstangen an; Wallnussbäume etc.

> **Bostrychus dispar.** Hellw. Ungleicher Laubholz-
> Borkenkäfer.

Im Mai bohren sich die Käfer ein; im Juli oder
August ist die Brut flugfertig. An Obstbäumen ist ihr
Schaden oft sehr beträchtlich. Wegen Vertilgung
siehe *Ecc. Pyri*, Nr. 123.

137. *a*) Die Raupe ist roth oder braunroth, an den Seiten bräunlich-
oder röthlich-gelb, ziemlich breit gedrückt, wird bis 9.$_5$ cm
lang etc. (Siehe Tab. II.) · · · · · · · · · · · · · · · **47 c.**

b) — — wird bis 35—40 mm lang; das Nackenschild gezähnelt;
die Grundfarbe ist ein dunkleres oder helleres Gelblichweiss;

die Füsse sind etwas dunkler: die Schilder des Nackens und der letzten Leibesringe, sowie acht kleine Wärzchen auf jedem Ringe, sind schwarz; Behaarung sehr sparsam, aber ziemlich lang.

Bombyx (*Cossus*) **Aesculi.** Lin. Rosskastanien-Spinner, Blaupunktirter Holzbohrer.

Vorkommen: in den meisten deutschen Laubhölzern, vorzüglich an ganz schwachen Stämmchen oder in Aesten u. zw. hauptsächlich im Kerne oder in der Markröhre fressend. Die Verpuppung erfolgt gewöhnlich im Juni innerhalb des Frassganges. Die Puppe ist 27ᵐᵐ lang. Der Falter hat bis 59ᵐᵐ Flügelspannung und 25—29ᵐᵐ Länge. Die Flügel sind schmal, dünn beschuppt und durchscheinend: die Grundfarbe ist atlasweiss; das Halsschild und die Flügel mit blauen Punkten; der Hinterleib mit ebenso gefärbten Binden. Der Schaden des seltenen Vorkommens wegen, gering.

c) — — erreicht die Grösse der eben beschriebenen, ist schmutzigbräunlich-weiss; der Kopf und ein ovaler Ring um jedes Luftloch röthlichbraun; Bauch flach.

Sesia apiformis. L. Wespen-Glasschwärmer.

Vorkommen: an Sauerkirsche, da wo die Veredelung erfolgt ist, von mir beobachtet. Solche Bäume erliegen endlich den fortgesetzten Angriffen. (Vergl. Nr. 162 *b*.)

— — — — z. Th. in den Trieben und Lohden, z. Th. in
den Zweigen und Stämmen der Pappeln, Erlen und
Birken.*) · 142.

141. *a*) Der Frass geschieht in den jüngsten Trieben des gemeinen
Haselstrauches von einer fusslosen, hell-dottergelben, bis
20 mm langen und nur 2.₂₅ mm breiten Larve.

Cerambyx linearis. Lin. Hasel-Bockkäfer.

(Wegen Beschreibung des Käfers vergl. Nr. 81 *a*.)

b) — — — in jungen, dünnen Weidentrieben **) von einer
schmutzig-grünen, bis 13 mm langen Larve; die Brustfüsse

---

*) In den Stöcken, besonders Ausschlagstöcken der Birken und Erlen
entwickelt sich *Sesia culiciformis*. L. Mückenschwärmer; er gehört zu den
Glasflüglern und ist ausgezeichnet durch schwarzblauem Leib, an welchem der
Hinterrand des zweiten, der ganze vierte Ring und ein Seitenfleckchen an den
beiden ersten Ringen schön roth gefärbt sind. Länge 14.₅ mm, Breite 24 mm. Die
16-füssige Raupe ist jener der *Sesia apiformis* (vergl. Nr. 162 *b*) ähnlich, aber
kleiner; im erwachsenen Zustande überwintert sie; die Verpuppung erfolgt
im April und im Mai und Juni schwärmt der Schmetterling. Das Puppenlager ist
leicht an den aus dem Schlupfloche hervorragenden Längsspänen kenntlich, mit
welchen auch die ganze übrige Raupengang ausgekleidet ist.

**) Hierher sind zwei kleine Gallmücken zu zählen, welche, besonders wo die
Wirthschaft auf Erziehung fehlerfreier Flechtweidenruthen gerichtet ist, grossen
Schaden verursachen können.

1. *Cecidomyia saliciperda* Duf. Weidenholz-Gallmücke. Ich selbst
habe nie Gelegenheit gehabt, dieses Thier zu beobachten und muss mich daher
an die ausführlichen Mittheilungen Taschenberg's (pag. 421) halten. Die Mücke
erscheint je nach der Frühjahrswitterung früher oder später aus der überwinterten
Larve. Diese ist nackt, orangegelb und ausgezeichnet durch ein dunkles anker-
förmiges Hornfleckchen, welches hinter dem schnabelartig vorstehenden vorderen
Körperende sichtbar ist. Die träge Mücke lebt nur etwa 24 Stunden; das ♀ legt
seine langspindeligen, gelben Eier kettenweise an die Rinde; die ausgeschlüpfte
Larve bohrt sich in wagrechter Richtung durch die Rinde in den Holzkörper und
arbeitet von hier aus kurze unregelmässige Gänge in senkrechter Richtung.
Durch ihr Saugen entstehen zunächst in den stärkeren Trieben gallenartige Anschwellungen von Rinde und Holzkörper in spindeliger Form, welche mit der
Zeit ein grindiges Ansehen bekommen, indem die Rinde reisst und platzweise
ausfällt, da wo die Larven dicht gedrängt beisammen gesessen haben. Nach ungefähr 16-tägiger Puppenruhe schlüpft die Mücke aus, wobei die Puppenhülse zur reichlichen Länge ihres halben Körpers aus dem lanzettförmigen Flug-
loche mit herausgeschoben wird. Vertilgung besteht im sofortigen Heraushauen (tief am Boden) und Verbrennen solcher Weiden, wenn sich braune miss-
farbige Flecken an den mehr als zweijährigen Stämmen und Trieben zeigen oder
lichtere Färbung oder Krümmung der Blätter.

2. *Cecidomyia salicina*. Schr. Weiden-Gallmücke. Diese Art soll nur
an den jungen Trieben der *Salix purpurea* und ihrer Varietät (*S. helix*) vorkommen und da grossen Schaden anrichten können. Dankelmann sagt in seiner
Zeitschrift (VII. Bd. 1. Hft. pag. 90): „Als höchst verderblich hat sich im vorigen
(1873) Jahre eine Gallmücke (*C. salicina*) gezeigt, welche die Weidentriebe zwei
Mal im Jahre, im Mai und Juli mit Eiern belegt und die Ruthen durch die an
verschiedenen Stellen gebildeten ringartigen Auftreibungen und Wucherungen zu
Nutzzwecken völlig unbrauchbar macht. Bei ihrem massenhaften Vorkommen
beläuft sich der durch sie angerichtete Schaden mitunter auf Hunderte von Thalern
pro Hektar. Die Weiden-Gallmücke ist ausschliesslich an der Purpurweide
vorgekommen. Die angrenzenden Heger von *Salix viminalis* und *acutifolia* blieben
von derselben verschont, erlitten aber durch *Cecidom. saliciperda* beträchtlichen
Schaden." Bei der grossen Gefährlichkeit dieses kleinen Thierchens dürften sich
Revisionen in den Monaten Mai und Juli lohnen, und dann schleuniges Ausschneiden und Verbrennen der mit Brut besetzten Ruthen.

sind nur durch warzige Wülste angedeutet, auch die Bauchfüsse sehr kurz. Der Frassgang ist vorzüglich in der Markröhre und nur bis 25 mm lang.

Tenthredo (*Nematus*) **angusta.** Hart. Weidenmark-
Blattwespe.

Die Fliege ist 5.₅mm lang, gestreckt, glänzend
schwarz; die Flügelschüppchen und der grösste Theil
der Beine braun. Die von den Larven besetzten Triebe
trocknen ein, sterben gewöhnlich nach kurzer Zeit ganz
ab, und sind daher leicht unter den gesunden grünen
herauszufinden. Die Vertilgung kann durch Entfernen der befallenen Triebe, aber vor dem Ausfliegen
der Wespe, bewirkt werden, u. zw. einmal in der ersten
Hälfte des Juli, und dann wieder im Herbste.

c) — — — — der Markröhre 2—3jähriger Weidentriebe;
der Larvengang erreicht die Länge von 10 cm und macht sich
äusserlich an der Einbohrstelle durch Benagung der Rinde
bemerkbar.

Cerambyx (*Oberea*) **oculata.** L. Siehe · · · · · · **81** *c*.

142. Der Frass geschieht an Erlen. Vergl. · · · · · · · · · · **76** *b.*

(oder I. Abth. pag. 35.) · · · · · · · · · · · · · · · · **26.**

— — — Pappel-Arten (Aspen, Pyramidpappeln etc.) **143.**

143. *a*) Man bemerkt den Frass vorzüglich in jüngeren, unter 20
Jahre alten Pappelstämmen und er rührt von einer gelben
fusslosen, ganz walzigen, bis 40 mm langen Larve her.

Cerambyx Carcharias. Lin. Grosser Pappel-
Bockkäfer.

(Wegen Beschreibung des Käfers vergl. Nr. 80.)

b) — — — — in den Stämmen jüngerer Pappeln von einer
16-füssigen, jener der *Sesia apiformis* (vergl. Nr. 162 *b*)
ähnlichen Raupe mehr in den unteren Stammpartien wo sie
zwei Winter lebt und sich dann verpuppt.

Sesia (*Sciapteron*) **tabaniformis.** Rott. Bremsen-
schwärmer.

Der Schmetterling erscheint Anfang Juni;
Vorderflügel auf ihrer ganzen Fläche mit braunen,

rostgelb gemischten Schuppen bedeckt; Körper schwarzbraun, Hinterleib mit drei goldgelben Ringen. Länge
18 mm, Breite 34 mm. (In Deutschland noch nicht gefunden.)

c) — — — — in den stärkeren Aspentrieben oder Zweigen
und er rührt von einer, bis 24 mm langen, walzigen, gelben,
fusslosen Larve her. An der befallenen Stelle ist der Pflan-
zentheil ziemlich stark bauchig erweitert und daher leicht
kenntlich.

Cerambyx populneus. Lin. Gelbstreifiger Aspen-
Bockkäfer.

(Wegen Beschreibung des Käfers vergl. Nr. 81 b.)

d) Der Frass ist dem eben beschriebenen ganz ähnlich, doch
nur an den dünnen Zweigen der Aspe, und die Knoten-An-
schwellungen sind schwächer. Er rührt nicht von einer fusslosen Larve sondern von einem kleinen 16-füssigen Räupchen her.

Tortrix (*Grapholita*) **corollana.** Hüb. Aspenknoten-
Wickler.

Der kleine, kaum 13 mm spannende, braunschwarze
Wickler mit braungrauen weisslich gefransten Hinterflügeln fliegt im April und Mai.

144. Die Frassgänge sind häufig oval, von bedeutender Breite,
mindestens 8—10 mm, oft sogar über 25 mm breit und nur
an alten Stämmen bemerkbar. · · · · · · · · · · · · · · 145.

— — erscheinen vollkommen rund und nicht stärker als
wie mit einem mittelmässigen Draht (oft nur wie mit einer
Stecknadel) gebohrt; nur selten haben sie etwas über 2 mm
im Durchmesser. · · · · · · · · · · · · · · · · · 147.

145. Der Frass geschieht durch einen grossen, 20—25 mm langen,
schwarzen breitgedrückten Käfer, mit fast ganz parallelen
Seitenrändern, breitem, flachem Kopfe, starken Fresszangen
und gebrochenen, am Ende in drei Blätter erweiterten Fühlern.
Man bemerkt das Einbohren der Käfer am häufigsten im
Herbste. Alte Buchen und Eichen scheinen sie anderen Holzarten vorzuziehen und wählen besonders anbrüchige,
morsche Stellen an den unteren Stammtheilen, um dort
ihre Eier unterzubringen. Sie sind mitunter sehr häufig, jedoch
ist ihre Schädlichkeit nur äusserst gering.

Luoanus (*Dorcus*) **parallelopipedus.** Fabr. Parallelkantiger Hirschkäfer.

. Die Larve braucht mehrere Jahre zu ihrer Entwicklung, frisst (im modrigen Holze) mehr runde, mit Würsten von Wurmmehl verstopfte Gänge, hat lange Kopfbeine, und ist dem gemeinen Engerling nicht unähnlich. Der Käfer erscheint im Mai.

— — — von Larven. . . . . **146.**

146. a) Vergleiche *Cerambyx heros*, die Larve, Lebensweise, Frass etc. . . . . **90** *b.*

b) Vergl. *Lucanus parallelopipedus*, Larve und Frassgang. · · **145.**

c) Man bemerkt den Frass in Ahornen. Vgl. *Ceramb.* (*Rhopalopus*) *insubricus*, die Lebensweise, den Frassgang etc. · · · · · **83** *d.*

147. Man hat nur den Frass vor sich, ohne Käfer. · · · · · · **148.**

— bemerkt den Käfer.*) · · · · · · · · · · · · · · · **154.**

148. Der Frass zeigt keine Spur von Regelmässigkeit; die Gänge führen in allen Richtungen, bald auf- oder seitwärts gehend, bald sich abwärts wendend, durch das Holz und sind nicht selten über 1.₅ᵐᵐ breit. Ist ein Stammtheil (meist nur an entrindeten Stellen) stark von diesem Käfer befallen, so hat er das Aussehen, als ob er mit schwachen Hasenschroten beschossen worden wäre. (Die Larven sind sechsbeinig, walzig, behaart, bis 11ᵐᵐ lang und 3.₅ᵐᵐ breit.)

Anobium tessellatum. Fabr. Buntwürfliger Nagekäfer.

(Die Beschreibung des Käfers siehe Nr. 155.)

— — ist stets mehr oder weniger regelmässig, mit geradem, horizontalem Eingange. · · · · · · · · · · · · · · · **149.**

149. Der, entweder seiner ganzen Länge nach die Jahresringe durchschneidende, oder später mit diesen parallel laufende, horizontale Eingang (Muttergang) verästet sich häufig, oder

*) Ich will hier gleich bemerken, dass sich im Walde zur Vertilgung der hieher gehörigen Käfer so gut wie nichts thuen lässt, und sie nur durch sorgfällige Ausnutzung und baldiges Entfernen aller schadhaften Stämme und alles bereits gefällten, selbst aufgearbeiteten Holzes, in Schranken gehalten werden können.

sendet wenigstens stets nach oben und unten mehrere Larvengänge oder kurze Puppenwiegen aus. . . . .   **150.**

Der Gang zeigt nic seitlich abgehende Neben- oder
Larvengänge oder Puppenwiegen. . . . .   **153.**

150. Die Hauptgänge sind nicht kurz, zwar verästelt, aber mit
geschlängelten, nach oben und unten abgehenden Larvengängen. Die Bohrlöcher wie mit ziemlich starkem Vogeldunst
geschossen. Vorkommen: vorzüglich an anbrüchigen Buchen.

Ptilinus pectinicornis. Lin. Langstrahliger
Kammhornbohrkäfer.

(Die Beschreibung des Käfers siehe Nr. 156.)

— — Nebenzweige absendend. . . . .   **151.**

151. Der Hauptgang ist entweder seiner ganzen Länge nach gerade,
die Jahrringe durchsetzend und beiderseits zahlreiche, kurze,
etwa 4—5ᵐᵐ lange Puppenwiegen absendend; oder er ist am
Ende in viele, sich mit ihren Puppenwiegen nach allen Richtungen verzweigende Seitengänge getheilt. Die Bohrlöcher
wenigstens wie mit starken Stricknadeln gestochen. . . . .   **152.**

— — nur in einer geringen Länge von kaum 10—15ᵐᵐ gerade durch die Jahresringe dringend, dann zahlreiche Aeste
nach links und rechts in der Richtung der Jahresringe absendend, welche die Puppenwiegen in vertikaler Lage zeigen.
Die Bohrlöcher wie mit Nadeln gestochen.

Bostrychus monographus Fabr. und **Bost. dryographus.** Er. Höckriger und gekörnter
Eichenholz-Borkenkäfer.

(Die Beschreibung des Käfers siehe Nr. 160 α
und b.)

152. α) Das Bohrloch ist nahezu 2ᵐᵐ breit; die Puppenwiegen sind
circa 5ᵐᵐ lang, etwas breiter als das Bohrloch, und ziemlich zahlreich. Vorkommen: vorzüglich in Buchen.

Bostrychus (*Xyloteres*) **domesticus.** Lin. Grosser
Buchen-Holzkäfer.

(Die Beschreibung des Käfers siehe Nr. 159.)

b) — — nur wie mit einer starken Stricknadel gestochen; die
Gänge dringen mehrere Zoll tief in das Holz ein und ver-

theilen sich hier mit ihren Puppenwiegen nach allen Richtungen. Vorkommen: nur in Eichen.

Platypus Cylindrus. Hbs. Eichen-Kernkäfer.

(Die Beschreibung des Käfers siehe Nr. 158.)

153. *a*) Die Gänge bestehen aus rechtwinkelig an einander gesetzten, etwa Z-förmigen Holzkanälen von der Stärke einer dicken Stricknadel; die in vertikaler Richtung laufenden sind meistens etwas geschlängelt; die wagrechten dagegen gerade und die Jahresringe durchsetzend. Vorkommen: nur an Eichen.

Lymexylon navale. Lin. Schiffswerft-Bohrkäfer.

(Die Beschreibung des Käfers etc. siehe Nr. 154.)

b) — — laufen erst in der Richtung der Markstrahlen, wenden sich dann plötzlich und verfolgen die Richtung der Jahresringe; hier nehmen sie unter scharfem, rechtem Winkel die senkrechte Richtung an u. s. w. Die Bohrlöcher sind bedeutend kleiner, als bei der vorigen Art. Vorkommen: hauptsächlich an Eichen, seltener an Buchen und Ahornen.

Colydium elongatum. Fabr. Langgestreckter Eichen-Kernkäfer.

(Die Beschreibung des Käfers siehe Nr. 157.)

154. Die Käfer haben harte Flügeldecken. · · · · · · · · · · **155.**

— — — weiche Flügeldecken: Anzahl der Fussglieder an allen Beinen fünf; die Fühler kaum das Halsschild überragend, schwach gesägt, dieses länger als breit, nach vorne verengt; der Körper ist schmal, beim Weibchen 10—11 mm lang, ockergelb; der Kopf, sowie der Rand und die Spitze der Flügeldecken schwärzlich. Das Männchen ist bedeutend kleiner (5—6 mm lang), die Flügeldecken (bis zur Mitte der Naht), der Hinterleib und die Beine gelb.

Lymexylon navale. Lin. Schiffswerft-Bohrkäfer.*)

---

*) Eine diesem Käfer nahe verwandte und sehr ähnliche Art ist *Hylecoetus dermestoides* L. ♂ 6—7 mm, ♀ 12—13 mm lang, ebenfalls weichflügelig, Fühler deutlich gesägt; Halsschild breiter als lang. ♂ entweder ganz schwarz oder nur die Beine röthlichbraun oder gelb, oder es sind auch die Fühler und die Flügeldecken (mit Ausnahme ihrer schwarzen Spitze) gelbbraun. Das ♀ ganz röthlich-gelbbraun und nur die Augen oder auch die Brust schwarz. Die Larve entwickelt sich in altem trockenem Holze, vorzüglich Buchen, doch auch in Eichen, Ahornen, selbst Nadelhölzern.

Der Käfer ist seinem Namen und Schaden nach
berüchtigt genug, um mich hier ganz kurz fassen zu
können. Er kommt in lebenden Eichen so gut vor, wie
in bereits gefällten und bewaldrechteten, und beeinträchtigt durch seine Gänge die Nutzgüte dieser Hölzer
im hohen Grade. Seine Flugzeit fällt in die Monate
Juni und Juli. Um diese Zeit legt das Weibchen seine
Eier in eine Holzspalte oder Rindenritze und stirbt häufig
unmittelbar an der Stelle, wo das letzte Ei gelegt
worden ist; wahrscheinlich vor Ermattung. Die Verpuppung der Larve erfolgt erst im nächsten Frühjahre, und zwar im Holze. Auf Schiffswerften bedient
man sich des Theeranstriches, theils um den Käfer
von den Hölzern abzuhalten, theils um solche, mit
seinen Gängen bereits durchzogene Stämme, noch ver-
wendbar zu machen. (Die Fressart siehe Nr. 153 a.)

155. Die Flügeldecken sind ziemlich einfärbig, wenigstens nie
scheckig gefleckt. · · · · · · · · · · · · · · · · · 156.

— — — dunkelbraun, mit bräunlichgelben, seideglänzenden
Flecken scheckig besetzt. Der Körper ist walzig und bei
6 mm lang; alle Füsse mit fünf Fussgliedern; die Fühler
sind ziemlich lang, nicht keulenförmig verdickt; das
Halsschild kapuzenförmig, viel breiter als lang, vorne schief
abgestutzt, mit etwas flach ausgebreiteten Seitenrändern; der
Kopf unter dasselbe zurückgezogen.

Anobium tesselatum. Fabr. Buntwürfeliger
Nagekäfer.

(Die Frassart siehe Nr. 148.)

156. Die Fühler sind sehr kurz; entweder nach der Spitze zu etwas
verdickt, oder mit grossem Endknopfe. Anzahl der Fussglieder vier. · · · · · · · · · · · · · · · · · · 157.

— — beim Weibchen mit auffallend langen Sägezähnen;
die des Männchens mit sehr langen, dünnen, gegen die
Spitze nur wenig verdickten, strahlenförmigen Erweiterungen.
Der Käfer ist 4 mm lang, walzig; der Kopf nach unten gerichtet, stark gewölbt; das Halsschild ist fast kugelig, vorne
ohne Ausrandung und oben in der Mittellinie ohne Längs-
furche. Die Flügeldecken sind fein und unregelmässig punktirt, ohne Längsrippen und so, wie die Fühler und Füsse
(besonders letztere) hellröthlichbraun. Alle Füsse mit fünf
Fussgliedern.

Ptilinus pectinicornis. Lin. Langstrahliger
Kammhornbohrkäfer.

(Die Frassart siehe Nr. 150.)

157. Die Fühler mit grossem Endknopfe; die Fussglieder sind
nicht zweilappig oder herzförmig erweitert; der Käfer ist
walzig. . . . . 158.

— — nur allmählig gegen die Spitze verdickt, mit drei,
etwas grösseren Endgliedern; der Käfer ist sehr schmal, nur
gegen 1 mm breit, aber 6—10 mm lang, von Farbe schwarz,
glänzend, die Fühler und Beine, und öfters auch die Basis
der Flügeldecken rostroth. Das Halsschild viel länger als
breit, mit drei tiefen Längsfurchen; die Flügeldecken sind
ebenfalls tief gefurcht, wodurch auf jeder derselben vier
scharf erhabene Längsleisten entstehen.

.**Colydium elongatum.** Fabr. Langgestreckter
Eichenkernkäfer.

(Die Frassart siehe Nr. 153 b.)

158. Die Käfer sind 2 bis höchstens 3.5 mm lang, dem blossen Auge
unbehaart erscheinend. Die Fussglieder zusammengenommen
kürzer als die Schienen. . . . . 159.

— — — 4.5—5 mm lang, vollkommen walzig, dunkelbraun,
deutlich (besonders an der abschüssigen Stelle der Flügeldecken) bräunlichgelb behaart; die Fussglieder zusammengenommen länger als die Schienen; der Kopf ist breiter
als das Halsschild (daher nicht in dasselbe zurückziehbar),
mit gewölbten, vorstehenden Augen. Die Flügeldecken sind
punktirt gestreift, an der abschüssigen Stelle beim Männchen vierzähnig, beim Weibchen ungezähnt. Vorkommen:
nur in Eichen.

Platypus Cylindrus. Hbs. Eichen-Kernkäfer.

(Die Frassart siehe Nr. 152 b.)

159. Die Käfer sind schmal, sehr schlank, stets gleichmässig hellröthlichbraun gefärbt und höchstens bis 3 mm lang. Sie leben
nur an Eichen. . . . . 160.

— — — gedrungen, bis 3.₅ᵐᵐ lang; Halsschild und Beine
(mit Ausnahme der Füsse) sind fast immer ganz schwarz,
seltener heller bräunlichroth gefärbt. Das Halsschild ist auf
der vorderen Hälfte stark gekörnt, die Körner in der Mitte
des Vorderrandes zu einer kurzen, erhabenen Querlinie zusammengedrängt. Die Flügeldecken mit Punktreihen, aber
nie mit einem schwarzen Längsstreifen über die Mitte; ihre
Spitze neben der Naht tief gefurcht. Vorkommen: fast ausschliesslich an Rothbuchen.

Bostryohus (*Xyloteres*) **domestious.** Lin. Grosser
Buchen-Holzkäfer.

(Die Frassart siehe Nr. 152 *a*.)

160. *a*) Der Käfer misst 2.₂—3ᵐᵐ. Das Halsschild ist sehr lang,
walzig; vorne plötzlich gerundet, in der Mitte knopfartig erhaben und mit vielen kleinen Körnchen besetzt, hinten aber
fein und weitläufig punktirt. Die Flügeldeken sind nur an-
derthalbmal so lang als das Halsschild, mit deutlichen Reihen
dicht stehender Punkte und mit einer feineren Punktreihe in
den Zwischenräumen derselben. Die abschüssige Stelle
ist fast eben und zeigt mehrere Körnchen, von denen die
vier grösseren in der Mitte befindlichen in Form eines, fast
rechtwinkeligen Viereckes gestellt sind.

Bostryohus monographus. Fabr. Höckriger
Eichenholz-Borkenkäfer.

(Die Frassart siehe Nr. 151.) Dieser Käfer,
sowie der folgende, beeinträchtigen, nächst *Lymexylon*,
die technische Brauchbarkeit der Eichenhölzer am
meisten.

b) — — ist stets etwas kleiner als der vorher beschriebene,
2.₂ᵐᵐ lang, und ihm auch sonst sehr ähnlich; jedoch zeigt
die abschüssige Stelle der Flügeldecken statt der
einzelnen Körnchen, zu beiden Seiten der Naht drei,
durch Furchen geschiedene Reihen von ziemlich
gedrängt stehenden Höckerchen.

Bostryohus dryographus. Er. Gekörnter Eichenholz-Borkenkäfer.

(Die Frassart siehe Nr. 151.)

161. Der Frass geschieht im Innern der Wurzeln, oder des Wurzelstockes der Pappeln. . . . . **162.**

— — — äusserlich an den Wurzeln, ohne Unterschied der Holzart. (Siehe I. Abth. pag. 28.) *) . . . . **20.**

162. *a*) Der Frass geschieht nur in den von Erde entblössten stärkeren Wurzeln; nie am eigentlichen Wurzelstocke. Die Larven sind fusslos und flach; der erste Leibesring sehr gross. Die Fluglöcher flach gedrückt, oval.

Buprestis decastigma. Fabr. Zwölfpunktiger Pappel-Prachtkäfer.

(Die Beschreibung des Käfers siehe Nr. 59 *a*.)

b) — — — theils im Wurzelstocke, theils in den eigentlichen (nur wenig von der Erde bedeckten) Wurzeln. Die Raupe, von welcher der Frass herrührt, ist sechzehnbeinig, schmutzigbräunlichweiss und bis 40 mm lang; der Körper ist ziemlich gestreckt, oben schwach gewölbt, am Bauche ganz flach; der Kopf und ein ovaler Ring um jedes Luftloch röthlich-braun.

Sesia apiformis. Lin. Wespen-Glasschwärmer. Wespen-Schwärmer.

Die Raupe verpuppt sich erst im April oder Mai des zweiten Jahres innerhalb ihres Holzganges. Die Puppe ist 25 mm lang, rothbraun und gedrungen; die Hinterleibsringe mit rückwärts gewendeten Stacheln, welche am ersten Ringe fehlen. Im Juni erscheint der Schmetterling und man findet um diese Zeit die leeren Puppenhülsen aus dem Holze hervorgeschoben. Seine Länge beträgt 25 mm, die Flügelspannung 43 mm; die Flügel sind glashell, ihr Vorderrand, die Adern und die Fransen rothbraun; in der Mitte der Vorderflügel steht ein brauner Halbmond. Der grösste Theil des Kopfes, die Schultern, zwei Flecken vor dem

---

*) Nach den neuesten Beobachtungen (Prof. Altum, Forstzoologie, Bd. III, pag. 134) sind die Larven des *Elater (Dolopius) marginatus* Lin. den jungen Akazienstämmchen mitunter gefährlich, indem sie zuerst die feineren Wurzeln‧ zerstören, dann aber in die Pfahlwurzel eindringen, diese durchlöchern und zum Absterben bringen. Die Larven der *Elateriden* oder Schnellkäfer (gewöhnlich Drahtwürmer genannt) sind dem allbekannten Mehlwurm am ähnlichsten; sehr gestreckt, walzig, hornglatt mit plattem Kopfe. Sie leben meist in modernden Pflanzentheilen, Baummulm, an Wurzelstöcken, Knollenfrüchten etc. *Elater marginatus* ist 6—8 mm lang, Fühler weit länger als Kopf und Halsschild und dieses länger als breit, von der Breite der Decken. Der Käfer (mehr oder weniger variabel) braun, gestreckt, flach; die Beine heller, ebenso der Rand des Halsschildes, die Naht der Flügeldecken dunkel; er vermag sich, auf den Rücken gelegt in die Höhe zu schnellen.

Schildchen und zwei zu beiden Seiten desselben, die
Aussenseite der Schenkel und die gürtelförmige Basis
der Hinterleibsringe (mit Ausnahme des ersten und
vierten) sind schön goldgelb gefärbt. Der Saugrüssel
sehr kurz. Die forstliche Bedeutung dieses Insektes ist gering. In Alleen jedoch ist sein Schaden
mitunter nicht unbedeutend, da junge Stämme, wenn
sie von mehreren Raupen bewohnt sind, häufig absterben, oder wenigstens einen verkrüppelten Wuchs
bekommen.

163. Man bemerkt diese auffallenden Erscheinungen an den
Blättern. · **164.**

— — — — — an den Früchten oder Blüthen. · · · **174.**

— — — — — an den Zweigen oder Knospen. · · · · **176.**

164. Man bemerkt sie an Blättern der Buche. · · · · · · · · **165.**

— — — — — — — Eichen, Ulmen oder Weiden. · **166.**

165. *a*) Die Blätter zeigen kegelförmige, oben scharf zugespitzte, ganz
glatte, glänzende und harte Gallenauswüchse, in deren Innern
gewöhnlich ein kleines Gallmücken-Lärvchen lebt.

   Tipula (*Cecidomyia*) **Fagi.** Hrt. Buchen-Glatt-
   Gallenmücke.

   Die kleine Mücke fliegt schon im April und legt
   ihre Eier an die hervorbrechenden Blätter.

b) — — — eben solche Gallen; nur sind diese etwas kleiner,
mehr rundlich, nicht so hart und braun behaart.

   Tipula (*Cecidomya*) **annulipes.** Hrt. Buchen-Haar-
   Gallenmücke.

   Flugzeit etc. wie bei der vorigen Art.

166. Man bemerkt Gallen, oder taschenförmige, blasige Auswüchse
an den Blättern der Ulmen oder Eichen. · · · · · · · **167.**

— — (gewöhnlich etwas lockenartig gedrehte) Gallen an den
Stielen der Pappelblätter.

   Aphis (*Pemphigus*) **bursarius.** Lin. Pappel-Blasen-
   Blattlaus.

— — Gallen an den Blättern der Weiden; *) sie sind bohnenförmig, grün oder schön roth, und oft bis neun Stücke an einem Blatte.

Tenthredo (*Nematus*) **Salioeti.** Dahlb. Weiden-Blattgallen-Blattwespe.

Gewöhnlich im August verlässt die kleine Larve die Galle, begibt sich in die Erde, verpuppt sich da, und im Frühjahre erscheint die Wespe. Sie ist nur 3—4 mm lang, ziemlich gedrungen, und fast ganz schwarz, nur der Mund, die Flügelschüppchen, die Beine, der Bohrer und das Flügelrandmal nebst den Adern sind hell gefärbt.

167. Die Auswüchse finden sich an den Blättern der Ulmen. · **168.**

— — — — — — Eichen. · · · · · · · · · · · **171.**

168. Die Gallenauswüchse sind behaart. · · · · · · · · · · · **169.**

— — nicht behaart. · · · · · · · · · · · · · · · · **170.**

169. *a*) Die Gallen sitzen immer an der Basis der Blätter (welche dadurch meistens etwas gehöhlt erscheinen und neben der Galle einen kleinen Umschlag bilden) haben die Grösse einer Haselnuss und sind dickwandig. Sie öffnen sich erst zu Anfang August.

Aphis (*Tetraneura*) **alba.** Ratz. Weisse Rüstern-Gallen-Blattlaus.

b) — — nehmen z. Th. nur ein einzelnes Blatt ein, meistens aber stehen sie am Ende des Triebes. Dieser verkümmert und verkrüppelt, indem der grösste Theil der Säfte von den Gallenauswüchsen verbraucht wird, und bekommt ein krauses, dicht behaartes Ansehen. Die einzelnen Blätter sind mannig-

---

*) Hierher gehören noch:
1. *Nematus pedunculi* Htg. Galle einfärbig hellgrün, unbehaart; an der Unterseite des Blattes oder am Blattstiele. (*Salix caprea* und *pentandra*)
2. *Nematus capreae*. L. Gallen unbehaart, auf beiden Blattseiten sichtbar, zahlreich (3—9 an einem Blatte) bohnenartig und dickfleischig grün, roth oder gelb.
3. *Nematus helicinus*. Dhl. Gallen ebenfalls unbehaart und auf Blattseiten sichtbar, wenig zahlreich, höchstens drei an einem Blatte, blasenförmig aufgetrieben, länglich; entweder mit dem Blatte gleichfärbig, oder auf der der Sonne zugekehrten Seite rothbackig; sie stehen der Blattrippe parallel und berühren den Rand nicht.
4. *Nematus intercus*. Gml. Auch diese Galle ist unbehaart und beiderseits des Blattes sichtbar; von Grösse einer Bohne oder kleineren Flintenkugel, hochroth und mindestens auf einer Seite dünnwandig.

faltig entstellt, theils durch monströse Form, theils durch
schöne, rothe Farben etc. Anfangs Juli sind die Gallen ausgewachsen, dann oft von der Grösse einer Birne, und enthalten in ihrem Innern eine grosse Menge von Blattläusen
nebst einer klebrigen oder staubigen Substanz. Später trocknen
diese Auswüchse ein, und werden hart und braun.

Aphis (*Schizoneura*) **lanuginosa.** Hrt. Rüstern-
Haargallen-Blattlaus.

Ein Vertilgungsmittel wäre das Ausbrechen
der mit Gallen besetzten Blätter im Monat Juni, zu
welcher Zeit sich das Insekt noch in den Auswüchsen
aufhält.

170. *a*) Die Blätter rollen sich etwas zusammen, haben eine blasige,
unebene Oberfläche und bleiche, kränkliche Farbe.

Aphis (*Schizoneura*) **Ulmi.** Lin. Rüstern-Blasen-
Blattlaus.

b) Die Gallen sind von der Grösse einer Erbse oder Haselnuss
und entspringen vorherrschend auf der Mitte oder an der
Spitze des Blattes.

Aphis (*Tetraneura*) **Ulmi.** D. G. Rüstern-Galle-
Blattlaus.

171. Die Gallen sind flach, linsen- oder tellerförmig. · · · · · · **172.**

· — — — mehr oder weniger rund, kugelförmig. · · · · · **173.**

172. *a*) Gallen mit feinem Haarüberzuge, flach gewölbt, mit einem
kleinen Grübchen in der Mitte. (Linsenförmige Eichen-
Blattgalle.)

Cynips Malpighi. Ratz. Malpigh'sche Gallwespe.   •

b) Die Gallen sind unbehaart, mit zierlich gewulsteten, meistens
nach aufwärts gebogenen, ausgezakten Rändern. (Schüssel-
förmige Eichen-Blattgalle.)

Cynips Reaumurii. Hrt. Réaumur'sche Gallwespe.

173. *a*) Die Gallen (oft von der Stärke einer grossen Kirsche) sind
grün oder gelblich, saftig und meistens mit schönen, hoch-
rothen Backen. Die Blätter sind an ihrer Unterseite nicht

selten ganz von ihnen beladen. (Gemeine Eichen-Blattgalle.)

Cynips Quercus folii. Lin. Gemeine Eichen-
Gallwespe.

b) — — sind von der Grösse eines starken Kirschkernes und
schön roth und weiss gebändert. (Gebänderte Eichen-
Blattgalle.)

Cynips longiventris. Hrt. Langleibige Eichen-
Gallwespe.

c) — — sitzen traubenförmig an den Seitenrippen der Blätter und
sind etwas kleiner als die vorherbeschriebenen. (Traubige
Eichen-Blattgalle.)

Cynips agama. Hrt. Eichen-Traubengallen-
Gallwespe.

174. Die Gallenauswüchse sind an den Eicheln. · · · · · · · **175.**

— — — an den Spindeln des männlichen Blüthenkätzchen
und von der Grösse einer Erbse. (Gemeine Eichen-
Blüthen-Galle.)

Cynips Quercus pedunculi. Lin. Gemeine Blü-
then-Gallwespe.

175. a) Die Gallen finden sich nur an den Früchten der Stiel-
eiche; sie wachsen zwischen der eigentlichen Frucht und
dem Schälchen heraus, sind anfänglich saftgrün und klebrig, ·
werden aber, wenn sie im Herbste zur Erde fallen, braun,
und überziehen als unförmlicher, eckiger Auswuchs oft die
ganze Frucht. (Knopper-Galle; gemeine Knopper.)

Cynips Quercus calycis. Ratz. Knopper-Gall-
wespe.

b) — — — — — — — der Traubeneiche. Sie entspringen aus der Basis des Näpfchens und bestehen aus
strahlenförmig gestellten, holzigen langen Wimpern, welche
sich oft wirr in einander verschlingen und so einen Klumpen,
von beinahe Kinderfaustgrösse, bilden. (Eichen-Moos-
galle.)

Cynips Gallae cristatae. Eichen-Moosgallen-
Gallwespe.

176. Gallen an den Knospen oder Zweigspitzen. · · · · · **177.**

— — — Zweigen oder Trieben selbst.*) · · · · · · · **181.**

177. Die Gallen sind nicht mit Schuppen bedeckt. · · · · · · **178.**

— — haben das Aussehen kleiner, pflaumengrosser Zäpfchen, sind anfänglich grün, später braun, und fallen im Herbste zur Erde. (Zapfengalle.)

Cynips fecundatrix. Hart. Zapfengallen-Gallwespe.

178. Die Gallen sind mehr oder weniger von den Ausschlagschuppen der Knospen umschlossen, oder sie stehen an Stelle derselben und bleiben über Winter an den Bäumen. · · · **179.**

— — — von der Grösse einer kleinen Kartoffel, schwammig, oft mit den schönsten, rothen Backen und beherbergen meistens mehrere Larven. (Eichenrose.)

Cynips terminalis. Fabr. Eichenrosen-Gallwespe.

179. a) Die Gallen sind an Stelle der Eichenknospen und von Grösse und Form einer Buchenknospe. (Knospen-Spitzgalle.)

Cynips ferruginea. Hrt. Knospen-Spitzgallen-Gallwespe.

b) — — bestehen aus einer stark keulenförmigen Anschwellung der Zweigspitzen. (Zweigspitzen-Keulengalle.)

Cynips inflator. Ratz. Keulengallen-Gallwespe.

c) — — sind mehr oder weniger kugelig, erreichen häufig die Grösse einer Erbse, und sind von den Knospenschuppen z. Th. eingeschlossen. · · · · · · · · · · · · · · · **180.**

180. a) Die Gallen (fast von der Grösse einer kleinen Erbse) liegen ausserhalb der Knospen und sind nur von den äussersten Ausschlagschuppen geschützt. (Knospen-Seitengallen.)

Cynips exclusa. Ratz. Knospen-Seitengallen-Gallwespe.

---

*) Vergl. auch Nr. 141 b, die Anmerkung 2, *Cecidomyia salicina*. Welden-Gallmücke und Nr. 143 c und d. *Saperda populnea* und *Tortrix corollana* an Aspen (Auftreibung der befallenen Stammtheile und Zweige oder Triebe).

b) — — sind von Grösse und Form eines kleinen Schrotkornes, ganz von der Knospe (welche nur an der Spitze etwas auseinander getrieben ist) umschlossen und mit einem grüner, saftigen Ueberzuge bedeckt. (K n o s p e n - S a f t g a l l e.)

Cynips globuli. Hart. K n o s p e n - S a f t g a l l e n - G a l l w e s p e.

181. Vergleiche *Cynips terminalis.* · · · · · · · · · · · · · · 178.

Die Gallen sind von der Grösse eines kleinen Hühnereies und ausgezeichnet durch stumpfe Höckerchen und andere Unebenheiten; im Uebrigen sehr glatt und hart. (L e v a n t i n i s c h e r Gallapfel.)

Cynips Gallae tinotoriae. Lin. Levantinische Gallwespe.

Zusammenstellung

der sämmtlichen in vorstehender Schrift enthaltenen Insekten nach Nahrungspflanzen und Linné'schen Ordnungen.

Nachstehende Tabelle zeigt folgende Einrichtung:

In der ersten mit „Name der Insekten" überschriebenen Columne finden sich die in diesem Schriftchen aufgeführten Arten, geordnet nach den Linné'schen Ordnungen, verzeichnet. Die übrigen 16 Spalten enthalten die wichtigsten Holzarten u. zw. getrennt in Nadel- und Laubhölzer. Diese Eintheilung gewährt den Vortheil, dass man sofort bei jeder einzelnen Insektenart die Holzarten ersehen kann, an welchen sie vorkommt; man braucht nur die horizontale Linie zu verfolgen. Umgekehrt findet man aber auch für jede der verzeichneten Holzarten alle an ihr schädlichen Insekten, wenn man die betreffende Columne in vertikaler Richtung verfolgt. Da diese Tabelle aber auch ausserdem das Lebensstadium angeben sollte, in welchem ein Insekt Schaden verursacht (ob als Larve, Käfer etc.); ferner jene Pflanzentheile, welche vorzüglich von ihm zu leiden haben; die Art des Frasses; die Generationsdauer; Flugzeit des Insektes; die Dauer des Larven- oder Raupenzustandes und endlich indirekt die Frassdauer und Zeit der Puppenruhe etc.; so sind gewisse Zeichen (theils Buchstaben, theils Zahlen und Punkte *) gebraucht worden, deren Bedeutung kurz erklärt werden soll.

B.	bedeutet	Blüthe.
Bl.	„	Blätter.
Blg.	„	Blattgalle.
Blm.	„	Blattminirgang.
F.	„	vollkommenes Insekt.
Fr.	„	Früchte.
Frg.	„	Fruchtgallen.

----

*) Die ersteren finden sich nur hinter den Namen; die letzteren sämmtlich in den Columnen der Holzarten. Ein (+) hinter dem Namen des Insektes bezeichnet dieses als sehr schädliche Art überhaupt; in der Spalte einer Holzart stehend bezeichnet es diese als Hauptnahrungspflanze.

gh.	bedeutet	Gabelholzgang.
H.	„	Holz.
Kn.	„	Knospen.
Kng.	„	Knospengallen.
L.	„	Larve.
l.	„	Lothgang.
lh.	„	Leiterholzgang.
P.	„	Puppe.
R.	„	Rinde.
rf.	„	Rindenfamiliengang.
st.	„	Sterngang.
Tr.	„	Triebe.
Trg.	„	Triebgallen.
W.	„	Wurzeln.
w.	„	Wagegang.
Zwg.	„	Zweiggallen.

Die Römischen Zahlen beziehen sich stets nur auf das aus-gebildete Insekt und zeigen den Monat seines Erscheinens (die Flug-zeit) an.

Der rechts oben angesetzte kleine Exponent gibt die Anzahl der übrigen Monate an, in welche zum Theil die Flugzeit des Insektes noch fällt. Z. B. *Papilio Crataegi* erscheint im Monat Mai (V) und seine Flug-zeit dauert noch den ganzen Juni und z. Th. den Juli hindurch fort (V²).

Die Punkte unter diesem Exponent (V²̣) zeigen die Anzahl der halben Jahre an, welche ein Insekt vom Eistande bis zur Erzeugung einer neuen Brut gebraucht, oder die Generationsdauer.

Zwei in Bruchform angesetzte Punkte (÷) bezeichnen ein Vier-teljahr. Z. B. bei *Bostrychus acuminatus* bedeutet ·÷ eine anderthalbige Generation.

Die in Bruchform angesetzten Arabischen Zahlen beziehen sich nur auf den Raupen- oder Larvenzustand und zeigen seine Dauer (bis zur endlichen Verpuppung) an. Z. B. bei *Papilio Craegi* ($^7/_5$) bedeutet: die Raupe entschlüpft im Juli (7) dem Eie, überwintert als Raupe, setzt im nächsten Frühjahre ihren Frass fort, und verpuppt sich mit Anfang Juni oder gegen Ende Mai (5).

Ein (○) deutet an, dass das betreffende Insekt fast das ganze Jahr hindurch (natürlich mit Ausnahme der Wintermonate) sich bemerk-lich macht. Die innen angesetzten Punkte (⊙ oder ◉) zeigen auch hier die Generationsdauer an. Da wo diese Punkte fehlen ist mir die Gene-rationsdauer entweder nicht bekannt, oder man findet zu fast allen Zeiten nebst dem ausgebildeten Insekte auch Larven und Puppen.

Nach dieser vorausgeschickten Erklärung würde man z. B. bei *Hylesinus angustatus* Folgendes ersehen können: Diese Art gehört mit zu den schädlichsten (+) Forstinsekten. Ihr Vorkommen ist nur auf die Kiefer beschränkt. Schaden verursachen sowohl Käfer (*F*) als auch Larven (*L*), indem sie unter der Rinde (*R*), ja sogar an den Wurzeln (*W*) ihre lothrechten Gänge (*l*) fressen. Im April (IV) erscheint der Käfer; seine Flugzeit dauert mitunter noch den Mai, Juni und Juli ((IV³) hindurch fort. Die Generation scheint (?) zweijährig (IV.²̣.).

Bei *Bombyx chrysorrhoea* würde zu entnehmen sein: Das Insekt gehört zu den schädlichsten (+) Insekten. Es frisst zwar nur die Raupe (*L*), aber sie verschont weder Knospen (*Kn*) noch Blüthen (*B*) noch Blätter (*Bl*). Obstbäume zieht sie anderen Holzarten vor (+), nimmt jedoch auch Eichen, Ulmen, Hainbuchen, Pappeln und Weiden zur Nahrung hin. Das Räupchen erscheint im August ($^8/_6$), überwintert, setzt im folgenden Frühjahre seinen Frass fort und verpuppt sich im Juni. Die Puppenruhe ist nur von sehr kurzer Dauer: denn Ende Juni erscheint schon der Schmetterling (VI); seine Flugzeit dauert noch im Juli (VI[1]) fort, und da im August schon die Räupchen zum Vorschein kommen, so wird der Eierzustand circa 4 Wochen dauern. Die Generation ist einjährig (VI !.).

O

Uebersichts-Tabelle.

Name der Insecten	Nadelhölzer				Laub	
	Fichte	Kiefer	Tanne	Lärche	Eiche	Buche
I. Ordn. Coleoptera (Käfer).						
Lytta vesicatoria. F. Bl.+			•		•	•
Lymexylon navale. L. II.+ ...			•	•	VII..	•
Hylecoetus dermestoides. L. II. · ·	•	•		•	•	VI.¹
Anobium Abietis. F. L. Fr. · ·	V.ª	•	•	•		
— angusticolle. F. L. Fr. · · ·	V.ª	•	•	•	•	•
— longicorne. F. L. Fr. · ·	V.ª	•	•	•	•	•
— nigrinum. L. Tr. · · · · · ·		V.ª	•	•		•
— tessellatum. F. L. H. · · ·	•	•	•	•	V.ª+	V.ª
Ptilinus pectinicornis. F. L. H. · ·			•	V.ª?	V.ª+?	
Buprestis (Acmaeodera) 18-guttata. L. II. R. · · · · · · · · ·			•		•	VI.¹.?
— (Ptosima) flavomaculata. L. II. R. · · · · · · · ·		•	•	•	•	•
— (Chalcophora) Mariana. L II. R. · · · · · · · ·	•	VI.¹.?	•	•		•
— (Dicerca) berolinensis. L. H. R.	•	•	•	•	•.	VI.¹.?
— (Chrysobothris) affinis. L. II. R.	•	•			VI.ª+?	VI.ª.?
— (Lampra) rutilans. L. II. R. ·	•	•	•	•	•	•
— (Ancylochira) rustica. L. II. R.	VI.ª+?	•	VI.ª.?			•
— — flavomaculata. L. II. R.	•	VI.ª.?	•		•	•
— (Melanophila) decastigma. L. W. R. II. · · · · · ·					•	•
— (Agrilus) angustulus. L. R. II.+	•			•	VI.¹+?	VI.¹.?
— — betuleti. L. R. II. · · ·	•		•		•	•
— — biguttatus. L. R. II. ·		•			VI.¹+?	VI.¹.?
— — nocivus. L. R. H.+ · ·			•	•	VI.¹.?	VI.¹+?
— — tenuis. L. R. H.+ · · · ·		•	•	•	VI.¹	VI.¹+
— — viridis. L. R. II. · · ·		•	•	•	VI.¹.	VI.¹+
— (Anthaxia) 4-punctata. L. R. II.+ · · · · · · · · ·		VI.¹.	•	•	•	•

h ö l z e r

Ulme	Hain-buche	Esche	Ahorn	Birke	Erle	Pappel Weiden	Linde	Hasel	Obst- u. Zier-bäume
·		VI.+?	VI.?		·	VI.?	·	·	VI.?
	·	·	·	·	·	·	·	·	·
·		·	·	·	·	·		·	·
·		·	·	·	·	·		·	·
·	·	·	·	·	·	·	·	·	·
·	·	·	·	·	·	·	·	·	·
·	V.	·	V.	·	·	·		·	·
·		·	·	·	·	·		·	·
·	·	·	·	·	·	·	·	·	·
·	·	·	·	·	·	·	·	·	VI.?
·	·	·	·	·	·	·	·	·	·
·	·	·	·	·	·	·	·	·	·
·	·	·	·	·	·	·	·	·	·
VI.?	·	·	·	·	VI.?	·	VI.+?	·	·
·	·	·	·	·	·	·	·	·	·
·	·	·	·	·	·	·	·		·
			·	·	·	VII.…?			·
·	·	·	·	·	·	·	·		·
	·	·	·	VI.?	·	·	·		
·	·	·	·	·	·	·	·		
	·	·	·	·	·	·	·	·	·
·	·	·	·	·	·	·	·	·	·
·	·	·	·	·	·	·	·	·	·

Name der Insecten	Nadelhölzer				Laub	
	Fichte	Kiefer	Tanne	Lärche	Eiche	Buche
Elater (Dolopius) marginatus. L. W.	.	.			.	.
Melolontha Fullo. F. Bl. L. W. + ·	.	VII$_{...}^{1+}$	.	.	VII$_{...}^{1}$	VII$_{...}^{1}$
— Hippocastani. F. Bl. L. W. +	IV$_{...}^{1}$	IV$_{...}^{1}$	IV$_{...}^{1}$	IV$_{...}^{1}$	IV$_{...}^{1}$	IV$_{...}^{1}$
— vulgaris. F. Bl. L. W. + · ·	V$_{...}^{1}$	V$_{...}^{1}$	V$_{...}^{1}$	V$_{...}^{1}$	V$_{...}^{1}$	V$_{...}^{1}$
— (Rhizotrogus) aequinoctialis. F. Bl. L. W. · · · · ·	.	IV$_{...}^{1+}$?	.	IV$_{.1.}$?	.	.
— — solstitialis. F. Bl. Tr. L. W. +	.	VI$_{...}^{1+}$?	.	VI$_{.1.}$?	.	VI$_{.1.}$?
— (Anisoplia) agricola. F. Bl. L. W. · · · · · · · ·	.	IV$_{.2.}$?	.	.	.
— — fruticola. F. Bl. L. W.	.		.	.	.	.
— (Phyllopertha) horticola. F. Bl. L. W. · · · · · ·	.	.		.	VI$_{.2.}$?	VI$_{.2.}$?
— (Anomala) Frischii. F. Bl. L. W. · · · · · · · ·	.	.		.	IV$_{.}^{1}$	.
Lucanus (Dorcus) parallelopipedus. F. L. H. · · · · · · ·	.	V$_{...}^{4}$			V$_{...}^{4+}$	V$_{...}^{4}$?
Bruchus villosus. F. L. Fr. (Schotenfrüchte) · · · · · · ·	.	.	.	.		
Curculio (Apoderes) Coryli. F. Bl.	.		.	.	IV$_{.}^{4}$	IV$_{.}^{4}$
— (Attelabus) curculionoides. F. L Bl. · · · · · · · ·	.		.	.	V$_{.}^{4}$	.
— (Rhynchites) aequatus. F. Bl. Tr. · · · · · · · · ·	.	.	.	.	.	.
— — auratus. F. Bl. Tr. Fr. ·	.	.	.	.	.	.
— — Bachus. F. Bl. L Fr. + ·	.	.	.	.	.	V$_{.}^{4}$
— — Betulae. F. Bl. · · · ·	.	.	.	.	.	V$_{.}^{1}$
— — betuleti. F. Bl. · · · ·	.	.	.	.	.	.
— — cupreus. F. Fr. · · · ·	.	.	.	.	.	.
— — interpunctatus. F. L. Tr. +	.	.	.	.	.	.
— — pauxillus. F. Tr. · · ·	.	.	.	.	V$_{.}^{4}$	.
— — Populi. F. Bl. · · · · ·	.	.	.	.	.	.
— (Cneorhinus) gemminatus. F. R. Tr. Kn. Bl. + · · ·	.	V$_{.}^{1}$	.	.	.	.

h ö l z e r

Ulme	Hain-buche	Esche	Ahorn	Birke	Erle	Pappel Weiden	Linde	Hasel	Obst- u. Zier-bäume
.	.			.		.			$\backslash$ᵃ?
.	VII.¹	.	.	.	.	VII.¹	.	.	VII.¹
IV.¹	IV.¹	IV.¹	IV.¹	IV.¹	IV.¹	IV.¹	IV.¹	IV.¹	IV.¹
V.¹	V.¹	V.¹	V.¹	V.¹	V.¹	V.¹	V.¹	V.¹	V.¹
.	.		.	IV.¹?		IV.¹?	.		.
	VI.¹?		.	.		VI.¹?			.
.			.			IV.ᵃ±?		.	IV.ᵃ?
.				.	.	VI.¹?			VI¹±?
VI.ᵃ?	VI.ᵃ?	VI.ᵃ?	VI.ᵃ?	VI.ᵃ?	VI.ᵃ?	VIᵃ±?	VI.ᵃ?	VI.ᵃ?	VI.ᵃ?
.			.	VI.¹?	VI.¹?	VI¹±?	.		.
		.	V.ᵃ?	V.ᵃ?	V.ᵃ?	V.ᵃ?			.
	.			.	.			.	VIᵃ
	IVᵃ	.	.	IVᵃ	.		.	IVᵃ±	.
.			.						.
			.	⊙⁺	.	.	.		⊙
		.		Vᵃ		Vᵃ⁺		.	Vᵃ
		.		Vᵃ	.	Vᵃ	.	.	Vᵃ⁺
			.	V¹⁺	V¹	V¹	.	V¹	.
.			.	⊙	⊙	⊙⁺	⊙	⊙	.
.			.	⊙	.	.	⊙	.	⊙⁺
.			.	.	.	.	.	.	V¹
.		.		.	.	.	.	.	.
			.	⊙	⊙	⊙⁺	⊙	⊙	
.					.		.		

Name der Insecten	Nadelhölzer				Laub	
	Fichte	Kiefer	Tanne	Lärche	Eiche	Buche
Curculio (Strophosomus) Coryli. F. Bl. Tr. Kn.	⊙	⊙	.	.	⊙	⊙
— — obesus. F. R. Tr. Kn. Bl.	IV_5	IV_5^+	.		IV_5	IV_5
— (Brachyderes) incanus. F. Bl. Tr. W.	⊙	⊙$^+$	.	.	⊙	.
— (Polydrusus) cervinus. F. Bl. Tr.	.	.	.	.	V_2	V_2^+
— — micans. F. Bl.	.	.	.	.	VI_2	VI_2
— (Cleonus) turbatus. F. R. Tr.$^+$	.	V_1?	.	.	.	.
— (Metallites) atomarius. F. Bl. Tr.	VI_2	VI_2^+	.		.	
— — mollis. F. Bl. Tr.	VI_2	VI_2^+	.		.	
— (Hylobius) Abietis. F. Bl. Kn. Tr.$^+$	V_5	V_5^+	V_5	V_5	V_5	.
— — pinastri. F. Bl. Kn. Tr.$^+$	V_5^+?	V_5?	.	.	.	.
— (Phyllobius) calcaratus. F. Bl. Tr. Kn.	.	.	.	.	V_2^+	V_2
— — argentatus. F. Bl.	.	.	.	.	V_2	V_2^+
— — maculicornis. F. Bl.	.	.	.		.	VI_2^+
— — mus. F. Bl. Kn.	.	.	.		.	.
— — oblongus. F. Bl. Kn.	.	.	.		.	V_1^+
— — Pyri (L.) F. Bl. Kn.	.	.	.	.	V_2	V_2
— — ruficornis. F. Bl. Kn.	.	.	.		V_2	.
— — viridicollis. F. Bl. Kn.	.	.	.		V_2	V_2^+
— (Otiorhynchus) niger. F. Bl. Kn.$^+$	V_5	.	.		.	
— — picipes. F. Bl. Kn.	.	.	.	.	V_2	.
— (Pissodes) Pini. F. Bl. Tr.	V_1^+?	V_1?	V_1?	V_1?	.	
— — notatus. F. Fr. Tr. L. R.$^+$	.	IV_1	.		.	
— — Piceae. L. R.	.	IV_1?	.		.	
— — Herzyniae. L. R.$^+$	VI_2	.				
— — piniphilus. L. R.	.	VI_2	.			

h ö l z e r

Ulme	Hain-buche	Esche	Ahorn	Birke	Erle	Pappel Weiden	Linde	Hasel	Obst- u. Zier-bäume
·		·	·	☉	·	·	·	☉	·
·	·	·	·	IV⁵	·	·	·	·	·
	·	·		☉			·		
·	V³	·	·	V³	·	·	V³	V³	·
·	·	·	·	·		·	·	VI³⁺	·
·	·	·	·	·	·		·	·	·
·	·	·	·	VI²	·	·	·	·	
	·			·	·		·	·	·
·	·	·	·	V⁵	·		·	·	·
·			·	·	·	·	·	·	·
·	·	·	·	·		·	·	·	·
·	·	·	·	V³		·	·	·	V³
·		·	·	·		·	VI²	VI²	·
	·	·	·	·		V²	·	·	·
·	·	·	·	·		·		·	V!
·	·	·	·	·		·	·		V³⁺
·	·		·	·	·	·	·	·	·
·	·	·	·	V²	V²	·	·	·	·
·	·	·	·	·	·	·	·	·	·
·	·	·	·	·	·	·	·	·	·
·	·	·	·	·	·	·	·	·	·
·	·	·	·	·	·	·	·	·	·
·	·	·	·	·	·	·	·	·	·
·	·	·	·	·	·	·	·	·	·

Name der Insecten	Nadelhölzer				Laub	
	Fichte	Kiefer	Tanne	Lärche	Eiche	Buche
Curculio (Brachonyx) indigaena. F. Bl. Tr.		☉		·		
— (Magdalinus) carbonarius. F. R. Tr. L. H.		V??	·	·	·	·
— — phlegmaticus. F. R. Tr. L. H.		V??	·	·	·	·
— — violaceus. L. H. F. R. Tr.	·	V?+	·	·	·	·
— (Anthonomus) Pyri. F. Kn. L. B.	·	·	·	·		·
— — pomorum. F. Kn. L. B.	·		·	·	·	·
— — druparum. F. L. Fr.				·	·	·
— (Balaninus) nucum. L. Fr.	·	·		·	VI?	·
— — venosus. L. Fr.	·	·		·	VI?+	·
— — turbatus. L. Fr.	·	·		·	VI?	·
— (Orchestes) Fagi. F. Bl. B. Kn. L. Blm.	·			·	·	V☉
— — Ilicis. F. Bl. B. Kn. L. Blm.	·			·	·	V☉
— — Quercus. F. Bl. B. Kn. L. Blm.	·				·	V☉
— — scutellaris. F. Bl. B. Kn. L. Blm.	·	·	·		·	·
— — Rusci. F. Bl. B. Kn. L. Blm.	·	·	·		·	·
— — rufus. F. Bl. B. Kn. L. Blm.	·	·	·	·	·	·
— (Cryptorrhynchus) Lapathi. L. H.+	·	·	·	·	·	·
Bostrychus typographus. F. L. R. l.+	IV?+	IV?	·	IV?	·	·
— amitinus. F. L. R. l. st.+	IV?	·		IV?+	·	·
— stenographus. F. L. R. l.	V!	V!+		V!	·	·
— Laricis. F. L. R. l.+	V?	V?+	·	V?	·	·
— acuminatus. F. L. R. st.	·	IV?±	·	·	·	·
— curvidens. F. L. R. w.+	IV!	·	IV!+	·	·	·

h ö l z e r

Ulme	Hain-buche	Esche	Ahorn	Birke	Erle	Pappel Weiden	Linde	Hasel	Obst- u. Zier-bäume
.	.		.	.	.	.	.	.	.
.	.	.	.	.	.	.	.	.	
.	.	.	.	.	.	.	.	.	
.	.	.	.	.	.	.	.	.	
.	.	.	.	.	.	.	.	.	$\odot$
.	.	.	.	.	.	.	.	.	$\odot$
.	.	.	. ,	.	.	.	.	.	$\odot$
.		.	.	.	.	.	.	VI.ᵃ+	.
.	.	.	.	.	.	.	.	VI.ᵃ	.
.	VI.ᵃ	.	.	.	.	.	.	VI.ᵃ	.
	.	.	.	.	.	.	.	.	.
.	.	.	.	.	.	.	.	.	.
	.	.	.	.	.	.	.	.	.
.	.		.	.	V.⊙	.	.	.	.
.	.	.	.	V.⊙	.	.	.	.	.
V⊙	.	.	.	.	.	.	.	.	.
.	.	.	.	IV.ᵃ	IV.ᵃ+	IV.ᵃ	.	.	
.	.	.	.	.	.	.	.		.
.	.	.	.	.	.	.	.	.	.
.	.	.	.	.	.	.	.	.	.
.	.	.	.	.	.	.	.	.	.
.	.	.	.	.	.	.	.	.	.
.	.	.	.	.	.	.	.	.	.

Name der Insecten	Nadelhölzer				Laub	
	Fichte	Kiefer	Tanne	Lärche	Eiche	Buche
Bostrychus chalcographus. F. L. R. st. + · · · · · · · · · ·	IV?+	IV?	·	·	·	·
— bidens. F. L. R. st. + · · ·	·	IV?	·	·	·	·
— villosus. F. L. R. w. + · · ·	·	·	·	·	V?	·
— bicolor. F. L. R. w. · · ·	·	·	·	·	·	V⊙
— dispar. F. L. H. gh. + · · ·	·	·	·	·	V?÷	V?÷
— monographus. F. L. H. gh. ·	·	·	·	·	V!÷?	·
— dryographus. F. L. H. gh. ·	·	·	·	·	V!÷?	·
— Alni. F. L. R. l. · · · ·	·	·	·	·	·	·
— autographus. F. L. R. l. · ·	V?	·	·	·	·	·
— (Crypturgus) pusillus. F. L. R. rf. · · · · · · · ·	IV⊙+	IV⊙	·	IV⊙	·	·
— — pityographus. F. L. R. st. + · · · · · · · ·	IV?+	IV?	IV?	·	·	·
— — cinereus. F. L. R. w. ·	IV?+	IV?	·	·	·	·
— (Cryphalus) Piceae. F. L. R. rf.	?	IV?	·	·	·	·
— — Abietis. F. L. R. rf. · ·	IV?+	·	IV?	·	·	·
— (Xyloteres) lineatus. F. L. H. lh. + · · · · · ·	IV?+	IV?	IV?	IV?	·	·
— — domesticus. F. L. H. lh.	IV!	IV!	IV!	·	·	IV!+
Hylesinus crenatus. F. L. R. w. + ·	·	·	·	·	IV!	·
— Fraxini. F. L. R. w. + · · ·	·	·	·	·	·	·
— vittatus. F. L. R. w. · · · ·	·	·	·	·	·	·
— (Hylastes) ater. F. R. W. L. R. l. · · · · · · · ·	·	III.?.?	·	·	·	·
— — angustatus. F.L.R.W.l.+	·	IV.?.?	·	·	·	·
— — cunicularius. F. L. R. W. l. + · · · · · · ·	IV.?.?	·	·	·	·	·
— — palliatus. F. L. R. l. + ·	III?+	III?	III!	III!	·	·
— — opacus. F. W. L. R. ·	·	IV.?.?	·	·	·	·
— (Dendroctomus) minor. F. L. R. w. + · · · · · · · ·	·	IV?	·	·	·	·

h ö l z e r

Ulme	Hain-buche	Esche	Aborn	Birke	Erle	Pappel Weiden	Linde	Hasel	Obst- u. Zier-bäume
	$V^2\!.\!/$		$V^2\!.\!/$	$V^2\!.\!/$	$V^2\!.\!/$				$V^2\!.\!/+$
					$V^1\!.?$				
			$IV^1\!.$	$IV^1\!.$	$IV^1\!.$				
		$IV^1\!.+$							
		$IV^2\!.$							
$IV^2\!.$									

Name der Insecten	Nadelhölzer				Laub	
	Fichte	Kiefer	Tanne	Lärche	Eiche	Buche
Hylesinus (Dendroctomus) piniperda. F. R. Tr. L. R. l. + · ·	·	III.ª	·		·	·
— — micans. F. L. R. rf. · ·	VI.º	·	·		·	·
— — minimus. F. L. R. st. ·	·	IV!.÷	·		·	·
— (Polygraphus) pubescens. F. L. R. w. + · · · · · ·	IV!	·	·		·	·
Eccoptogaster Carpini. F. L. R w.	·	·	·	·	·	·
— destructor. F. L. R. l. · · ·	·	·	·	·	·	·
— intricatus. F. L. R. w. + · ·	·	·	·	·	VI.¹	·
— multistriatus. F. L. R. l. + ·	·	·	·	·	·	·
— Pruni. F. L. R. l. + · · · ·	·	·	·	·	·	·
— Pyri. F. L. R. w. + · · · ·	·	·	·	·	·	·
— rugulosus. F. L. R. l. + · ·	·	·	·	·	·	·
— Scolytus. F. L. R. l. + · · ·	·	·	·	·	·	·
Platypus cylindrus. F. L. H. gh. +	·	·	·	·	VI.³?	·
Cerambyx (Spondylis) buprestoides. L. II. · · · · · · · ·	·	VI.³.?	·	·	·	·
— (Ergates) faber. L. II. · ·	VII.¹.?	VII.¹.?	·	·	·	·
— (Prionus) coriarius. L. II. ·	VII.¹.?	VII.¹.?	·	·	VII.¹.?	VII.¹+?
— (Hammaticherus) Heros. L. H.+	·	·	·	·	VI.³?	·
— — cerdo. L. H. · · · · ·	·	·	·	·	VII.¹.?	VII.¹+?
— (Purpuricenus) Köhleri. L. H.	·	·	·	·	·	·
— (Rosalia) alpina. L. II. · · ·	·	·	·	·	·	VI.¹.?
— (Aromia) moschata. L. II. ·	·	·	·	·	·	·
— (Criomorphus) luridus. L. R. II.	VI.³+	VI.².	·	·	·	·
— (Rhopalopus) insubricus. L. R. H. · · · · · ·	·	·	·	·	·	·
— (Callidium) rufipes. L. R. II.	·	·	·	·	VI.³+?	VI.².?
— — sanguineum. L. R. II. ·	·	·	·	·	VI.³+	VI.².
— — variabile. L. R. II. · · ·	·	·	·	·	VI.².	VI.².
— (Clytus) detritus. L. R. · ·	·	·	·	·	VII.¹.?	·

h ö l z e r

Ulme	Hain-buche	Esche	Ahorn	Birke	Erle	Pappel Weiden	Linde	Hasel	Obst- u. Zier-bäume
·	·	·	·	·	·	·	·	·	·
·	·	·	·	·	·	·	·	·	·
·	·	·	·	·	·	·	·	·	·
·	·		·	·	·	·	·	·	·
·	VI¹		·	·	·	·	·		·
·	·		·	V¹	·	·	·		·
·	·	·	·	·	·	·	·		·
VI¹+	·	VI¹	·	·	·	·	·	·	·
·	·	·	·	·	·	·	·	·	VI¹
·	·	·	·	·	·	·	·	·	IV¹
·	·	·	·	VI¹	·	·	·	·	VI¹+
VI..+	·	VI..	·	·	·	·	·	·	·
·	·	·	·	·	·	·	·	·	·
·	·	·	·	·	·	·	·	·	·
·	·	·	·	·	·	·	·	·	·
·	·	VII.¹.?	VII.¹.?	·	·	·	·	·	·
·	·	·	·	·	·	·	·	·	·
·	·	·	·	·	·	·	·	·	VII.¹.?
·	·	·	·	·	·	·	·	·	VII.¹.?
·	·	·	VI.².?	·	·	·	·	·	·
·	·	·	·	·	·	VI.².	·	·	·
·	·	·	·	·	·	·	·	·	
·	·	VI.².	·	·	·	·	·	·	·
·	VI.².?	·	·	·	·	·	·	·	·
·	·	·	VI.².	·	·	·	·	·	·
·	VI.².	·	VI.².	·	·	·	·	·	VI²+
·	·	·	·	·	·	·	·	·	·

Name der Insecten	Nadelhölzer				Laub	
	Fichte	Kiefer	Tanne	Lärche	Eiche	Buche
Cerambyx (Clytus) arcuatus. L. R.					VII.1.?	
— — rusticus. L. R.						VII.1.?
— (Astynomus) aedilis. L. R.		IV.2.				
— (Leiopus) nebulosus. L. R.						VI.2.?
— (Pogonocherus) fascicularis. L. R. H.		V.2.				
— (Monchamus) sutor. L. R. H.	V.2.?					
— — sartor. L. R. H.	V.2.?					
— (Lamia) textor. L. H.						
— (Saperda) populnea. L. H. Tr. +						
— — Carcharias. L. H. +						
— (Oberea) linearis. L. Tr.						
— — oculata. L. Tr.						
— (Rhagium) indagator. L. R.	V.2+	V.2.	V.2.	V.2.		
— — mordax. L. R.					VI.2.?	
— — inquisitor. L. R.					V.3+?	V.3.?
— — bifasciatum. L. R.	VI.3.?		VI.3+?			
Chrysomela (Clytra) 4-punctata. F. Bl. Tr. L. Bl.						
— (Lina) aenea. F. L. Bl. +						
— — cuprea. F. L. Bl.						
— — Populi. F. Bl. R. L. Bl. +						
— — Tremulae. F. Bl. Tr. L. Bl. +						
— (Phratora) Vitellinae. F. L. Bl.						
— — vulgatissima. F. L. Bl.						
— (Adimonia) Capreae. F. Bl. Tr. L. Bl. +					V.!	V.!
— (Galeruca) lineola. F. L. Bl. +						
— — xanthomelaena. F. Bl. Tr. L. Bl. +						
— (Agelastica) Alni. F. L. Bl.						

Birke	Erle	Pappel Weiden	Linde	Hasel	Obst- u. Zier- bäume
.	.	.		.	.
.	.	VII.!.?	.	.	.
.	.	.	.	.	.
.	.	.	.	.	VI.?.?
.	.	.	.	.	.
.	.	.	.	.	.
.	.	.	.		.
.	.	V.!.?	.		.
.	.	V.?.	.	.	.
.	.	VI.?.	.	.	.
.	.	.	.	VI.?.	.
.	.	VI.?.	.	.	.
.	.	.	.	.	.
.	.	.	.	.	.
.	.	.	.	.	.
.	.	.	.	.	.
.	.	VI.?.	.	.	.
.	V.?		.	.	.
.	.	V.?	.	.	.
.	.	V.?	.	.'	.
.	.	V.?	.	.	.
.	.	V.?	.	.	
.	.	V.?	.	.	.
V.!+	.	V.!	.	.	.
.	.	V.?	.	.	.
.	.	.	.	.	.
.	V.?+	V.?	.	.	.

Name der Insecten	Nadelhölzer				Laub	
	Fichte	Kiefer	Tanne	Lärche	Eiche	Buche
Chrysomela (Calomicrus) pinicola. F. Tr. Bl. L. Bl. · ·	·	V⁵	·	·		
— (Luperus) rufipes. F. L. Bl.	·	·	·	·	·	·
— — flavipes. F. L. Bl. · · ·	·	·	·	·	·	·
— (Haltica) flexuosa. F. L. Bl.	·	·	·	IV⊙	IV⊙
— — Erucae. F. Kn. L. Bl. ·	·	·	·	V⊙	·
— — Helxines. F. L. Bl. · ·	·	·	·	V⊙
— — nitidula. F. L. Bl. · · ·	·	·	·	V⊙
— — oleracea. F. Bl. Kn. L. Bl. + · · · · · · · · ·	·	IV⊙	IV⊙
II. Ord. Lepidoptera. (Falter.)						
Papilio (Pontia) Crataegi. L. B. Bl. +	·	·		·	
— (Vanessa) polychloros. L. Bl.	·	·	·	·
— — Antiopa. L. Bl. · · · ·	·	·	·	·
Sphinx pinastri. L. Bl. · · · · ·	·	VI²⁶/₉	·	·	·	
Sesia apiformis. L. II. · · · · · ·	·	·	·	·	·	·
— asiliformis. L. R. · · · · ·	·	·	·	VI¹·⁷/₆	·
— cephiformis. L. R. · · · · ·	·	·	VII::⁷/₆	·	·
— culiciformis. L. II. · · · ·	·	·	·	·	·
— tabaniformis. L. H. · · · ·	·	·	·	·	·
Bombyx (Cossus) ligniperda. L. II.	·	VI¹·⁷/₅			VI¹·⁷/₅	VI¹·⁷
— Aesculi. L. II. · · · · ·	·	·	·	VII::⁷/₆	VII::⁷
— (Liparis) dispar. L. Bl. Kn. +	VIII¹·⁴/₇	VIII¹·⁴/₇	VIII¹·⁴/₇	VIII¹·⁴/₇	VIII¹·⁴/₇	VIII¹·⁴
— — Monacha. L. Bl. + · · ·	VII¹·⁵/₇	VII¹·⁵/₇+	VII¹·⁵/₇	VII¹·⁵/₇	VII¹·⁵/₇	VIII¹·⁵
— — detrita. L. Bl. · · ·	·	·	·	VII¹·⁵/₆
— — Salicis. L. Bl. · · · · ·	·	·	·	·	·
— — chrysorrhoea. L. Kn. Bl. B. + · · · · · · · · ·	·	·	VI¹·⁸/₆	VI¹·⁸/₆
— — auriflua. L. Kn. Bl. B. Fr.	·	·	·	VI¹·⁸/₅	VI¹·⁸
— (Cnethocampa) pinivora. L. Bl.	·	VIII··⁴/₇	·	·	·	

h ö l z e r

Ulme	Hain-buche	Esche	Ahorn	Birke	Erle	Pappel Weiden	Linde	Hasel	Obst-Zier-bäume
.	.	.	.	.	.	.	.	.	.
.	.	.	.	.	.	$V\overset{3}{.}$	.	.	.
.	.	.	.	.	$V\overset{3}{.}$	$V\overset{3}{.}{}^{+}$	.	.	.
IV $\odot$	IV $\odot$	IV $\odot$	IV $\odot$	IV $\odot$	IV $\odot$	IV $\odot$	IV $\odot$	IV $\odot$	IV $\odot$
.	.	.	.	.	.	.	.	.	.
.	.	.	.	$V \odot$	$V \odot$	$V \odot{}^{+}$	.	.	.
.	.	.	.	$V \odot$	.	$V \odot$	.	.	.
IV $\odot$	IV $\odot$	IV $\odot$	IV $\odot$	IV $\odot$	IV $\odot$	IV $\odot$	IV $\odot$	IV $\odot$	IV $\odot$
.	.	.	.	.	.	.	.	.	$V\overset{2}{.}{}^{7}/_{5}$
$VII\overset{2}{.}{}^{5}/_{7}$	.	.	.	.	.	$VII\overset{2}{.}{}^{5}/_{7}$	.	.	$VII\overset{2}{.}{}^{5}/_{7}{}^{+}$
.	.	.	.	$VII\overset{2}{.}{}^{5}/_{7}$	.	$VII\overset{2}{.}{}^{5}/_{7}{}^{+}$	.	.	.
.	.	.	.	.	.	.	.	.	.
.	.	.	.	.	.	$VI\overset{1}{.}{}^{7}/_{6}{}^{+}$	.	.	$VI\overset{1}{.}{}^{7}/_{6}$
.	.	.	.	.	.	.	.	.	.
.	.	.	.	$V\overset{16}{.}/_{4}{}^{+}$	$V\overset{16}{.}/_{4}$	.	.	.	.
.	.	.	.	.	.	$VI::{}^{7}/_{6}$	.	.	.
$VI\overset{1}{.}{}^{7}/_{5}$	$VI\overset{1}{.}{}^{7}/_{5}$	$VI\overset{1}{.}{}^{7}/_{5}$	$VI\overset{1}{.}{}^{7}/_{5}$	$VI\overset{1}{.}{}^{7}/_{5}$	$VI\overset{1}{.}{}^{7}/_{5}$	$VI\overset{1}{.}{}^{7}/_{5}{}^{+}$	$VI\overset{1}{.}{}^{7}/_{5}$	$VI\overset{1}{.}{}^{7}/_{5}$	$VI\overset{1}{.}{}^{7}/_{5}$
$VII::{}^{7}/_{6}$	.	.	.	$VII::{}^{7}/_{6}$	$VII::{}^{7}/_{6}$	.	$VII::{}^{7}/_{6}$	.	$VII::{}^{7}/_{6}{}^{+}$
$VIII\overset{1}{.}{}^{4}/_{7}$	$VIII\overset{1}{.}{}^{4}/_{7}$	$VIII\overset{1}{.}{}^{4}/_{7}$	$VIII\overset{1}{.}{}^{4}/_{7}$	$VIII\overset{1}{.}{}^{4}/_{7}$	$VIII\overset{1}{.}{}^{4}/_{7}$	$VIII\overset{1}{.}{}^{4}/_{7}$	$VIII\overset{1}{.}{}^{4}/_{7}$	$VIII\overset{1}{.}{}^{4}/_{7}$	$VIII\overset{1}{.}{}^{4}/_{7}$
.	$VII\overset{1}{.}{}^{5}/_{7}$	.	.	$VII\overset{1}{.}{}^{5}/_{7}$	.	.	.	$VII\overset{1}{.}{}^{5}/_{7}$	$VII\overset{1}{.}{}^{5}/_{7}$
.	.	.	.	.	.	.	.	.	.
.	.	.	.	.	.	$VII\overset{..}{.}{}^{5}/_{6}$	.	.	.
$VI\overset{1}{.}{}^{8}/_{6}$	$VI\overset{1}{.}{}^{8}/_{6}$	.	.	.	.	$VI\overset{1}{.}{}^{8}/_{6}$	.	.	$VI\overset{1}{.}{}^{8}/_{6}{}^{+}$
$VI\overset{1}{.}{}^{8}/_{5}$	$VI\overset{1}{.}{}^{8}/_{5}$	.	.	$VI\overset{1}{.}{}^{8}/_{5}$	.	$VI\overset{1}{.}{}^{8}/_{5}$	$VI\overset{1}{.}{}^{8}/_{5}$	.	$VI\overset{1}{.}{}^{8}/_{5}{}^{+}$
.	.	.	.	.	.	.	.	.	.

Name der Insecten	Nadelhölzer				Laub	
	Fichte	Kiefer	Tanne	Lärche	Eiche	Buche
Bombyx (Cnethocampa) pityocampa. L. Bl.	?	V.⁶/₅	?	.	.	.
— (Gastropacha) processionea. L. Bl. +		.	.	.	VIII.⁵/₇	.
— — lanestris. L. Bl. ·		.	.	.	IV.⁵/₇	.
— — neustria. L. Bl. +		.	.	.	VII.⁴/₆	VII.⁴/₆
— — Pini. L. Bl. +	VII..⁸/₆	VII..⁸/₆+	.	VII..⁸/₆	.	.
— (Orgyia) pudibunda. L. Bl. +		.	.	V.⁷/₁₀	V.⁷/₁₀	V.⁷/₁₀+
— — Abietis. L. Bl.	.	VIII.⁵/₇	.	.	.	.
— — gonostigma. L. Bl.		.	.	.	.	.
— — fascelina. L. Bl.	.	.	.	.	.	.
— — antiqua. L. Bl. B. Kn. Tr. +	VII.÷⁵/₆	VII.÷⁵/₆	VII.÷⁵/₆	VII.÷⁵/₆	VII.÷⁵/₆	VII.÷⁵/₆
— (Pygaera) bucephala. L. Bl.	.	.	.	.	VI.⁷/₁₀	VI.⁷/₁₀+
Noctua (Trachea) piniperda. L. Kn. Bl. +	IV.⁵/₇	IV.⁵/₇+	.	.	.	
— (Orthosia) cruda. L. Bl.	.	.	.	.	IV.⁵/₅	.
— — instabilis. L. Bl.	.	.	.	.	IV.⁵/₇	.
— (Acronicta) Aceris. L. Bl.	.	.	.	.	VI..⁷/₉	.
— (Episema) cocruleocephala. L. Bl.	.	.	.	.	IV.⁵/₇	.
— (Agrotis) valligera. L. W. +	VIII.⁴/₆	VIII.⁴/₆+	VIII.⁴/₆	VIII.⁴/₆	.	.
— — segetum. L. W. +	VIII.⁴/₆	VIII.⁴/₆	?	?	?	?
Geometra (Fidonia) aescularia. L. Bl.	.	.	.	.	.	.
— — aurantiaria. L. Bl.	.	.	.	.	I.⁴/₆	I.⁴/₆+
— — defoliaria. L. B.	.	.	.	.	X.⁴/₆	X.⁴/₆
— — progemmaria. L. Bl. +	.	.	.	.	III.⁴/₇	III.⁴/₇
— (Bupalus) piniaria. L. Bl. +	V.⁶/₁₀	V.⁶/₁₀+	V.⁶/₁₀	.	.	.
— (Amphidasis). betularia. L. Bl.	.	.	.	.	V.⁷/₉	.
— (Acidalia) brumata. L. Bl. B. Kn. +	.	.	.	.	XI.⁵/₆	XI.⁵/₆
— (Ennomos) lituraria. L. Bl. +	.	V.⁶/₁₀	.	.	.	.

h ö l z e r

Ulme	Hain- huche	Esche	Aborn	Birke	Erle	Pappel Weiden	Linde	Hasel	Obst- u. Zier- bäume
.	.	.	.		.	.	.	.	.
.	.	.	.	.				.	
.	.	.	.	$IV.\!^{5}/_{7}{}^{+}$	.	$IV.\!^{5}/_{7}$	$IV.\!^{5}/_{7}$	.	$IV.\!^{5}/_{7}$
$VII.\!^{4}/_{6}$	$VII.\!^{4}/_{6}$	$VII.\!^{4}/_{6}$	$VII.\!^{4}/_{6}$	$VII.\!^{4}/_{6}$	$VII.\!^{4}/_{6}$	$VII.\!^{4}/_{6}$	$VII.\!^{4}/_{6}$	$VII.\!^{4}/_{6}$	$VII.\!^{4}/_{6}{}^{+}$
.		.	.	.		.		.	
$V.\!^{7}/_{10}$	$V.\!^{7}/_{10}$	$V.\!^{7}/_{10}$	$V.\!^{7}/_{10}$	$V.\!^{7}/_{10}$	$V.\!^{7}/_{10}$	$V.\!^{7}/_{10}$	$V.\!^{7}/_{10}$	$V.\!^{7}/_{10}$	$V.\!^{7}/_{10}$
.	.	.	.			.	.	.	
.	.	.		$VII.\div^{5}/_{6}$	$VII.\div^{5}/_{6}$	.	.	.	$VII.\div^{5}/_{6}{}^{+}$
.	.	.	.	.		$VII.\div^{5}/_{6}{}^{+}$	.	.	$VII.\div^{5}/_{6}$
$VII.\div^{5}/_{6}$	$VII.\div^{5}/_{6}$	$VII.\div^{5}/_{6}$	$VII.\div^{5}/_{6}$	$VII.\div^{5}/_{6}$	$VII.\div^{5}/_{6}$	$VII.\div^{5}/_{6}$	$VII.\div^{5}/_{6}$	$VII.\div^{5}/_{6}$	$VII.\div^{5}/_{6}{}^{+}$
.	.	.	.	.		.	$VII.\!^{7}/_{10}{}^{+}$	.	.
.	.	.	.	.	.	.	.	.	.
.	.	.	.	.	.	.	.	.	.
$IV.\!^{5}/_{7}{}^{+}$	.	.	.	.		.	$IV.\!^{5}/_{7}$	.	$IV.\!^{5}/_{7}$
.	.	.	$VI.\!^{7}/_{9}$	.	.	.	.	.	$VI.\!^{7}/_{9}{}^{+}$
.	.	.	.	.		.	$IV.\!^{5}/_{7}$	.	$IV.\!^{5}/_{7}{}^{+}$
.	.	.	.	.	.	.	.	.	.
?	?	?	?	?	?	?	?	?	?
.	.	.	.	.		.	.	.	$X.\!^{4}/_{6}$
.	.	.	.	$X.\!^{4}/_{6}$	.	.	.		$X.\!^{4}/_{6}$
.	$X.\!^{4}/_{6}$	.	.	$X.\!^{4}/_{6}$	.	.	.	.	$X.\!^{4}/_{6}{}^{+}$
.	$III.\!^{4}/_{7}$	.	.	$III.\!^{4}/_{7}$	.	.	.	.	$III.\!^{4}/_{7}{}^{+}$
.	.	.	.	.	.	.	.	.	.
$V.\!^{7}/_{9}$	.	.	.	$V.\!^{7}/_{9}{}^{+}$	.	$V.\!^{7}/_{9}$	.	.	.
$XI.\!^{3}/_{6}$	$XI.\!^{3}/_{6}$	.	.	$XI.\!^{3}/_{6}$	.	.	$XI.\!^{3}/_{6}$	$XI.\!^{3}/_{6}$	$XI.\!^{3}/_{6}{}^{+}$
.	.	.	.	.	.	.	.	.	.

Namo der Insecten	Nadelhölzer				Laub	
	Fichte	Kiefer	Tanne	Lärcho	Eiche	Buche
Geometra (Cabera) pusaria. L. Bl.					V..$\frac{5}{6}$	V..$\frac{5}{6}$
Tortrix viridana. L. Bl. Kn.					VI..$\frac{5}{6}$+	VI..$\frac{5}{6}$
— piccana. L. Bl.	VII..$\frac{5}{6}$+	VII..$\frac{5}{6}$				
— (Teras) ferrugana. L. Bl.					IX..$\frac{5}{7}$+	IX..$\frac{5}{7}$
— (Earias) clorana. L. Bl.						
— (Grapholita) duplicana. L. Tr. R.?	V..$\frac{7}{4}$?					
— — pactolana. L. Tr. R.	V..$\frac{7}{4}$					
— — strobilana. L. Fr.	V..$\frac{7}{10}$					
— — cosmophorana. L. Tr.		V..$\frac{7}{3}$				
— — Zebeana. L. Tr. Zw.				V..$\frac{7}{4}$		
— — corollana. L. R. Zw.						
— — grossana. L. Fr.						VII..$\frac{8}{9}$
— — nigricana. L. Kn.			VII..$\frac{8}{4}$			
— — pinicolana. L. Bl.				VII..$\frac{4}{6}$		
— (Coccyx) Buoliana. L. Tr.		VII..$\frac{8}{3}$				
— — nanana. L. Blm.	VII..$\frac{7}{10}$					
— — duplana. L. Blm.		IV..$\frac{5}{7}$				
— — pygmaeana. L. Blm.	III..$\frac{5}{10}$					
— — turionana. L. Kn.+		V..$\frac{6}{4}$				
— — hercyniana. L. Blm.	V..$\frac{8}{10}$					
— (Retina) resinella. L. Tr.		V..$\frac{7}{4}$				
— (Sciaphila) histrionana L. Bl. Tr.	VII..$\frac{4}{7}$+		VII..$\frac{4}{7}$			
— — Hartigiana. L. Blm. Bl.	V..$\frac{7}{10}$					
— — rufimitrana. L. Bl.			VII..$\frac{4}{7}$			
— (Carpocapsa) pomonana. L. Fr.						
Tinea (Phycis) abietella. L. Fr.	VII..$\frac{5}{5}$					
— — sylvestrella. L. R. Fr.		VIII..$\frac{6}{7}$				
— (Blastoteres) Bergiella. L. Kn.	V..$\frac{7}{4}$					

h ö l z e r

Ulme	Hain-buche	Esche	Ahorn	Birke	Erle	Pappel Weiden	Linde	Hasel	Obst- u. Zier-bäume
.	$V..^5/_6$	.	.	$V..^5/_6+$	$V..^5/_6$	$V..^5/_6$	.	.	.
.	$VI..^5/_6$	.	.	.	.	.	$VI..^5/_6$	.	.
.	.	.	.	.	.	.	.	.	.
.	.	.	.	$IX..^5/_7$	$IX..^5/_7$	.	.	.	$IX..^5/_7$
.	.	.	.	.	.	$IV..^6/_8$	.	.	.
.	.	.	.	.	.	.	.	.	.
.	.	.	.	.	.	.	.	.	.
.	.	.	.	.	.	.	.	.	.
.	.	.	.	.	.	.	.	.	.
.	.	.	.	.	.	.	.	.	.
.	.	.	.	.	.	$IV!..^5/_7$	.	.	.
.	.	.	.	.	.	.	.	.	.
.	.	.	.	.	.	.	.	.	.
.	.	.	.	.	.	.	.	.	.
.	.	.	.	.	.	.	.	.	.
.	.	.	.	.	.	.	.	.	.
.	.	.	.	.	.	.	.	.	.
.	.	.	.	.	.	.	.	.	.
.	.	.	.	.	.	.	.	.	.
.	.	.	.	.	.	.	.	.	.
.	.	.	.	.	.	.	.	.	.
.	.	.	.	.	.	.	.	.	.
.	.	.	.	.	.	.	.	.	$VI..^6/_4$
.	.	.	.	.	.	.	.	.	.
.	.	.	.	.	.	.	.	.	.
.	.	.	.	.	.	.	.	.	.

Name der Insecten	Nadelhölzer				Laub	
	Fichte	Kiefer	Tanne	Lärche	Eiche	Buche
Tinea (Hyponomeuta) padella. L. Bl. Kn.	·	·	·		·	·
— — cognatella. L. Bl. Kn. ·	·	·	·		·	·
— — evonymella. L. Bl. Kn. ·	·	·	·		·	·
— — malinella. L. Bl. Kn. ·		·	·		·	·
— (Argyrestia) laevigatella. L. Tr.		·	·	VI..⁸/₅	·	·
— — pygmaeella. L. Kn. · ·		·	·	·	·	·
— (Coleophora) lutipenella. L. Kn.		·	·	·	VII⁴/₅	·
— (Ornix) laricinella. L. Blm. ·		·	·	V!.⁴/₄	·	·
— (Elachista) Clerkella. L. Blm.	·	·	·	·	·	·
— — complanella. L. Blm. ·	·		·		V!.⁶/₅	·
III. Ordn. Hymenoptera. (Wespen.)						
Vespa Crabro. F. R. Tr. · · · ·	·		·		☉	☉
Cynips agama. L. Blg. · · · · ·	·		·	·	V?	·
— exclusa. L. Kng. · · · · ·	·		·	·	V?	·
— fecundatrix. L. Zwg. · · · ·	·		·		IV?	·
— ferruginea. L. Kng. · · · ·	·		·	·	?	·
— Gallae cristatae. L. Frg. · ·	·		·	·	V..?	·
— — tinctoriae. L. Zwg. · ·	·		·	·	V?	·
— globuli. L Kng. · · · · ·	·		·	·	V?	·
— inflator. L. Zwg. · · · · ·	·		·	·	VI?	·
— longiventris. L. Blg. · · · ·	·		·	·	V?	·
— Malpighi. L. Bl. · · · · ·	·		·	·	?	·
— Quercus Calicis. L. Frg. · ·	·		·	·	V..⁸/₄	·
— — folii. L. Blg. · · · · ·	·		·	·	V..?	·
— — pedunculi. L. Blg. · · ·	·		·	·	IV?	·
— — Réaumuri. L. Bl. · · ·	·		·	·	VIII?	·

h ö l z e r

Ulme	Hain-buche	Esche	Ahorn	Birke	Erle	Pappel Weiden	Linde	Hasel	Obst- u. Zier-bäume
.	.	.	.	.	.	.	.	.	$VII.^4/_6$
.	.	.	.	.	.	.	.	.	$VII.^4/_6$
.	.	.	.	.	.	.	.	.	$VII.^4/_6$
.	.	.	.	.	.	.	.	.	$VII.^4/_6$
.	.	.	.	.	.	.	.	.	.
.	.	.	.	.	.	$VII.^4/_3$	.	.	.
.	.	.	.	.	.	.	.	.	.
.	.	.	.	.	.	.	.	.	.
.	.	.	.	.	.	.	.	.	$VI.^6/_{10}$
.	.	.	.	.	.	.	.	.	.
⊙	⊙	⊙	⊙	⊙	⊙	⊙	⊙	⊙	⊙
.	.	.	.	.	.	.	.	.	.
.	.	.	.	.	.	.	.	.	.
.	.	.	.	.	.	.	.	.	.
.	.	.	.	.	.	.	.	.	.
.	.	.	.	.	.	.	.	.	.
.	.	.	.	.	.	.	.	.	.
.	.	.	.	.	.	.	.	.	.
.	.	.	.	.	.	.	.	.	.
.	.	.	.	.	.	.	.	.	.
.	.	.	.	.	.	.	.	.	.
.	.	.	.	.	.	.	.	.	.
.	.	.	.	.	.	.	.	.	.

Name der Insecten	Nadelhölzer				Laub	
	Fichte	Kiefer	Tanne	Lärche	Eiche	Buche
Cynips terminalis. L. Trg. · · · ·	•	•		•	V?	•
Tenthredo (Lyda) stellata. L. Bl. +		V!.$^6/_4$		•	•	•
— — campestris. L. Bl. · · ·	•	V..$^6/_4$			•	•
— — erythrocephala. L. Bl. ·	•	IV..$^5/_6$			•	•
— — hipotrophica. L. Bl. · ·	IV!.$^6/_8$	•		•	•	•
— — clypeata. L. Bl. + · · ·	•		•	•	•	•
— (Lophyrus) Pini. L. Bl. + · ·	•	IV.$^5/_6$			•	•
— — frutetorum. L. Bl. · · ·	•	IV.$^5/_6$		•	•	•
— — virens. L. Bl. · · · · · ·	•	V..$^0/_4$?		•	•	•
— — nemorum. L. Bl. · · ·	•	V..$^6/_8$		•	•	•
— — rufus. L. Bl. · · · · ·	IV!.$^5/_7$		•	•	•	
— — similis. L. Bl. · · · ·	IV.$^5/_6$		•	•	•	
— — pallida. L. Bl. + · · · ·	IV.$^5/_6$		•	•	•	
— — socia. L. Bl. · · · · ·	•	?$^0/_{11}$		•	•	•
—· — variegata. L. Bl. · · ·	IV.$^5/_6$		•	•	•	
— (Nematus) septentrionalis. L. Bl. · · · · · · · · · · ·		•		•	•	•
— — Erichsonii. L. Bl · · ·			•	VI..$^6/_5$	•	•
— —· Laricis. L. Bl. · · · ·		•	•	IV!.$^5/_7$	•	•
— — Salicis. L. Bl. · · · · ·			•	•	•	
— — helicinus. L. Blg. · ·	•	•	•	•	•	•
— — parvus. L. Bl. · · · ·	?		•	•	•	•
— — Saxesenii. L. Bl. · · ·	?	•		•	•	•
— — pedunculi. L. Blg. · · ·		•		•	•	•
— — perspicillaris. L. Bl. · ·		•		•	•	•
— — capreae. L. Blg. · · ·	•			•	•	•
— — abietum. L. Bl. Kn. · ·	IV!.$^5/_4$	•		•	•	
— — angusta. L. Tr. + · · ·	•	•		•	•	
— (Cladius) viminalis. L. Bl. ·	•	•			•	
— — albipes. L. Bl. · · · ·	•				•	

h ö l z e r

Ulme	Hain-buche	Esche	Ahorn	Birke	Erle	Pappel Welden	Linde	Hasel	Obst- u. Zier-bäume
.	.	.	.		.	.	.		
.	.	.	.		.	.	.	.	
.	.	.	.	.		.	.	.	
.	.	.	.	.	.	.	.	.	
.	.	.	.	.	.	.	.		.
.	.	.	.		.	.		.	$V.^{6}/_{5}$
.	.	.	.	.	.	.		.	.
.	.	.	.	.	.		.	.	.
.	.	.	.	.		.	.	.	.
.	.	.	.	.	.	.	.	.	.
.	.	.	.	.	.	.	.		
			.	.	.	.	.		
.	.	.	.	.	.	.	.	.	.
. .			.	.	.	.	.		
.	.		.	$VII.^{8}/_{9}{+}$	$VII.^{8}/_{9}$	$VII.^{8}/_{9}$	$VII.^{8}/_{9}$	$VII.^{8}/_{9}$	$VII.^{8}/_{9}$
		.	.	.	.	.	.	.	.
.	.	.	.	.		.	.	.	.
.	.	.	.		.	$VII.^{8}/_{9}$	.		.
.	.	.	.	.		$V.^{6}/_{4}?$	.	.	
.	.	.	.	.		.	.	.	.
.	.	.	.		.	$V.^{6}/_{4}$	.		
$V..^{5}/_{7}$	.		.		$V..^{5}/_{7}$	$V..^{5}/_{7}{+}$	.		.
.	.	.	.	.		$V.^{6}/_{4}$	.		
.	.	.	.	.		.	.		
.	.		.	.		$IV..^{4}/_{6}$	.		
.	.	.	.	.		$V.^{7}/_{9}$	.		.
	.	.	.		.	.		.	$V.^{5}/_{6}$

Name der Insecten	Nadelhölzer				Laub	
	Fichte	Kiefer	Tanne	Lärche	Eiche	Buche
Tenthredo (Allanthus) Aethiops. L. Bl.		·	·		·	·
— — annulipes. L. Bl.		·	·	·	·	·
— — nigerrima. L. Bl.		·	·	·	·	·
— — ovata. L. Bl.		·	·	·	·	·
— (Cimbex) variabilis. L. Bl.	·	·	·	·	·	·
— — lucorum. L. Bl.	·	·	·	·	·	·
— — Amerinae. L. Bl.		·	·	·	·	·
Sirex juvencus. L. H.	$VII_{::}^{2}$?	$VII_{::}^{2+}$?	$VII_{::}^{2}$?	·	·	
— gigas. L. H.	$VII_{::}^{2+}$?	$VII_{::}^{2}$?	$VII_{::}^{2}$?	$VII_{::}^{2}$?	·	$VII_{::}^{2}$?
— spectrum. L. H.	$VII_{::}^{2}$?	·	·	$VII_{::}^{2}$?		·
IV. Ord. Diptera. (Fliegen.)						
Tipula (Cecidomyia) Fagi. L. Blg.		·	·	·		$IV_{::}^{1} {}^{5}/_{10}$
— — annulipes. L. Blg.		·	·	·	~	$IV_{::}^{1} {}^{5}/_{10}$
— — Pini. L. Blg.	·	$V_{::}^{1} {}^{7}/_{4}$	·	·	·	
— — brachyntera. L. Bl.	$V_{..} {}^{5}/_{10}$	·	·	·	·	
— — Kellneri. L. Kn.+	·	·	·	$V_{..} {}^{6}/_{4}$	·	·
— (Diplosis) salicina. L. Hg.+	·	·	·	·	·	·
— — saliciperda. L. H.+	·	·	·	·	·	·
V. Ordn. Hemiptera. (Halbflügler.)						
Coccus racemosus. F. R. L. Bl.+	⊙	·	·		·	·
— Betulae. F. L. R.	·	·	·		·	·
— Carpini. F. L. R.	·	·	·		·	·
— Coryli. F. L. R.	·	·	·		·	·
— hesperidum. F. L. R. Bl.	·	·	·		·	·
— Persicae. F. L. R.	·	·	·		·	·
— Populi. F. L. R.	·	·	·	·		·

h ö l z e r

Ulme	Hain-buche	Esche	Ahorn	Birke	Erle	Pappel Weiden	Linde	Hasel	Obst-Zier-bäume
.	.	.	.	.	.	.		.	$V.!^7/_{10}$
.	.	.	.	.		.	$V.^3/_7$	.	.
.	.	$V.^3/_6$?	.	.	.	.	.		.
.	.	.	.	.	$V.^3/_6$?	.	.	.	.
.	.	.	$V.!^0/_9$	.	.	.	.	.	.
.	.	.			.	$V.!^6/_9$	.	.	.
.	.	.			.	$V.!^6/_8$	.	.	.
.	.	.	.	.		.	.		.
.	.	.	.	.		.	.		.
.	.			.	.	.	.		.
.	.	.	.	.	.	.	.	.	.
.	.	.	.		.	.	.	.	.
.	.	.	.		.	.	.		.
.	.	.	.			.	.		.
.	.	.	.	.	.	.	.	.	.
.	.	.		.	.	$V..$?	.	.	.
.	.	.	.	.	.	$V..^7/_4$	.	.	.
.	.	.	.	.	.	.	.		.
.	.	.	.	⊙	.	.	.	.	.
.	⊙	.	.	.	.	.	.	.	.
.	.	.	.	.		.	.	⊙	.
.	.	.	.	.	.	.	.	.	⊙
.	.	.	.	.	.	.	.	.	⊙
.	.	.	.	.	.	⊙	⊙	.	.

Name der Insecten	Nadelhölzer				Laub	
	Fichte	Kiefer	Tanne	Lärche	Eiche	Buche
Coccus Pruni. F. L. R.	·	·	·	·	·	
— Quercus. F. L. R.	·	·	·		⊙	
— Salicis. F. L. R.	·	·	·		·	·
— Ulmi. F. L. R.	·	·	·		·	·
-- Vitis. F. L. R.	·	·	·		·	·
Chermes coccineus. F. L. Kng.	⊙	·		·	·	·
-- Laricis. F. L. Bl.	·		·	⊙	·	
— Piceae. F. L. R.	·	·	⊙?		·	
— viridis. F. L. Kng.	⊙	·	·	·	·	
Aphis alba. F. Blg.	·	·	·	·	·	
— (Vacuna) Betulae. F. Bl.		·	·	·		·
— (Pemphigus) bursaria. F. Blg.		·	·	·		·
— (Schizoneura) lanuginosa. F. Blg.	·	·	·	·	·	·
— — Ulmi. F. Blg.	·	·	·	·	·	·
—- (Tetraneura) Ulmi. F. Blg.	·	·	·		·	·
VI. Ordn. Neuroptera. (Libellen) vacat.						
VII. Ordn. Orthoptera. (Geradflügler.)						
Gryllus verrucivorus. F L. P. Bl.	·	VIII.⁺	·	VIII.	·	·
— Gryllotalpa vulgaris. F. L. P. W.⁺	V.7/3	V.7/3	V.7/3	V.7/3	V.7/3	V.7/3
VIII. Ordn. Aptera. (Ohnflügler) vacat.						

h ö l z e r

Ulme	Hain-buche	Esche	Ahorn	Birke	Erle	Pappel Weiden	Linde	Hasel	Obst- u. Zier-bäume
·	·	·	·	·	·	·	·	·	⊙
·	·	·	·	·	·	·	·	·	·
·	·	·	·	·	·	⊙	·	·	·
⊙	·	·	·	·	·	·	·	·	·
·	·	·	·	·	·	·	·	·	⊙
·	·	·	·	·	·	·	·	·	·
·	·	·	·	·	·	·	·	·	·
·	·	·	·	·	·	·	·	·	·
·	·	·	·	·	·	·	·	·	·
○	·	·	·	·	·	·	·	·	·
·	·	·	·	○	·	·	·	·	·
·	·	·	·	·	·	○		·	·
○	·	·	·	·	·	·	·	·	·
○	·	·	·	·	·	·	·		·
○	·	·	·	·	·	·			·
·	·	·		·		·	·	·	·
V.⁷/₃	V.⁷/₃	V.⁷/₃	V.⁷/₃	V.⁷/₃	V.⁷/₃	V.⁷/₃	V.⁷/₃	V.⁷/₃	V.⁷/₃

Register. *)

*) Bei den deutschen, (gewöhnlich zusammengesetzten) Namen suche man bei dem betreffenden Stamm- oder Gattungsnamen (z. B. Bastkäfer, Blattkäfer, Blattlaus, Blattwespe, Spinner, Spanner, Wickler u. s. f.) nach; enthält aber die deutsche Bezeichnung keinen eigentlichen Gattungsnamen, wie z. B. Werre, Waldgärtner, Nonne etc. so sind solche Namen natürlich ohne weiteres im Register zu finden. Die angehängte Zahl giebt die Pagina an.

Druck von J. C. Fischer & Comp. Wien.

Schreib- und Druckfehler.

Seite 2 Zeile 16 von unten lies *resinella* statt *resinana*.

„   11 „ 19 „ oben „ Raupe statt Raupen.

„   11 „ 15 „ unten „ Es statt Sie.

„   16 Nr. 13 lies *Strophosomus Coryli Linné*, Haselrüsselkäfer

„   16 Zeile 6 von unten lies *Stroph.* statt *Stropt.*

„   22 „   4 „   „   „ Fühlhörner statt Füllhörner.

„   26 Nr. 6 lies Fangknüppel statt Fangkünppel.

„   33 Zeile 24 von oben lies Geäders statt Grüders.

„   34 „ 17 „   „   „ Rinde statt Rind.

„   39 „   3 „ unten „ *Tortrix* statt *Tortrex.*

„   40 „   1 „   „   „ *autographus* statt *antographus*

„   41 „   2 „ oben „ glatter statt platter.

„   42 „ 10 „   „   „ geschwungene statt geschwungene

„   42 „ 14 „ unten „ *autographus* statt *antographus.*

„   44 „ 22 „ oben „ jenen statt jener.

„   49 „ 22 „   „   „ ihr statt sein.

„   51 „   9 „ unten „ Käferschwarmes statt Käferschwärmers.

„   53 „ 22 „   „   „ Horste statt Forste.

„   61 „   4 „   „   „ es statt er.

„   63 „ 13 „ oben „ die statt der.

„   76 „   2 „ unten „ *Lophyrus* statt *Lophirus.*

„   81 „   8 „ oben „ *Hylobius* statt *Curculio.*

„   87 „ 12 „   „   „ Stämmchen statt Räupchen.

„   99 „   8 „   „   „ der statt die.

„ 103 „   3 „   „   „ gewölkt statt gewölbt.

„ 103 „ 11 „ unten „ *aedilis* statt *aeditis.*

„ 109 „   4 „   „   „ *hercyniana* statt *comitana.*

„ 124 „ 10 „ oben „ Abprellen statt Apprellen.

„ 149 „ 18 „   „ ist das Wort „steht" zu streichen.

„ 158 „ 10 „   „ lies Citrongelb statt citrongelb.

„ 158 „ 23 „   „   „ August statt Mai.

„ 159 „   2 „ unten „ unterbrochenen statt unterbrochen.

„ 189 „ 13 „   „   „ anzusprechen statt auszusprechen.

„ 229 „ 1 u. 2 „   „   „ dauert mitunter noch in den Mai, Juni und Juli (IV⁵) hindurch fort; die Generation ist wahrscheinlich 2-jähr. (IV ? .. ?).